梁漱溟 ［美］艾恺 著

这个世界会好吗？

梁漱溟晚年口述

【增订本】

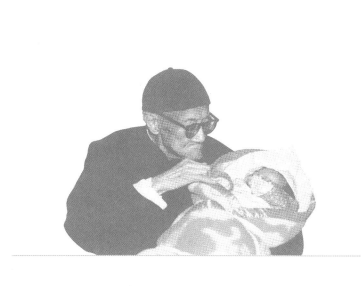

生活·讀書·新知 三联书店

Copyright © 2015 by SDX Joint Publishing Company.
All Rights Reserved.
本作品版权由生活・读书・新知三联书店所有。
未经许可，不得翻印。

图书在版编目（CIP）数据

这个世界会好吗？：梁漱溟晚年口述／梁漱溟，（美）艾恺著．—增订本．—北京：生活・读书・新知三联书店，2015.8 （2024.11 重印）
ISBN 978 − 7 − 108 − 05288 − 9

Ⅰ．①这… Ⅱ．①梁…②艾… Ⅲ．①梁漱溟（1893 ~ 1988）− 访问记
Ⅳ．① K825.4

中国版本图书馆 CIP 数据核字（2015）第 060844 号

责任编辑	李 佳
装帧设计	康 健
责任印制	董 欢
出版发行	生活・讀書・新知 三联书店
	（北京市东城区美术馆东街 22 号 100010）
网 址	www.sdxjpc.com
经 销	新华书店
制 作	北京金舵手世纪图文设计有限公司
印 刷	河北松源印刷有限公司
版 次	2015 年 8 月北京第 1 版
	2024 年 11 月北京第 13 次印刷
开 本	720 毫米 × 965 毫米 1/16 印张 22.5
字 数	321 千字
印 数	114,001 − 119,000 册
定 价	59.00 元

（印装查询：01064002715；邮购查询：01084010542）

新版序言：本书是如何完成的？

艾　恺

当《这个世界会好吗？》于2006年首次问世时，蒙读者厚爱，该书曾占据畅销书排行榜榜首达两周时间，并获选当年十大好书之一。该书虽然只是一位中国现代史人物与他的西方传记作者之间的对话，但它确是一份独特的历史文献。回首检视该书由形成到最终出版之间的一系列事件，我不由慨叹这一系列事件真是充满了不可思议的巧合。

祖父的影响

严格地说，促使我迈出研究梁漱溟第一步的动力源自我的祖父。我觉得我自祖父那儿承袭了儿时对过去的幻想，尽管乍看之下，任何带有学术性的兴趣应该不可能被一位终其一生以劳力维生的人所激发。

我的祖父来自意大利卡拉布里亚（Calabria）地区的一个贫困家庭，他仅在村中的学校受过一年的正规教育，即被他的家庭租给另一个家庭当牧童。因此，他童年时期是在锡拉（La Sila）山的山坡上度过，锡拉山是意大利境内高度仅次于阿尔卑斯山的山脉。一个人长年在山区独处，反而有助于培养他成为一位深思沉毅之士。的确，我的祖父具有和大自然和谐相处的恬静性格，颇见容于孔子在《论语》中所说的"仁者乐山，智者乐水"。当祖父13岁时，他和兄弟两人一起在美国宾夕法尼亚州的煤矿做工，该地

I

距离我后来就读的天主教学院不远。在经过青年期的磨炼后,他回到意大利服了四年兵役。这段经历似乎让他在教育上受益匪浅,在此期间他学会了意大利语,并开始了他终生的阅读和自修教育。退伍以后,祖父和我的祖母结婚,并迁回宾州,在当地一家铁厂工作。尽管一路走来尝尽艰辛,但他部分靠阅读《纽约时报》,部分靠勤于阅读历史书籍,力求能精通英语的口语及写作。

进入中国史的契机

我大学时期就读的小型学院根本没有任何非西方的课程,授课内容也仅限于法国、德国和西班牙史等内容。那么中国是如何进入我视野里的呢?在我大学三年级时,我即决定毕业后就读于历史研究所,但并未决定具体攻读哪个专业领域。凑巧,我当时的美国史教授建议我"向东看"。因此,我就在申请研究所之前的那个夏天,把我所能找到的关于中国、日本、印度以及东南亚等的所有历史读物,全部读了一遍。

虽然这些著作我读来都饶有兴味,但我发觉中国史及中国文明在许多方面极为独特(也是其中最引人入胜的)。我惊讶于中国文化的延续性及历史的悠久,而这两项特质是除了中国以外,人类其他文明所无的。世上其他的古老文明在历史文化的传承上均经历过剧烈的断裂,直接导致文化传承的消失。当然,我的意思并非指中国文明在历史上未曾出现类似其他文明所发生的文化断裂的现象,重点是历史上只有中国能持续地从这些重大考验中重新组织、调整自己,并恢复元气,我由此领会一个文化体系历经数千年仍能维持其格局与自尊的精髓所在。

同样让我感触极深的是中国历史上的科举制度,这个在世界史意义上的独特制度培养并制造了秀异阶级,该阶级在世界史上也是独一无二的。世界上其他任何一个社会,直至美国独立和法国革命为止,都是由一个世袭的武士阶层所统治,并常由教士/神职阶层辅助,但该神职阶层臣属于武士阶层。中国则大异其趣,这群非世袭的、依靠学识而非军事或武力获致权力的群体，早早引起我内心的疑问与好奇，并至少在我早期的阅读经验中无法求解。

一旦确立了以中国史作为我毕生的学术追求以后，下一个难题便是找到一所适合的学校来开展我的研究生生涯。当时我决定接受哪一类奖学金、选择哪一所学校的理由非常简单——就看哪里的金额最高。所以我当时选择就读于芝加哥大学。

我的下一个难关便是汉语学习。当我于秋季入学之后，我便发现，我的老师们都是著名的学者——顾立雅（Herrlee Glessner Creel）、何炳棣、孔飞力（Philip Kuhn）和邹谠，但校内并未开设现代汉语课程。孔飞力教授似乎立刻对我产生了兴趣，并建议我做两件事：修读哥伦比亚大学的夏季现代汉语的课程，以及转学入哈佛大学。当时我已修读完一年的汉语课程，具备了申请最丰厚的第六类奖学金的资格。而孔飞力本人之前即从哈佛来芝加哥教书，他本人是费正清（John King Fairbank）——美国的中国研究的"奠基人"——的高足。

我的确在第二年夏天修读哥伦比亚大学的现代汉语课程，可是我并未选择立刻转学至哈佛大学，而是留在芝加哥完成两年的硕士学位后再行转学。芝加哥大学的硕士学位要求极高，学生需要先花两年的时间修课，通过四位教授主持的口试和中文考试，最后提交一篇长篇论文。我的论文题目是研究马克思主义史学家周谷城（指导老师是邹谠先生），在研究1964—1965年针对周氏展开的批判运动时，我第一次接触到了梁漱溟的名字。

纸上初识梁漱溟

我于1966年秋天进入哈佛大学，在那儿我有机会修读费正清、史华慈（Benjamin Schwartz）、余英时和许多西方思想史家，如休斯（Henry Stuart Hughes）等教授们的课程。当我在为史华慈的中国近现代史的课程撰写专题论文时，又遇到了梁漱溟这个名字。虽然我当时尚未决定以梁漱溟作为主要研究对象，我却立刻为这样一位具备思想和道德天赋的人竟被历史研究所完全忽略而深感震惊。当时有关梁先生的英文记载颇为稀少且珍贵。梁先生的著作《东西文化及其哲学》仅在周策纵先生的《五四运动》一书中以一段的篇幅带过，另外还有范力沛（Lyman van Slyke）出版过一篇关于乡村重建运动的论文。和梁先生相关的英文著作仅此而已。梁先生的其他角色，包括创立民主同盟、穿梭调停国共和谈、创办《光明报》等，全被忽略。至于梁先生父亲的自杀、他离开北大之后的生活、他和毛泽东以及同时期知名人物之间的交往等，更是无人闻问。

我对《东西文化及其哲学》一书极为赞赏，我不明白之前为何没有人——无论中国人或外国人——深入研究。为什么中国知识分子的主流意见一致对传统文化采取批判的立场？为什么没有更多像梁漱溟这样的人物？为什么只有他是唯一积极领导乡村改革这项重要工作的高级知识分子？

和中国长者们的初次访谈

我于1969年底赴台湾继续中文学习，并开始进行论文的初步研究。当时，美国学人完全不可能和中国大陆接触。赴台前，我特地和许多身居台湾的年长知识分子们联系，询问他们，或者任何他们知道的人，是否认识梁漱溟。受时空所限，当时很难判断梁先生是否仍在世，遑论直接和他联系。在台湾，梁先生被归类于亲共知识分子，其著作遭当局查禁，所以很难得知是否有人认识他。尽管官方禁令森严，我却发觉还是有许多人仍然很景仰他。此行我很幸运地拜会了梁先生在台湾和香港的故旧。

首先，我认识了时在台湾师范大学教书的一位前国民党高官顾翊群先生，顾先生有一位山东籍的同事周绍贤先生，周先生之前便在山东乡村重建机构就学。因为这层关系，周先生始终紧紧追随梁漱溟，他强烈批判国共两党对待梁先生的方式。虽然周先生一口浓厚的山东口音有时让我很难理解，我仍然访问了他数十小时，并与他结为终生好友，直至周先生去世。

我又找到一位东海大学的社会学家张鸿钧先生，他已花费多年研究乡村重建，他也和梁先生相熟。我几乎是一抵达台湾便访问张先生和他夫人。

不幸的是，在这些访问结束之后第二天，张先生便被诊断出罹患喉癌而很快去世。

出于联系方便和约定之故，我此行只访问了知识分子以及前"国府"高官。尽管有官方的政策管制，但在这两个群体中，后者几乎一面倒地景仰梁先生。例如"CC 系"的领袖陈立夫，以及地方自治制度研究专家李宗黄。

在香港，我除了和唐君毅及牟宗三等先生见面之外，还极为幸运地找到梁先生的忠实学生胡应汉先生，并和他多次会面。在思想和生活上，胡先生似乎唯他老师的步伐是从。胡先生不单在邹平工作多年，他在之后许多年仍和梁先生保持联系。周绍贤和胡应汉两位对梁漱溟人格和事业的完全信服与全心奉献令我印象深刻。很明显，梁漱溟是一位具有高度人格魅力的人，也是一位能激励人心的师长。

等我回美国以后，我即开始起草论文，但是我的计划立刻被打断，原因是我应召于 1972 年及 1973 年初担任首批数个访问美国的中国代表团的翻译工作。由于我在美中关系中扮演的角色，我们夫妇于 1973 年即受邀访华，时间点远早于我的同侪们。受限于当时的资源条件，我们本来不准备去，但是费正清强烈建议我们抓住此一机遇，他本人于 1972 年去过，毕竟没有人能知道双方的交流是否会再次中断。

我一到北京，即排除万难，试着请向导联络梁先生，但我被告知他正在外地旅行。我后来得知梁先生伉俪在"文革"初期即被限制居住，住进一个窄小黑暗的房间，当然他也不可能在那里见我。我想如果那时能见到梁先生，我后来所写的传记或许内容可能不同，但不会更出色。无论如何，我在无法见他的情形下，开始为他作传。

终于得见梁漱溟

这次访华行程以后，我开始积极撰写论文，花了一年半时间完成。虽然我的指导教授们立刻接受并称赞了我的研究成果，但我自己却不太满意。我的一位朋友，谢伟思（John Stuart Service，一位前美国外交官，在麦卡锡时代被控同情共产党），也对我的论文研究充满兴趣，鼓励我将其交给加州大学出版社出版。但是我仍然颇有顾虑，又花了两年的时间对论文进行修改整理，在出版前多加了几章，着实等于重写了一遍。出版后证明该书《最后的儒家》极为成功，各种佳评纷至沓来，并赢得了1978—1979年的费正清奖，该奖每两年评选一次，旨在奖励最佳的东亚史著作。当时我人在哈佛大学教书，尚无终身教职保障，之后我立刻接到芝加哥大学的终身教职，于1980年起在芝加哥大学教学至今。

就在此时，梁漱溟主动联系邀访，前后共两次。这两次经验真有如触电一般。第一次是由梁先生的一位学生打来电话，该学生自20世纪20年代初期即追随梁先生，后来移居美国。他告知说刚结束探访梁先生自中国归来，梁先生表示已得知我的传记出版，盼能和我联系。我意识到梁漱溟依然在世，并想同我见面！他给我梁漱溟的地址，而我亦立刻写信，连同我的书一并寄给他。

第二次则是某一天下课后，一位刚从中国来的学生告诉我，她在北京和梁漱溟是邻居。她说，梁伯伯希望我能去见他。我于是立刻开始计划旅行，并开始和他保持通信往来。他所在的单位——全国政协——担任我此行的赞助人，为我安排了一个不算贵的北京旅馆。我不得不说这次旅行是我一生中最兴奋的一次，我终于要和我多年以来、身居万里之外的研究对象碰面了！

我抵达北京后即致电梁先生，他告诉我他家的方位。隔天早晨，我搭出租车出发（当时在北京，出租车还是蛮新潮的）。我似乎早到了一会儿，梁先生去理发，尚未回家；我对梁先生为了和我见面而特别去整理仪容，感到受宠若惊。所以，当他回来时，我们在他住处外初次见面。我那时真是诧异得说不出话来！我们接着相偕进屋，梁先生正式介绍他的家人与我认识。我们拍了照并交换了礼物后，他的家人们就离开了。我和梁先生便开始进行访谈。接下来的两周，我每天清早即赴梁氏住处访谈，中午时分离开。这些见面谈话的内容便是《这个世界会好吗？》的起源。

我和梁先生见面访谈的形式是，我坐在小桌子的一端，梁先生坐在另一端，中间放着一个麦克风。我先前曾告诉梁先生，我希望利用约两周的时间，每天早上来访问他，所以他已有所准备，甚至是热切地配合我的访谈。这真是一个极为特别的时刻。自从中华人民共和国成立时起，一位来自美国的历史学者首次亲身访问他的传主。此外，这次访问是在史无前例的自由的条件下进行的。除了我们两人以外，无第三者在场，梁漱溟可以说出他心中的真实想法。当然，若我当时不将他的话一字一句录音下来，他或许会更畅所欲言，果若如此，访谈内容恐怕除了我的文字记录以外，不会有《这个世界会好吗？》的历史文件存留。

访谈中，我们经常长时间地对谈而无录音，但是对谈的大部分内容都有录音存档。我的访谈可以说一直都按照既定的计划进行，除了一天例外。某一个星期日，梁漱溟邀请我去一间素食餐厅吃午饭。他的两位公子以及各自的家庭成员均参加了。有人同我说，梁先生平日虽不饮酒，但若遇人敬酒，他亦会回敬。那天吃饭时他果然多次回敬同饮，宾主尽欢。

我回美国后即开始在芝加哥大学教书，暂时搁下了访谈录音带的后续处理工作。由于教学任务繁重，再加上新手上路，需要花精力备课，我有一段时间几乎忘记了录音带的事情。但是其间我也整理了一部分录音内容，将其誊写成文字，后来梁漱溟的长子梁培宽，曾向我表示他父亲之前的一位学生也想要一份录音记录，我就拷贝了录音带寄给他。当我回头审阅这一段段录音文字时，不由得想起其他许多问题，这些问题是我当时应该问却未问的，特别是他和他同时代人物交往的经历。

1982年我和内子再赴中国。在北京，我打电话给梁漱溟，询问我们能否去拜访他。一如过去，梁先生慈祥和善的态度让我们如沐春风。我仍然记得由于有两位"客人"来访，梁先生坚持将桌子旁的两张椅子让给我与内子；他自己则坐在面对我们的一张不甚舒适的椅子上。考虑到梁先生的年龄和身体状况，我尤其感到不好意思，但他丝毫不以为意。由于内子亦通汉语，当日我们交谈颇愉快，但是未进行任何正式的访谈。此次的拜访过程让我发觉与梁先生交谈竟如此轻松自然。我们似乎开始成为了朋友，或许彼此间的交情像他和另一位外国朋友卫西琴（Alfred Westharp）吧！

两年后的1984年，我感到应趁梁漱溟身体健康尚允许时，再采访他一次。梁先生欣然同意,故我们按照首次访问时的形式,做了一个为期十天的访谈。在心理层面,梁先生可说精神抖擞,但在身体方面,他似乎较1980年衰老了些。这次的访谈内容后来整理成我们对谈的第二本书,题为《吾曹不出如苍生何》,这书名来自梁漱溟于1917年为一份宣传品所题写的标题,梁先生当年忧心军阀祸起,故作此文的主要目的是号召中国的知识分子能更加积极地为恢复秩序而努力。

我最后一次和梁漱溟见面是在1986年。该年我应美中学术交流委员会(分属美国国家科学院)的要求,赴邹平考察该县作为美国学者在华研究地点的可能性。自邹平回北京以后,我拜访了梁漱溟,并就他对邹平的看法进行录音访问。那段访问的文字稿也被收入《吾曹不出如苍生何》。当我同他告别时,他衰弱的身躯确像风中之烛,令我感到忧虑、沮丧。大约一年半后,他便过世了。

1993年10月,我赴北京参加一场纪念梁漱溟诞辰100周年的学术会议。在那场会议上,《梁漱溟全集》由山东人民出版社正式发行。我注意到梁培宽——梁漱溟的长子及作品的管理者——将1980年访谈文字的一部分收录了进去。

以上便是2005年以前事情的进展。2005年,梁培宽先生告诉我有一家出版社对梁漱溟的录音文字稿有兴趣。他请我写一篇序言并提供一张照片,我予以照办。但接下来的一年里,我却没有收到进一步的消息。

2006年,我在北京讲演,梁培宽邀请我和我的家人赴宴,一同出席的也包括梁家所有的家庭成员。席间,培宽靠向我,告诉我《这个世界会好吗?》已获得成功的消息,我们对此均感意外。毕竟,我们只是将录音文字稿呈现在观众眼前,对内容几乎没做任何修订和改变。这是我与梁漱溟之间对谈的最简单、最原始的文字记录。或许正是它朴实无华的本质,部分地解释了该书能如此畅销的原因。正如梁培宽所说,这是一部两人之间的普通、真诚的"真实谈话记录"。当然,培宽太客气了,他没有将最重要的原因说出——实在是中国的一般民众对梁漱溟这位思想家和历史人物所产生的与日俱增的重视和景仰。

《这个世界会好吗？》本身即一份独特的历史文献，特别是鉴于在产生过程中所发生的种种难以逆料的事情，该书的面世真可谓是天意。如我这般背景的人，最后竟成为中国史的学者，确难预料。如果我早先顺从倾向，决定研究意大利史，则一切自是另外一番故事。若我之前未将梁漱溟从"历史的垃圾堆"中"发掘"出来，未察觉其历史重要性，抑或我从事另一个历史问题的研究，恐怕要等到多年以后，梁漱溟才会获得学界和大众适当的关注。如果《最后的儒家》当年不是一本成功的著作，那么梁漱溟可能根本不会听说这本书，也不会饶有兴味地接受我的访问。同样的，考虑梁漱溟在1966—1976年所受到的不堪对待和贫乏的生活条件，他的健康有可能在1980年之前即转差。若他之前未能传达想见我一面的愿望（在当时，"正常"渠道均不可能），我也不会安排时间和他见面。这中间的一连串事件有可能在任何一点中断。最后，我只能总结，身处天涯海角的我们能有幸见面，实在是命运的安排。

2014年11月于芝加哥

初版序言
艾　恺

我非常荣幸能为这本小书作序。

我想先说说我与梁漱溟先生两人对谈的因缘。

我在哈佛读书的时候，对梁先生的生平志业产生兴趣，以他作为博士论文的主题，在台湾与香港收集相关资料，寻访他的故友旧交。碍于当时中美政治局势，我始终无法前往中国大陆，亲见我研究的对象梁先生。

1973年初，我头一次有机会前往中国大陆。当时，一个美国人能到中国去，仍是极不寻常的异例。为什么我能成行呢？这是因为在尼克松总统访华后，几个中国代表团在1972年陆续来美，而我充当中文翻译，起了沟通两国的桥梁作用，所以在1973年，我与内人才有这个难得的机会可以造访中国。当时，我向中方提出的第一个请求，便是希望可以同梁先生见面，但由于正值"文革"，时机敏感，我并没有如愿以偿地见到梁先生，只能抱憾返美。

1979年，在我的梁漱溟研究著作《最后的儒家》出版成书的同时，中国的政治起了巨大的变化。这波改革开放的潮流也改变了梁先生的生活。原本与夫人蜗居在狭小房间的梁先生，被政协安置到有部长楼之称的22号楼，与文化名流如丁玲等对门而居。有了舒适的房舍，梁先生认为比较适宜见客，便即刻想办法与我联系。

某日我突然接到一通陌生的来电，电话那头是一位八旬高龄的胡老先生。他是梁先生20世纪20年代在北大的学生，刚从北京来美，受梁先生所托捎来口讯，说是梁老已经知道《最后的儒家》一书出版了，希望可以与我见面。又过了几个月，一天课后，有个中国学生突然来见我。她不久前才从北京来美与父亲团圆。她拿着梁先生的联络地址，告诉我她旧日的邻居梁伯伯十分希望可以见到我，看到我所出版的关于他的著作。

我即刻将拙著寄给梁先生，不久便获得他友善的回应，约定好隔年一定到北京去拜访他。

1980年，我到北京的第一天，马上便去寻找梁先生，他告诉了我他是如何搬到22号楼来的。第二天早上，我到梁家正式拜见，梁先生所有的亲人都出现在那里，对于我的来访相当郑重。梁先生将我介绍给他的家人，我则送予他哈佛大学的纪念品，以及一幅他父亲的遗作。经过种种波折，在这么多年之后，我终于得以与梁先生仅仅隔着一方小几，相对而坐，开始对谈。之后的两周，我天天一早便到梁家拜访，请教梁先生。我将对话的内容录音整理，后来其中一部分收进梁先生的全集，现在又单独出版成书。回顾两人对谈的因缘，真是感慨万千。

在我们的对谈中，我通过梁先生理解了中国传统知识分子的一种特质。这是最值得一提的部分。

在我们密集谈话的两周里，头两三天梁先生多与我说关于佛家的想法，让我很感疑惑，便问："您不是早在多年前便公开放弃佛家思想了吗？"他说他都放弃了，也没放弃。谈到拙作的标题《最后的儒家》将他定位为一位儒者，他表示他可以接受。然而有时他也向我表示马列主义的科学很好；当谈到中国传统文化，他亦赞美道教。有次提到他因组织民盟而见到马歇尔，他对马歇尔的评价很高，认为他是个好人，因为他是一个虔诚的基督徒。

那时我相当不解，一个人如何可以既是佛家又是儒家？既认同马列思想又赞许基督教？后来终于想通了，这种可以融合多种相互矛盾的思想，正是典型中国传统知识分子的特质。

春秋战国百家争鸣时，虽有许多辩论，但百家学者并不认为自己是特定的一家,比方说现在我们讨论孟子与荀子,认为他们虽然一言性善,一言性恶,但都是儒家,是孔子的信徒,然而在当时,即便是孔子也未必认为自己是儒家。我们今日习以为常的学术分类,其实是司马迁在《太史公自序》中论及其父司马谈的《论六家要旨》,为诸子百家分门别派而发明出来的体系。

我认为中国文化本就是种融合许多看似不相容的思想于一体,却同时又喜欢分门别类的文化。只须留心便会发现,其实大部分的中国知识分子都是融合各类的思想于一身。比方程朱陆王,同为新儒家,虽然讲义理心性,歧异很大,但他们的思想中都含有许多佛家的成分。晚清的知识分子,如梁启超、章太炎,固然在政治立场与今古文经学上分踞两极,但同样都将佛家、西方思想及儒家融入他们个人的学思中。

这解释了为什么对于受现代学术规范训练的我而言,一个人不可能同时是儒家,又是马列信徒;但对梁先生来说,这完全不是问题。从这点看来,梁先生仍是一个相当传统的中国知识分子。

依我浅见,先秦诸子虽然路线不同,但他们都共享一个宇宙观,认为宇宙是一体而有机的,天地间的每个成分跟其他的成分相互关联,所以在这样的宇宙观里,没有绝对的矛盾,只有相对的矛盾。这种宇宙观,经历数千年,仍深植在中国知识分子思想的底层,是以各种不同的思想成分,可以共存在一个人的思想里,并行不悖。

梁先生与我谈话的内容,有一大部分是我向他请教20世纪初的人事。为何我不静静听梁先生抒发他的想法,而要询问他许多过去的交往呢?我是历史研究者,自然会希望多多保存历史资料,而梁先生是我所知最后一个健在且头脑清明的人,曾经亲身经历、参与过这几十年中国文化的剧变,并且和许多重要知识分子相知相交过。他的回忆是宝贵的,所以我才僭越地主导谈话,希望可以将这些独一无二的经验记录下来。

像我这样,等到传记完成出书之后,作者才终于见到传主,在中国现代史学界中可能是前所未有的特例。与梁先生谈话之后,我在《最后的儒家》

一书末尾加上一章，增补修订了原书的一些未竟之处，特别是他在"文革"期间受苦一节，由于我未能在书成前与他见面，也没有相关记录可供参阅，所以不知悉细节，也无法载入书中，后来与他谈话后才知道实情，补充在这最后一章里。大体来说，我并没有在亲见梁先生之后，修改拙作的结构与内容。与他谈话之后，我发现梁先生表里如一，他的文章诚实地反映出他的观感，未曾因为要顺应时局而掩饰真心，所以我通过文字所见到的梁先生，与我后来实际上对谈的梁先生，是一致的。是以我虽无缘在书成前见到他，但通过他的文章，我仍然深刻地认识到梁先生的真实的性格与想法。

从一个历史研究者的角度看来，我认为就算再过一百年，梁先生仍会在历史上占有重要的地位，不单单因为他独特的思想，而且因为他表里如一的人格。与许多20世纪的儒家信徒相比较起来，他更接近传统的儒者，确实地在生活中实践他的思想，而非仅仅在学院中高谈。梁先生以自己的生命去实现对儒家和中国文化的理想，就这点而言，他永远都是独一无二的。

2005年9月于芝加哥

目　录

新版序言：本书是如何完成的？ ⋯⋯⋯⋯⋯⋯⋯⋯⋯⋯⋯⋯ 艾恺 1
初版序言 ⋯⋯⋯⋯⋯⋯⋯⋯⋯⋯⋯⋯⋯⋯⋯⋯⋯⋯⋯⋯⋯ 艾恺 1

一　我的思想的根本 ⋯⋯⋯⋯⋯⋯⋯⋯⋯⋯⋯⋯⋯⋯⋯⋯⋯ 1
　儒家跟佛家 ⋯⋯⋯⋯⋯⋯⋯⋯⋯⋯⋯⋯⋯⋯⋯⋯⋯⋯⋯⋯ 2
　什么是佛 ⋯⋯⋯⋯⋯⋯⋯⋯⋯⋯⋯⋯⋯⋯⋯⋯⋯⋯⋯⋯⋯ 11

二　从中国文化的精神说起 ⋯⋯⋯⋯⋯⋯⋯⋯⋯⋯⋯⋯⋯ 15
　为何我还乐观 ⋯⋯⋯⋯⋯⋯⋯⋯⋯⋯⋯⋯⋯⋯⋯⋯⋯⋯⋯ 16
　人与人相处的问题 ⋯⋯⋯⋯⋯⋯⋯⋯⋯⋯⋯⋯⋯⋯⋯⋯⋯ 20
　情理与物理 ⋯⋯⋯⋯⋯⋯⋯⋯⋯⋯⋯⋯⋯⋯⋯⋯⋯⋯⋯⋯ 24
　什么是戒、定、慧 ⋯⋯⋯⋯⋯⋯⋯⋯⋯⋯⋯⋯⋯⋯⋯⋯⋯ 28
　我做记者的时候 ⋯⋯⋯⋯⋯⋯⋯⋯⋯⋯⋯⋯⋯⋯⋯⋯⋯⋯ 33
　陈独秀、李大钊和我 ⋯⋯⋯⋯⋯⋯⋯⋯⋯⋯⋯⋯⋯⋯⋯⋯ 39
　当代儒家代表人物还有谁 ⋯⋯⋯⋯⋯⋯⋯⋯⋯⋯⋯⋯⋯⋯ 45
　熊十力和唯识 ⋯⋯⋯⋯⋯⋯⋯⋯⋯⋯⋯⋯⋯⋯⋯⋯⋯⋯⋯ 52

三 中国的道路 ······ 55
　美国人和台湾问题 ······ 56
　毛主席这个人 ······ 60

四 我是怎样一个人 ······ 65
　凡　夫 ······ 66
　素　食 ······ 70
　说说自己的身体 ······ 71
　独立思考，表里如一 ······ 74
　与毛泽东的分歧 ······ 78
　我不是一个学者 ······ 83
　我想做的事情都做了 ······ 91

五 我受到的影响 ······ 97
　东西文化的调和 ······ 98
　我一生最重要的事情 ······ 103
　我最佩服的中国人 ······ 112
　得力于佛学 ······ 118
　希望跟着王阳明走 ······ 123
　生活中对我有影响的人 ······ 128

六 生活之学 ······ 133
　自主自如的生活 ······ 134
　看戏和看书 ······ 140
　"文革"中的故事 ······ 145

七 发展总是好的 ······ 155
　我的期望 ······ 156

人类怎样才能减少斗争 ………………………………… 160
　　我是一个乐天派 ……………………………………… 163
　　对历史人物的评价 …………………………………… 169

八　我的社会交往（上）………………………………… 177
　　与晏阳初等人的交往 ………………………………… 178
　　我的部分社会活动 …………………………………… 185
　　对蒋介石的印象 ……………………………………… 191
　　蒋介石最大的贡献 …………………………………… 197
　　韩复榘 ………………………………………………… 202
　　与李宗仁的相识 ……………………………………… 206

九　我的社会交往（下）………………………………… 211
　　跟冯玉祥的接触 ……………………………………… 212
　　乡村自治的时候 ……………………………………… 220
　　张东荪和张君劢 ……………………………………… 229
　　关于辜鸿铭 …………………………………………… 235

十　从忙碌到清闲………………………………………… 241
　　前定与算命 …………………………………………… 242
　　亲戚 …………………………………………………… 248
　　对我的公开批评 ……………………………………… 254
　　中国农村的变化 ……………………………………… 260

十一　与圣人相比………………………………………… 267
　　我只是一个普通人 …………………………………… 268
　　王阳明的彻悟 ………………………………………… 274
　　说说康有为 …………………………………………… 278

再谈孔学与佛学……………………………………282
中国还是以农村为根本的………………………287

十二 天下事……………………………………………293
中西方的分别……………………………………294
世间出世间………………………………………298
对灵性的认识……………………………………304
没有永久不变的真理……………………………310
人类的和平相处…………………………………316

十三 现代化的危机……………………………………321
教育的力量………………………………………322
回顾此生的感想…………………………………328

初版后记……………………………………………梁培宽 335
后记补遗……………………………………………梁培宽 338

一 我的思想的根本

儒家跟佛家

艾：您是怎么知道这本书（指艾著《最后的儒家》。——整理者）出版的，就是说，您的一位老朋友，是这个……

梁：有一个姓胡的，是吧？

艾：对，有一位姓胡的，他当过您的学生，他给我打电话，说您知道有这件事情。

梁：是，有一位姓胡的，叫胡石如。

艾：因为他给我打电话了，您记得，他是当年20年代北大的学生，还是……

梁：我记不清楚，他对我很熟，我对他不那么熟。

艾：三个月以前，我在什么报纸看到您的照片，刚刚要搬进来的时候，是香港《大公报》的记者来采访您，还是……

梁：记者来，有一个中国新闻社的记者，来三个人看我。

艾：那我自己不是记者，假如我将来再写什么文章，我是先把稿子寄给您过目……

梁：好，这样好。

艾：我还不知道是在哪一种报纸、杂志，还是要看报纸、杂志的主笔的兴趣。

梁：对。

一 我的思想的根本

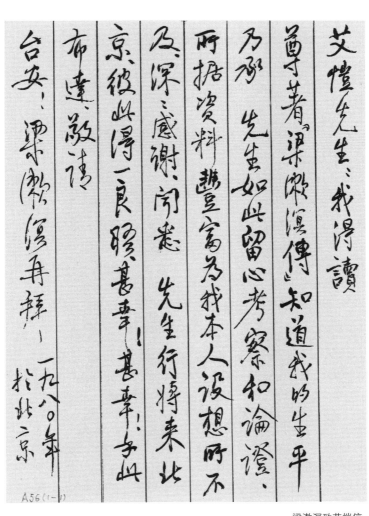

艾恺先生:我得读尊寸著"梁漱溟傳"知道我的生平乃承 先生如此留心考察和论证、所据资料丰富为我本人设想所不及,深三感谢、问悉 先生行将来此京,彼此得一良晤,甚幸!甚幸!专此布达敬请

台安: 梁漱溟再拜 一九八〇年 於北京

梁漱溟致艾恺信

艾：我是在研究您生平的时候，旁边好几位当过您的学生，或者在山东邹平的时候工作过，不知道最近有没有与您联络。香港有一位也是姓胡……

梁：对，胡时三[①]。胡应汉，号时三。

艾：哦，是。我差不多十年前去香港的时候，开始研究这个问题，去拜访了他，他也给我很多宝贵的资料。这个还有一位姓王，王绍商（音），是在广州第一中学时候的学生。

梁：对。

艾：还有唐君毅[②]先生、牟宗三[③]先生，也是与您有关系的。

梁：有关系。

艾：美国还有一位姓张，也是参加当年乡村建设运动的，不过是在定县那边工作。他是在美国一个大学，最近几年我不知道，我没有跟他联络了。台湾也有一位周绍贤[④]，他还是非常非常佩服您，出版了一些文章。最近台湾一家报纸把我的一篇关于您的文章，翻译成中文出版，因为他们只把几部分翻译成中文，看起来不够系统，周先生也是写了一篇文章，

---

① 胡应汉（1913—2013），湖南人，字时三，约于1935年在山东省乡村建设研究院的研究部学习，1948年又在勉仁文学院（重庆北碚）前后两度从游于梁漱溟。1949年移居香港九龙。20世纪50—70年代在香港教书。他对梁漱溟的学术思想与为人极景仰推崇。1952年，他在香港发表了一篇介绍梁漱溟的文章，1963年出版了《梁漱溟先生年谱初稿》。

② 唐君毅（1909—1978），哲学家，现代新儒学代表人物。毕业于中央大学哲学系，1949年赴港，与钱穆等创办新亚书院并任教务长。曾受业于熊十力并深受其影响，为学注重对中西哲学、文学、道德伦理作比较研究，主张发扬以儒学为核心的中国传统文化的价值系统，以实现现代新儒家关于中国文化精神"重建"的愿望。

③ 牟宗三（1909—1995），字离中，哲学家，现代新儒学代表人物。1929年入北京大学哲学系，受熊十力影响甚大。1949年后曾任教于东海大学、香港大学、香港中文大学等校。毕生倾力于重建儒家人文主义的思想体系，其哲学思想的核心是由儒家的心性学为起点所建立的"道德形上学"。

④ 周绍贤（1908—1993），1933年就读于梁漱溟创办的乡村建设学院，毕业后，从事乡村建设工作，任济宁、曲阜等县实验区校长（即区长）。抗战爆发后，山东沦陷，回乡组织游击队。1949年秋去台湾，曾任教于东吴大学、辅仁大学等。著有《魏晋清谈述论》、《老子要义》等。1987年返回大陆。

批评我的文章。

梁：他们发表在什么刊物上？

艾：报纸，是《中国时报》。最近在香港，好像也有两三次，我看到您的消息。

梁：他们来访问我，同我来谈话。

艾：最近几十年呢，我知道，您是在政协那边……

梁：一直都在政协。

艾：那您还是在写东西，或者……

梁：前些年嘛，写东西，近来就很少写了。前些年嘛，主要就是写一篇长的文章，叫《人心与人生》。

艾：您是好久以前就开始写？

梁：对，这篇文章相当长，写下来就用了三本，另外有一个短的，讲中国的

1980年8月，梁漱溟与艾恺合影。

老子、孔子跟印度的佛教,讲三家的。这个讲三家的,没有《人心与人生》那么长,比较扼要。

艾:都还没出版吧?

梁:都没有。在过去——现在好一点——过去政府有一种统治思想,不能够随便发表。

艾:这是不是因为"四人帮"的……

梁:不完全是他们的关系。过去很多年是这个样子的,现在比较好,比较放宽些了。我为了取得领导上的同意,能够让我的著作出版,我把自己一篇不是太长的文章送去给领导,送去给政协。这篇不太长的文章大概有一万多字,一万一二千字,这篇文章是这样一个题目:《今天我们应当如何评价孔子》。拿这篇文章请他们看,我意思就是说这篇文章可以代表我的思想了,为了领导上看的时候方便,那个大部头的、一共有三本的太费时间,所以我拿这篇文章去请他们看,我的意思是请他们审查的意思。他们在政协,政协的主席是邓小平,邓本人太忙了,送给政协本来是给他看的,但是他太忙了,没有时间看。他交给一个副秘书长看,这个副秘书长看过了,副秘书长对我说,领导交给他看,他看过了,他签注了一点意见,又交回去,领导上还没有发下来。

艾:仍在等这个……

梁:是,官场办事效率不高。

艾:是,我们美国也是这样子。

梁:所以呀,我是催,把那个东西还给我,看过这篇文章的那个副秘书长告诉我,"你不要急,这篇文章也是好多页的,放在哪儿,找不着"。好像文件很多,转来转去,找不着。

艾:那有没有存底呀?

梁:当然我有。

艾:中国现在有没有复印的机器?

梁:有。

艾:不太普遍吧?

梁：不太普遍。

艾：这个样子比较糟，如果有复印机……

梁：就好了。

艾：我起码代表美国的学术界，很渴望有机会看看您最近的著作，希望不久的将来会有机会。我以前的一个同事，伯克利大学的一位中国人，杜维明，在美国也算是研究孔教的。

梁：他来看我了。

艾：他来过？他来中国以前，他已经跟我讲会看您的。他有没有提到我？因为正好他离开时，就是接待单位的问题，我也不知道怎么办，他说也许北师大会担任我的接待单位，结果没有与我联络，所以我以为没有办法，结果才麻烦您，跟政协联络……

梁：还是通过政协好，那个杜维明嘛，他来看过我，他来后把他写的东西、著作留给我看，给我留下的是中文的，关于王阳明的。他现在去敦煌了吧？

艾：哦，去敦煌了？这个我就不知道了。

梁：去敦煌看那个古代的……

艾：他最近几年是在研究朱熹的问题。因为我们都是哈佛大学博士，不过他比我早，我们十多年前已经认识了，您有没有机会看看西方关于中国哲学的作品、著作？

梁：我看西文很费力，所以叫朋友替我看。

艾：几本书不容易翻了。

梁：替我看完以后，他替我说一说。

艾：我的中国朋友说，可能会把它（指艾著《最后的儒家》。——整理者）翻成中文，我想不容易。给西方人看，算是很容易、很清楚、很生动的，翻成中文相当难了。尤其是比较微妙的含义，不太容易表达出来，这是个问题。我已经知道，周绍贤已经出版的文章，他不大同意我的最基本的关于您的观念。我觉得，是因为我们西方人研究中国问题与中国人研究中国问题所用的办法很不同。周先生做过您的学生，立场也不同，所以我加以一点批评味儿的，周先生一定就……对中国人来说，西方人的分析法是比较奇怪的，比较不习惯的。梁老先生是做过中西文化的比较研究，也许您知道西方、东方学术界所用的办法、分析法有不同……我不知道，您说是有朋友把几本书的几部分翻给您听？

梁：他口头上讲给我听。

艾：我不敢保证他们翻得怎么样，说不定是把一些意思弄错了。不过，大体上您有没有什么反应啊？

梁：没有啥。

艾：没有什么反应？

梁：我的意思啊，我们彼此谈话，我还是希望你了解我的思想的根本，我的思想的根本就是儒家跟佛家。我的意思就是，如果能够对我的根本的思想——就是对佛家跟儒家多了解，比什么都好，比了解我的过去的一些事情都重要。我希望于你的，就是多了解儒家，多了解佛家，我愿意把我所懂得的儒家跟佛家说给你听。我的意思是把我们的谈话重点放在这个地方，而不是重在我个人的事情。因为佛家的跟儒家的是我的根本，所以如果了解这个根本，是最好，最要紧。不但是我期望于你，并且我是期望欧美人能够多了解这两家，一个儒家，一个佛家。

艾：梁先生，您现在年纪很大了，就是说，对佛教、佛学的兴趣有没有好像恢复了或者增加了，就是说，这个"五四"时代，您就好像是放弃了佛学而转入儒学。

梁：那个都不大相干，说放弃，也没有放弃，不过是，原来想出家做和尚，把这个"出家做和尚"放弃了，在思想上还是那样。

艾：啊，现在明白一点。其实我书里也是这么写的，就是说您不是完全放弃，不过觉得目前的问题不太需要佛学，比较需要儒学。因为这个关系，您就开始研究儒家。

梁：我说明我自己啊，我是年纪很小，比如说十六七岁就想出家为僧。

艾：这我弄错了。是真正要做和尚，而不是要做居士。

梁：嗯，不是。真正要出家为僧。那么这个志愿到了二十九岁才放弃，不出

一 我的思想的根本

梁漱溟父亲梁济，字巨川，27岁中举，后任内阁中书，升内阁侍读。他心忧天下，思想开明，支持维新。1918年，他痛心清末民初道德沦丧的社会政治风气，而捐生以警国人，投净业湖自尽。

梁漱溟母亲张滢，白族，大理人。梁母"温厚明通"，赞助其父梁济的维新活动。她提倡女学，亲自参与创办了北京第一家女学——"女学传习所"并担任教员。

家了。出家当和尚不能娶妻子，可是一个人呢，他不单是一个有头脑、有思想的，他还脱离不开身体，假定啊，如果真是从自己的当初的那个志愿，很早就出家到庙里去了，大概也没有什么问题，也可能很相安，可能没有什么问题。

不过没有很早的出家，就被蔡元培先生拉去，在北京大学要我讲哲学。走上这样一步，就起了变化。走上这一步就是什么样子呢？就是不是去到庙里当和尚，而跑到知识界，跟知识分子在一起。同知识分子在一起，他难免就有知识分子对知识分子这种好胜，就是彼此较量，这个好胜的心是从身体来的。如果是像当初想的，很早出家到庙里去，那个也可以很相安，很平稳，走一种很冷静的路子吧。可是一到大学里头，同许多知识分子在一起，彼此容易有辩论，就引起了好胜之心。这个好胜之心是身体的，是身体的它就容易有那个两性的问题，和尚是不要娶

9

妻的，他在庙里头能够住下去，可以完全忘掉，可以完全不想娶妻，可到了大学，同知识分子在一起，常常有这种好胜之心，这个是身体问题，身体问题来了，这个时候也就想结婚了。

本来不想结婚。我母亲还在的时候，她就很早，我十几岁时，她要按中国的旧风俗订婚，我就拒绝。到了北京大学，同一些知识分子在一起，有了好胜的心，身体的势力上升，就想结婚，所以我是到二十九岁才放弃出家。

什么是佛

　　…………

梁：在济南讲的时候已经是民国十年了，在济南讲的时候是夏天。他们有一个暑期讲演会，放暑假的时候他们济南的学术界有一个暑期讲演会，请我去讲，这就是1921年夏天。在那里，在济南讲了四十天，每一天都是午前讲，讲半天，那么，四十天讲完了，回北京。有两个朋友帮我记录，我讲的时候他记录，不过他记录还是跟不上我讲的快，所以末了啊，记录的这个朋友，他另外有他的任务，就在这个《东西文化及其哲学》的最后一章啊，他没有能够记录，末后一章是自己的笔墨，我自己写的。

艾：是这样啊，真可惜我在写书以前，没有机会和您当面请教。这些当然也可以说是很要紧的。

梁：这些都是关于我自己的了，关于个人的了。我刚才说啦，我最希望的是我把佛家跟儒家，我来说一说，我来讲一讲，希望你能够对东方的东西，对东方最有价值的东西，当真了解。我当然对西方的欧美的学术界不很清楚，恐怕真能够了解儒家跟佛家的人很少。那么所以我顶希望你能够懂得儒家跟佛家，那么，我把我所懂得的说给你听，我顶希望在我们的谈话中，把这个算是一个重点。我们可以慢慢地谈，多见几次面（艾：好极了。），能够在北京多停留一下，我们多谈一谈。在我对佛家跟儒家的讲明之中，我也很希望你能够发问，一定能够解决自己思想上的问题，才算是了解，没有解决自己思想上的问题，还是等于没有听。

艾：是啊，把思想作为主体，当然是应该的，不过有的时候思想也牵涉到您个人的事，也许将来快要出版平装书以前，可以把一些弄错的事实什么的（梁：修改一下。）修改一下。我是当然同意思想是最要紧的题目了，不过也可以说是一个人的思想也离不开他的个人的生活。

梁：就是，完全离不开，完全离不开。说到这种情况我可以说一句话，我刚才提到过了，从小的时候就想出家当和尚，所以我可以说是一个佛教徒。

佛教徒得从两面看，也可以说从两层上来看。佛教，原始佛教普通管它叫小乘教，小乘教主要是出世。什么叫作出世呢？出世就是要出生灭。世间，怎么样叫世间呢？就是生生灭灭，生灭不已。那么在佛家，它就说是轮回。轮回，它是说生命是"相似相续"。"相似"就是相通、差不多的意思，相似而相续，生命是这个样。就是说没有一个我，没有一个昨天的我，还连续到今天，今天的我，还是昨天的那个我，没有这个事情。仅仅是相似就是了，差不多，今天的我跟昨天的我差不多，相似，相似而相续，连续下来，非断非常，不是断，断不了，因为续嘛，接续嘛，相似相续，所以不是断的，没有断的，生命没有断。有人认为好像死了就完了，在佛教上没有这个事。非断，不能断；但也非常，常是常恒，就是刚才说的话，以为今天的我就是昨天的我，没有那个事情，早已变了。那个变是一息也不停止的。总在那儿变，刹那变，这个就叫作"非断非常"。这个是佛家对生命的一个看法。

上面提到，佛家有原始佛教，一般管它叫小乘，这个小乘自己规定下来三个条件，一个条件就是"诸行无常"——常恒的常，没有常恒的东西，都是在变化流行中，这是头一个。第二点是"诸法无我"。头一句话是"诸行无常"，第二句话是"诸法无我"。诸法跟诸行不一样了，头一句是"诸行"，第二句换作"诸法"。因为诸行是流行，就是说生灭，生灭不已。生灭不已好像是水流一样，流行变化。第一点是讲流行变化,所以叫"诸行无常"。第二句话是"诸法无我"。"诸法无我"说有两种法,所以加一个"诸","诸法"不是一种法。"诸法"是哪两种呢?一种叫作"有为法",一种叫作"无为法"。"有为法"就是生灭法,"无为法"就是不生不灭。那么有人问:这个世间还有不生不灭的吗?佛家回答:有生灭,就有不生不灭。生灭、不生不灭是一回事,不是两回事。这是说"有为法"和"无为法"是一而二,二而一。第一条是"诸行无常",第二条是"诸法无我"。无论"有为法"或者"无为法",都没有"我"。众生,人也是众生,从那个最低等的生物,原始生物阿米巴,都是从有"我"来的,它都要吃东西,都要向外取。一切生物,从原始生物起一直到人,人是最高的啦,都有一个相同的一点,哪一点相同呢?就是向外取足——足是满足,向外边来满足自己。向外取足,都是错误,在佛家看都是错误,都是丧失了本性。本性是什么呢? 本性是自性圆满,无所不足。这个自性圆满,无所不足,就是"佛"。这个"佛",不要把它看作是一种什么神啊,或者是什么上帝啊,主宰啊,不是那回事。"佛"是什么呢? "佛"是宇宙本体,这个宇宙本体也可以说是什么都在内了,万事万物都在内了,五颜六色很复杂的都在内,可是都在内了,它也就是什么都没有了,什么都没有了。按佛家的道理说,就是这两面,一面是森罗万象,一面是空无所有,这个两面是一回事。佛就是出世,世间就是生灭,所以出世间,就是不生不灭,而生灭跟不生不灭好像是两面,好像是两个东西,不是,是一回事。原始佛教第一是"诸行无常",第二是"诸法无我",第三呢,它叫"涅槃寂静"。"涅槃"两个字知道不知道?

艾:"涅"我知道,"槃"是……

梁:"涅"它是三点水。佛家都是讲涅槃的,"槃"字上头一个"般"字,一般的般,底下一个"木"。涅槃寂静,"寂"就是宝盖头,一个"叔",这个字念寂。"诸行无常,诸法无我,涅槃寂静",这个是小乘。小乘具备这三点,才是佛法,缺一样不是佛法。

大乘佛法、大乘佛教是在小乘的基础上,基础就是刚才说的那三句话,在小乘的基础上来一个大翻案。小乘是罗汉道,大乘是菩萨道。大乘道是在小乘道的基础上来个大翻案,就是它不出世,它的话是这么两句话,叫作"不舍众生,不住涅槃"。"不舍众生,不住涅槃",它要怎样呢? 它要回到世间来,它不舍开众生。小乘好像是躲避开生死的麻烦,大乘呢,它也已经超出生死了,可以到了不生不灭,但是呢,引用一句儒家的话,"独善其身",菩萨跟罗汉不同,罗汉好像自己解决了问题,求得清静,菩萨是不舍众生,他要回到世间来,他已经具备了不生不死的那个可能了,但是,他还要回到世间来,为什么?因为他不舍众生。我们今天的谈话,就暂且说到这里。

艾:好的,好的,谢谢您。可不可以问一个问题,我从书面资料研究出来的一个结论,就是说看您的著作,我觉得您自己是把佛教的菩萨的观念跟儒家的圣人的观念,好像是当作——不能说是在基本上,或者在一些方面,是一样的——好像是一个角色。可能我讲得不通,我的中文程度不够,不过您知道我的意思,就是圣人和菩萨可以说有类似的地方,而我当年研究您的作品的时候,我就觉得,您自己也是这样做,菩萨也是这样做,做圣人。我这句话您觉得怎么样?

梁:是,确实差不多。它是这个样子,只一方面说,儒家它站在人的立场,儒家说的话,说来说去,不离开人,它从来不离开人,连鬼神它都不大谈。不是那个子路嘛,问孔子生死问题,他就说:"未知生,焉知死?""未能事人,焉能事鬼?"死后的事情,鬼神的事情……

(1980年8月12日)

二 从中国文化的精神说起

为何我还乐观

…………

艾：不好回答，那就不回答，是不是(梁笑)。譬如，依您看，现在中国儒家的思想、儒家的传统、儒家的学说的情况，是怎么样的？或者可以不可以说，现在中国的社会，可不可以算儒家的社会，或者哪一些方面呢？

梁：中国近几十年，特别是毛泽东主席在北京建立新政权以后，那么，当然是一切都开一个新局面。虽然他也逃不出去中国的那个旧影响，不过他好像是很看不起孔子的，所以他不是后来有那个批孔运动吗？

艾：批孔运动跟孔子本人好像没有多少关系，以我们在美国所了解的，"批林批孔"是"四人帮"用这个运动来批政治方面的敌手。这是我们西方所了解的这个情形。

梁：不过批孔的话还是说出来了。毛主席这个人啊，才气很高，所以他什么事情好像都不在眼里，所以他也就缺乏尊重老文化、老学问的那个样子，其实他还是逃不出去这个老文化。

艾：那么就是说现在中国社会，算是儒家社会的一种，那么是哪一些儒家思想还保留在中国人的心中？

梁：我看没有什么保留，它就是不大再说那个老话了，不大再说那个老的教训。而事实上呢，中国的家庭伦理，也颇有变化，跟那个老社会很不同了。这个不同可以举出来两点事实，一点事实就是妇女出来了，以前妇女多半都是在家庭，很少出来工作，更少参政，可是呢，现在在政治上，妇女也占地位，这是一点变化。再一点就是过去中国总是大家庭，父亲在的时候，这个儿子儿媳都跟着父亲住在一起，甚至于祖父在的时候，都是不分家，就是财产不分开，甚至于祖父在，儿孙跟祖父住在一起，不分家；如果分家的话，好像就有点笑话，好像这样不好。这种习俗在外国没有，那么现在中国也没有了，都是小家庭了，没有什么一大家子人都住在一起，财产也是公共的，没有那个情况。所以很有变化，这个变化最大的还就是妇女从家庭到了社会，乃至于参加政治，最大的变化是这个。

艾：不过这个且不说。中国文化的要义，核心的实质，还存在吗？

梁：残余的还是有，不能说一扫而光啊，还是有些个遗留，还是留下一些。

艾：那么，留下一些……

梁：所留下的还就是那个家庭伦理那方面。

艾：《中国文化要义》那本书里，您提到了"中国文化要义"的定义，下了个定义就是"人之所以为人"，说中国的圣人很早以前，物质生活还没有达到可以满足一切起码的要求以前，中国的圣人就了解到"人之所以为人"了，那您还是这么想的，就是说中国文化最重要的是"人之所以为人"？

梁：依我的看法、我的认识，就是这个中国文化不同于西洋，不同于印度，在什么地方呢？就在它认识了人的理性。它相信人，它不相信上帝，也不相信像回教什么真宰、真主。它信赖——依赖、依靠的意思，它信赖人，儒家的特色它是信赖人，不信赖旁的。这个就是后来孟子点出来的"人性善"，"人性善"这个话在孔子倒没有说，可是孟子点明了，这是儒家的一个特色，它是很信赖人。人嘛当然也可能犯错误，可能也会走入一种下流，可是，你怎么样才能够矫正他，让他不趋于下流、不去为恶呢？你靠什么呢？除了靠人，没有别的可靠。我觉得儒家的特色在这个地方。好像在外国，在基督教，好像是说亚当怎么吃了什么果子，有那个话？

艾：是有这个。

梁：有这个说法。

艾：是，是有那个说法，《圣经》里面的一章有这个故事。

梁：这是在西洋。在印度它也跟中国不相同。印度很奇怪，它是从很古的时候就否定人生，它认为人生就是错误，这个是在古印度普遍的风气。有没有例外呢？有一个例外，就是在佛书里头所称为"顺世外道"的——顺着来，世界的"世"，"顺世外道"——佛家认为是个外道，佛家以外很多旁的宗教，也都排斥它，也认为是外道，它是在古印度独一无二的肯定人生的。除它以外，都认为人生是一种迷惑，这是印度的古风气，跟旁的地方很不同，这很奇怪。

艾：以现在的情况来看，对中国文化最大的威胁，您认为是什么？

梁：我看没有什么威胁。

艾：没有什么威胁？

梁：近来尽管有点对旧的风俗习惯有些个破坏，但是前途并不悲观。我不是在六十年前有一本书《东西文化及其哲学》？那个书里头的末一章我就说，在世界未来，将是中国文化的复兴，所以我刚好不悲观。

艾：那，梁先生，您还是认为将来世界文化，还是……

梁：中国文化复兴。

艾：中国文化……

梁：要复兴。

艾：复兴，哦。我为什么问呢？因为您《东西文化及其哲学》这本书是有这种预测，可是后来写的书，很少提到未来的事，那未来的事嘛，您刚提到这些旧的风俗习惯已经没有了……

梁：被破坏了。

艾：那么中国传统文化必须保留的，是哪一些？是什么？

梁：这个问题当然要答了。我要说明为什么我对未来那样乐观。

艾：好。

梁：就是我在过去，很早有一个分析，这个分析就是说人生有三大问题。第一个大问题就是"人对大自然"的这个问题,这个是第一个问题,这个是最先的问题。人类还没有创造出来文化、文明的时候,非常地受大自然的洪水、猛兽、地震种种的压迫,所以后来有西洋文化的发达起来。西洋文化的发达,主要是两句话,就是"征服自然,利用自然",对大自然,它取一个征服的态度、利用的态度,并且很成功,一直到现在还是成功的时候,成功越来越高了,它可以跑到天空上去围着地球转,可以到月亮上去(笑)。它是在这个问题上,在征服自然、利用自然上取得了伟大的成功、胜利。这是西洋文化的特色。这个呢,我就说是人对物的问题。人一睁开眼睛看见的,那就是物,都是物,人伸手一摸的,都是物,脚踩的也是物,所以人对物的问题是第一个问题,头一个问题,而西洋文化就是在这个问题上的胜利。这个问题,到现在不是已经达到很高的程度了吗?再往前走,顺着这个路再往前走,我认为很自然地要走入社会主义,资本主义要转入社会主义。所谓资本主义就是个人本位的主义,可以说八个字:"个人本位,自我中心",我自己,以自我为中心。"个人本位,自我中心",这八个字就是说的近代的欧美社会。可是它底下走到后来,它要转变,要转变到社会主义,社会主义不可避免,资本主义要成为过去。这个就是说生产工具或者生产资料一定要归公,现在名义上是归个人、大资本家,而事实上社会的生产已经是社会性的生产,底下它要转入社会主义,这个是不可避免的。资本主义要转入社会主义,这是不可避免的。那么,个人本位变为社会本位,以社会为本位。到了社会本位,人生问题就转入了第二问题。刚才说第一个问题是人对自然的问题、人对物的问题,第二个问题就是人对人的问题,就是人对人怎么样子能够彼此相安,彼此处得很好。要把人与人的关系搞好,就得你照顾我,我照顾你,中国老话叫作"礼让","礼让为国"。总而言之吧,人跟人彼此相安相处,处得很好,在这个时候成为头一个问题,人对自然的问题,退居第二位,不是没有了,不过退居第二位……

人与人相处的问题

梁：……也就是说自然科学、工业还是要进步的，不过人对物的问题不是头一个问题了，它退居到第二个问题。第一个问题是人与人怎么样子彼此相安、共处，这个是未来的，未来的事情要这个样子，这个样子就是到了"中国文化"，这个就是中国文化。中国文化原来是起于家庭，老话嘛就是孝悌，或者说是父慈子孝，或者说四个字，四个字是什么呢？它就是"孝悌慈和"。"孝、悌、慈"，还有一个字叫"和"——"和"就是和平、和好、很和气，"孝悌慈和"这四个字。我这么看，我这么推想，到了社会主义，恐怕就要大家都来讲究孝悌慈和，推讲敬老啦、抚幼啦、兄弟和好啦，把人与人之间的关系搞好，这是未来社会主义里头的问题。自然，人对自然的问题还是有，可是退居第二位了。这个我就谓之"中国文化复兴"。

那么还要再多说一点，就是中国文化复兴之后，将是印度文化的复兴。中国文化复兴，我这么遐想吧，随便说吧，会很长，时间恐怕很长，恐怕有……人类要在这种空气中，在这种习俗中、风俗中，可能时间很长。时间很长之后，它还是会变的，不会永远是一个样子，它会变，会转变，转变出来的，依我看就是印度古文化的复兴。那么印度古文化是什么文化？什么样子呢？刚才无意中说了一下，就是在古印度除了顺世外道它肯定人生，那一派，势力很小，广大的印度古社会都是否定人生，说人生没有价值，它甚至于说人生是迷妄——迷就是糊涂，妄就是狂妄的妄，人生是在迷妄中。这些是古印度的普遍的风气，除了顺世外道之外，印度宗派很多，并且佛教还是后起，佛教在印度不是最早的。佛教否定人生算是最到家了吧。所以我的推想，人类很远的未来，古印度的这种风气就来了。人对于自己的生命、生活，感觉到没什么价值……还要按着佛家的意思解脱、解放。人嘛，就是常常地在求解放，这个就是最后的解放。这是我的这么一种推想，我的一种逻辑（笑）。

艾：其实您的这个推想，跟当年《东西文化及其哲学》那本书所表示的差不多了。我自己还是信服您这个说法是对的，按逻辑推出将来的发展，是应该如此。不过我还有一个想法，我觉得现代化这个过程，或者说是理智化这个过程，跟"人之所以为人"，就是无论是印度文化，或是中国文化的"人"，是有冲突的，有矛盾的。您觉得"四个现代化"这个计划对中国文化有无什么害处？

梁：中国生活在现在的世界上，它不能够违反潮流，它只能往前走，把物质文明发达起来，那是需要的。不过要紧的就是，过去的西洋物质文明发达是靠资本主义发达起来的，中国是自从西洋强大的势力过来，中国已经没有走资本主义的路的余地了，不可能走资本主义，所以它不能不走社会主义的道路。只能在谋社会福利的里边，有了个人的福利，不能让个人的福利压倒社会福利，不可能。所以共产党在中国的出现，并且成功，那是很合理的，不特别、不奇怪的。

艾：您认为西方社会应该向东方，尤其是中国学习一些什么？

梁：这个刚才算是已经说出来了。

艾：将来西方文化、西方的社会还是演变成中国，以现在历史阶段来说，西方社会应该向东方、应该向中国学习一些什么？

梁：学习什么？我回答这个问题。人啊，一生下来就有与他相关系的人，至少他要有父母，或者还有兄弟，长大了之后到社会上还要有朋友，有老师，有什么，这个就叫作人伦，叫作伦理；人始终要在与人相关系中生活，人不能脱离人而生活，人不能离开人而生活。所以怎么把人与人的关系搞好，是个重要的问题，这个叫作伦理、人伦，中国古话叫人伦。

中国文化的特色在这个地方，中国文化的特色就是重视人与人的关系，它把家庭关系推广用到家庭以外去，比如说它管老师叫师父，管同学叫师兄弟（笑），如此之类，它总是把家庭那种彼此亲密的味道，应用到社会上去，好像把那个离得远的人也要拉近，把外边的人归到里头来，这个就是中国的特色，中国文化的特色。这个特色一句话说，它跟那个"个人本位，自我中心"相反。跟"个人本位，自我中心"相反，那么它是怎么样呢？它是互以对方为重，互相以对方为重。

比如说，中国人从孔子、从古书《论语》上，它老是爱讲孝悌，孝悌是什么？是说儿子或者幼辈，对父母、对长辈的尊重、顺从，这就叫孝悌。不是还有个孝悌慈吗？什么叫慈呢？"慈"就是父母那边慈爱子女，慈爱幼辈。一句话，归总一句话，就是"互以对方为重"，我以你为重，你以我为重。比如说客人来了，在主人这一面就以客人为重，什么事情都替客人设想，给客人好的位置坐，给客人倒茶喝；一个好的客人又转过来了，又是尊重主人，事事为主人设想。所以中国社会礼俗，刚才提到礼让，什么叫礼让呢？（笑）"让"就是看重别人，"礼"就是尊重旁人。中国在儒家一直就是叫人礼让，这个礼让也就是刚才我说的，到了未来，资本主义过去了，社会主义来了，恐怕这个礼让的风气会要来了，大家在一块儿生活，互相尊重是很必要的。所以我就说，世界的未来是中国文化的复兴。我再说一句话、结束的话，我是乐观的，我觉得那个马克思主义很好，它比那个空想的社会主义高明。

艾：空想的，就是法国……

梁：欧文啊，英国的欧文，傅立叶，他们有三个人。

艾：是，是。过去有很多，19世纪有不少个，反正我知道您……

梁：空想的社会主义，他们的心是很好，不过他们没有想到，没有清楚社会的发展、历史的发展，自然会到那一步，自然会到社会主义。马克思主义所以叫科学的社会主义，它是认为客观的发展就要走到那里。

艾：中国文化悠久，持续延绵长远，跟西方或者中东生命短的那些文化相比，中国文化源远流长，这是由什么特性形成的？为什么？就是说，中国文化悠久的主要原因是什么？（梁：历史很长。）比全世界任何地方的文化长多了，主要的原因是什么？

梁：这个问题，曾经有一位先生他对这个问题讨论过，解答过，有一个先生，也可以说有两个人吧，有两个人解答过。有一位先生可能还在，有一位先生故去了。故去的人是留学欧洲，学生物学的，他叫周太玄。还有一位可能还在，他岁数比我还大，应当是九十岁，或者比九十岁还多了，这个也是留法，留学欧洲的，叫徐炳昶。

…………

情理与物理

梁：在六十年前，六十年前的时候我才二十几岁，那个时候发表《东西文化及其哲学》，那里边我就对孔子有一些解说，按照我当时的理解、我所能懂得的，来说明孔子。为了说明孔子——孔子不是喜欢讲那个"仁"吗？仁义的"仁"——我当时那个书里头，我说"孔子说的'仁'是什么呢？是一种很敏锐的直觉"。孟子不是喜欢说"良知良能"，那个就是现在所说的本能。直觉嘛，英文就是 Intuition，本能就是 Instinct。我就是这样子来把孔孟之学，用现在的名词来介绍给人。现在我知道错了。它只是近似，好像是那样，只是近似，不对，不很对，不真对。这个不真对，可也没有全错啊，也不能算全错。因为孔子所说的"仁"，它可以很深，可以很高深。孔子不是有那个话，"仁，远乎哉？我欲仁，斯仁至矣"。所以你把"仁"说得太高深，也就偏了，不必一定说得很高深。一方面是可以这么说，可浅可深。如果你就是从浅的一方面来懂它，那是不够的。所以我在当初的书里头，就是太从浅的方面来说。孟子也是那样，孟子的"良知良能"，你去懂得它，你去了解它，也是可浅可深。比如说"良知良能"，就是良心，谁没有良心呢？都有良心。这样说对不对呢？可以不可以这样说？完全可以这样说。可是又转过来说呢，不能看得太简单，不能理解得太浅。

为什么不能太简单、不能太浅呢？因为我们这个人啊，人总是生活在社会里头，他离不开社会，所以他容易随着社会走，社会习俗上这个算对，他也就对，习俗上以为这个不好，他也就跟着走，人很容易这样。可是所跟着走的这个社会（笑），东西南北，在这个国家，在那个国家，在这个洲，在那个洲，在西洋，在东洋，社会很多不同，古今也是很多不同，在空间上、时间上很多不同。人多半都是随着社会走，所以在这个社会认为是不对的事，在那个社会认为是对的，这是常有的。除非天资很高的人，智慧很高，他可能不随俗，他常常是（笑）领头革命，天资高的人常常是这样，所以有些话就很难说了。

艾：每一个社会有每一个社会的习俗，每一个社会有它的风俗习惯，每一个社会也有每一个社会的价值……

梁：就是价值判断。

艾：价值判断。假如说每一个社会有不同，人类有没有一个普遍的真理，一个普遍的价值判断的标准？

梁：一方面说有，一方面说没有。

艾：一方面有的是……

梁：先说没有吧。（艾：好。）没有就是说人生就是得在社会里生活，你就得随俗，你一定反对社会，会不见容于社会，所以我们把这个"俗"或者叫"风俗"，或者叫"礼俗"。我们可以承认不同的时代，不同的地方，这就是说不同的社会吧，随着不同的社会走，也是理所当然。不同的时代，不同的地方的所谓"礼"，就是理。一方面可以这样说。当然，还有一面，可以说是一种真理吧，不是世俗之理，而是真理。真理是有的，不过只能在很少的高明人才意识得到，很少的高明人才能够超过众人，他看得高，看得远。这种高明人那是很少了，并且一方面是很少，还有一方面好像中国古话有一个叫什么"高明而道中庸"一句话，他自己是很高明，可是他不跟当时的社会，不愿意脱离社会，他走的路还是走中庸的路。这个地方我补一句，我不知道你知道不知道我是没有念过"四书五经"？

艾：知道。

梁：所以刚才引的话，什么"高明而道中庸"，这句话所以我说不完全，因为古书没有背过，不熟（原句为"极高明而道中庸"。——整理者）。

艾：这没有关系，我知道，我也没有背过古书，我知道这句话。这些高明的人，所了解、所意识的真理，都是一个真理，对不对？都是一个价值判断的标准。就是说无论是什么地方的高明的人，超众的人，所意识的真理是一致的。

梁：应当说真理是一个，应当这样说。应当说真理只有一个，不过普通我总是说，有一种是"物理"，有一种是"情理"。这个科学——自然科学、社会科学，特别是自然科学，自然科学所发明、所讲出来的道理就叫"物理"。物理存在于客观，不随着人的意志，不能够说我喜欢它，我不喜欢它，那不成。无论你喜欢不喜欢它，它一定是那样的。可是另外有一种叫"情理"，情理是存于主观的，合于情理，人人都点头，人人都说对、是这样，情理是在主观一面。合于情理，就好办。比如说是正义的事情，不是有人就说它是"正义感"嘛，正义就存于正义感上。这我归结下来，一种叫"物理"，一种叫"情理"，不要把它混了。

从前宋朝朱子，朱熹，他就是没有分开这两个。他有一段话，我也背不上来了，朱子说的，他就没有把这两种理分开。我可以再举一个例子，讲那个生物进化，有自然淘汰，有一句话叫作"弱肉强食"，弱的肉被强的人吃了，弱肉强食是一个客观存在的现象，一个自然之理，可是我们都不喜欢它，对弱肉强食我们都反对，觉得……

艾：无论是什么时候的、什么地方的人，都不喜欢，是这个意思？"我们"的意思是人类，无论是什么地方的？

梁：按常情来说，对小的、弱的被欺负，站在旁边，都有一种不平，不喜欢那个样子。这个不喜欢是一个理，这个理有，这个理是个"情理"。那个弱肉强食客观存在，那是个"物理"。

我把昨天的，我又写了一下。我昨天不是说了，昨天我说了以后，不清楚，我把它给写下来。大乘佛法是在小乘法的基础上，为一个大翻案的文章，怎么样说它是一个大翻案的文章呢？就是小乘要出世，大乘菩萨是"不舍众生，不住涅槃"，要住涅槃，这个是小乘，它归到这个地方来，归到涅槃寂静；大乘菩萨呢，"不舍众生"，所以"不住涅槃"，不归结到这儿。这个就是说，小乘以出世为规矩，大乘则出而不出，不出而出，仍回到世间来，大乘是这个样子。

那么就说到我自己，我自己承认我是个佛教徒，如果说我是一个儒教徒我也不否认。为什么呢？为什么也不否认呢？就是因为这个大乘菩萨，我是要行菩萨道，行菩萨道嘛，就"不舍众生，不住涅槃"，所以我就是要到世间来。因此我的一生，譬如大家都知道我搞乡村建设、乡村运动，我在政治上也奔走，奔走于两大党之间，就是为国家的事情，特别是在日本人侵略中国的时候，所以这个算是出世不算是出世呢？这个与出世一点不违背，因为这是什么呢？这是菩萨道，这不是小乘佛法，小乘佛法就要到山里头去啦，到庙里头去了，不出来了，大乘佛法就是"不舍众生，不住涅槃"。说我是儒家，是孔子之徒也可以，说我是释迦之徒也可以，因为这个没有冲突，没有相反。

艾：没有冲突，这个说法是比较新的。比如唐朝的时候，唐朝以前佛教刚到中国的时候，是有冲突啊，那您说……

什么是戒、定、慧

梁：不够通达，高明的人通达无碍。所以像是宋儒吧，就有点排佛，排斥道家，在我看就是不够通达。通达的人呢，无碍，没有滞碍，什么事情都看得很通。有碍，是你自己在那里给自己设了妨碍，原来是可以不必的，高明人他就超出来了。宋儒像朱子他们，朱熹他们，有不少儒者都排佛呀，排道家呀。

艾：您昨天说，您一直都是佛教徒。

梁：因为我很早，很年轻的时候，十几岁的时候，就想出家。

艾：于是到现在您还是保存原来的……

梁：还是那样，不过现在是不必出家了。其实还是想出家。

艾：还是想出家？

梁：还是，假如说是让我去住到一个山上庙里头去，那我很高兴（笑）。

艾：是。那梁先生还打坐啊，修佛的……

梁：本来按佛家它有三个字，叫作"戒、定、慧"，这三个字（梁先生写出给艾看）——"戒、定、慧"就是一定要守戒律。戒律有好几条，比如说是不能娶妻，如果娶了妻之后也要离开家，出家为僧嘛。还有不杀生、不吃肉等等。戒有好几条，从"戒"才能生"定"，"定"就是刚才说的入定 。一定要守戒才能够入定。由"定"才能够生"慧"，"慧"是智慧。普通我们的这种聪明智慧，在佛家不认为是智慧，这个算是一种智巧，不是真正的智慧，不是大智。大智一定要从"定"才有，从"定"才能够破悟。当然在佛家，大家都知道，在中国过去曾经有十三宗，宗派有十三宗，很重要的、很发达的是禅宗①。禅宗有那个话，讲出禅宗的特色、特点。禅宗的特点是什么呢？叫作"不立语言文字"——立是"建立"的"立"——不立语言文字，言语、文字都不要，不建立在语言文字上。禅宗在中国很发达，有一本书叫作《景德传灯录》，后来比这个《景德传灯录》还多，《续传灯录》，一共陆续出有五本，合起来叫《五灯会元》，都是讲禅宗的故事。在那里头的故事，外行人不懂。比如有名的、禅宗很成功的人，叫禅宗大德——道德的"德"——另外一个禅宗的，去见那个禅宗的大德，他一来见这个大德，大德就打他一棒，他就明白了（笑），那个来的人就明白了，旁人看不懂怎么回事，这是禅宗的故事，这个叫"棒"。还有"喝"。就是来一个人见这个大德求法，他什么话也不说，大喝一声，那个人也就明白了，如此之类，都是在那个《传灯录》上传说的故事。

艾：我记得我也看过一点这些故事，那禅宗怎么就是……

梁：我的意思是说，禅宗是不立语言文字，彼此可以互相影响。一个老和尚，已经成功的，已经悟道的，他对一个新来的人，可以对他有一种影响，让他也能够开悟，但是他不用语言开悟。语言的开悟，它还在意识之中，而真的开悟，是让你生命起变化，你的生命根本起变化，这才算。

艾：梁先生自己，年轻的时候，十几岁啊，精神危机的时候，是辛亥革命以后的几年吧？

梁：在辛亥革命前。

艾：在辛亥革命前？

梁：辛亥革命的时候，我已经十九岁，我想出家是十六七岁。

---

① 禅宗：中国佛教宗派名。南朝宋末菩提达摩由天竺来华传授禅法而创立。由达摩而慧可、僧璨、道信，至第五世弘忍门下，分成北方神秀的渐悟说和南方慧能的顿悟说两宗。但后世唯南方顿悟说盛行，主张不立文字，直指人心，顿悟成佛。禅宗兴起后，流行日广，影响及于宋明理学。

艾：啊，十六七岁，我又搞错了。我以为辛亥革命以后，才真正转入佛教，就是说以前是跟着西方各派思想家取用，反正是西方的派别，那辛亥革命以后我以为才精神上有一种危机，才转入佛学的，这个我弄错了。

梁：我很早想出家。

艾：不过您也参加了辛亥革命啊，您参加辛亥革命的时候还想出家？

梁：这个刚才说过了。出家为僧到庙里头去清静，这个也可以说是小乘大乘都要如此，可大乘有一个不同，就是它要救世，它要不舍众生。

艾：这个道理我了解，就是看您所写的几本书，或者是文章，关于您那个时候的生活，给我留下的印象是辛亥革命以后您才真正地想出家。

梁：我常说自己，有两个问题占据了我的头脑。两个问题，一个呢，现实问题，现实中国的问题，因为中国赶上一种国家的危难，社会的问题很严重。这个现实的问题刺激我，这个问题占据我的脑筋。可还有另外一个问题，刚才说的是个现实问题，还有一个问题是一个超过现实的，也是人生问题，对人生的怀疑烦闷——对人生不明白，怀疑它，有烦闷，该当怎么样啊，这不是刚才说想出家吗？这是两个问题，两个问题不一样，一个就让我为社会、为国事奔走，一个又让离开。

艾：这两个问题事实上是有关系的。比如，中国问题跟所领导的乡村建设有密切的关系；乡村建设也跟中国文化有密切的关系；中国文化也是跟人生、人的生存、人民的生存有密切的关系。我总觉得这两个问题也是有密切的关系。怕不怕烟？（梁：不要紧。）这一点，我是根据西方的一个心理学家，他写了德国的中古时代路德（Luther）的传记，也写了印度的甘地的传记，用一种分析法，就是说一些贤明的人——甘地算是一个，路德也算是一个——他们是把自己的问题、个人的问题跟人类的问题，无形中都放在一起了。无论什么地方，非常贤明的人可以说是圣人这个样子吧，所以我在书里面分析您当年的情形，也是这个样子吧。虽然我搞错地方，就是我以为辛亥革命以后，您才真正信服佛教，以前是有兴趣的，不过革命以后才是您自己的问题逼迫您深入佛学，以前有兴趣是有兴趣，不过不是……

二 从中国文化的精神说起

梁：它是那样，我昨天谈过一些。

艾：是啊。

梁：昨天谈过一些，我一直想出家，到了二十九岁才放弃，到二十九岁才结婚。

艾：为什么我一再提呢，就是我搞错了，不好意思。就是写您的传记，把这么重要的事情搞错了。辛亥革命之前，您已经对唯识①有没有……

梁：那时候还不懂。唯识很不好懂，佛学里头法相、唯识，很不好懂。

艾：是很不好懂，不错。您是民国第一年（1911）、第二年（1912）那个时候才开始研究唯识的。

梁：没有（艾：也没有？），那个时候还不会，还不懂。

艾：哦。

梁：我研究唯识是到了北京大学了，蔡元培请我到北京大学，让我讲印度哲学。

艾：不过1916年您已出版了《究元决疑论》，这就表示您已经研究过唯识。

梁：那还不算研究唯识（艾：那还不算研究啊。），那里面引了一些旧唯识派的话——唯识有旧派、新派。新派的就是玄奘，玄奘知道吗？（艾：是，我知道。）唐玄奘，唐三藏，那是新派。新派的唯识我那时还不懂，还没看到。我看到的是旧派的，旧派的有些话我在《究元决疑论》里引用了一些。

艾：这个我也搞错了。

梁：这是普通人都很难分的。

艾：那，梁先生您这么健康，身体这么好。

梁：不算怎么好，就是没有病，身体没病。

艾：您脑筋好清楚啦，简直和年轻人完全一样。一般的人一定觉得您有什么

---

① 唯识，即唯识宗，中国佛教宗派之一。因主张"万法唯识"，故名。实际创立者为唐玄奘及其门人窥基。主张用三相即"依他起相"、"遍计所执相"和"圆成实相"以解释宇宙万有的性相，故又称"法相宗"。后传入日本。

秘诀，秘诀是不是与佛教有关系？

梁：没有。刚才不是说嘛，"戒、定、慧"，"戒"嘛我有一点，是什么呢？比如我年纪很轻的时候就吃素，不吃肉，不吃肉就是佛家不杀生，一切动物都不吃。起初就想不结婚，不娶妻，后来到了二十九岁放弃这个不结婚的念头了，结婚了，也是到二十九岁才放弃，二十九岁以前始终是想出家。

艾：您还是吃素吗？

梁：现在还吃素，吃素七十年了。

艾：已经七十年了。那这么说，您八岁的时候，不，十八岁的时候……

梁：因为七十年以前，住在北京，同父亲在一起，自己想吃素，不过父亲不喜欢，不喜欢我也就没有吃素。刚好有一个机会，我离开北京了，离开父亲了，去了陕西西安了，到西安以后我就开始吃素，开始吃素一直就没有改变了。

艾：这个我倒是不记得。您去西安，那是什么时候？什么原因呢？

梁：刚好我的哥哥、我的长兄，他在西安，我到他那地方去，离开了父亲。我父亲在北京，他在西安，我到西安去。

艾：是辛亥革命以后吧。

梁：辛亥革命以后。

艾：应该是1912年？

梁：对，就是1912年还多一点，民国二年。

艾：噢，民国二年，是这样的。您在西安多久了，那个时候？

梁：不太久，就几个月。

艾：那民国元年您是去南京吗？去了南京？民国元年？

梁：去过一次。辛亥革命，我是参加革命的；在革命后，我曾经想回广西，因为广西要送学生出洋留学，我同几个广西人一道走。

艾：噢，也就是您没有去……

我做记者的时候

……………

梁：他是在前几年，就是说在宣统元年吧，辛亥革命以前，他同一个四川人，一个姓黄的，两个人秘密地来到北京，他要用炸弹炸摄政王，摄政王就是宣统的父亲，因为宣统是小孩啊，只有四岁吧，所以实际上的政权是摄政王在操纵，汪精卫是来刺杀摄政王的。要刺杀摄政王，他就是在夜里头在摄政王坐的马车——那时还没有汽车——路过的地方，他去埋炸弹，埋炸弹（笑）夜里头去埋，可还是被人看见了，就捉起来了，捉起来就下到监狱里。原来刺杀摄政王抓到了可能是要枪毙的；没枪毙，把他关起来了，一直关着，到了南方革命军起来了，跟北方对抗了，北方这个时候是袁世凯出来了，袁世凯就把汪精卫从监狱里放出来了，请他——你原来是革命派的人，现在请你来做个中间人，想法子来议和，是这个样子。

艾：您自己从北京到南京的时候是……

梁：这个时候我还没到南京（艾：还没到南京啊。），认真讲是没有。我是这样子，接续刚才的话来说吧，汪精卫出来了，被袁世凯请出来了，让他做调和人，他就组织了一个叫作"京津同盟会"——头一个字"京"是北京，第二个"津"是天津，京津同盟会——同盟会就是孙先生所创建的中国革命同盟会，这个就算是中国革命同盟会的北方支部，是这样子。我是在中学读书的时候，就已经秘密地参加了革命组织，这个革命组织就是属于刚才说的汪精卫领导的京津同盟会。这个时候我还做新闻记者，那时候报馆设在天津，后来搬到北京来了。我有一段新闻记者的生活，并且那个记者是外勤记者，外勤记者就是访查新闻的，做过那么一段。我也曾经在辛亥革命后，去南京一次，可是后来又折回来了。去南京之后我就去了无锡，从无锡又折回来，那次本来意思是想到广西去投考、去出洋留学的，没有去成。

艾：这一点我也弄错了，书里弄错了。

梁：书里是怎么说？

艾：我书里是说辛亥革命成功了，孙中山已经在南京做临时大总统的时候，您去南京是因为同盟会的人都到南京去开始建国的工作了。我知道您那时是记者了，我以为您就是差不多1912年民国第一年三、四、五月份去南京了，结果我错了，您本来是要到广西去。

梁：有那么一次想到去广西，很快就回来了，折回来了。

艾：这个京津同盟会分会是武昌起义以后组织的，我知道了，不过是汪精卫成立的，还是以前……

梁：这个是汪精卫突然才组织的。

艾：我在台湾看到京津同盟会分会的一些文件，这里也没有提到汪精卫，有您的一位同学的名字，您的名字我是找不到的，书里提到说是也许您用别的名字或者……

梁：那个时候，京津同盟会跟我、我们都在一道的，因为清廷退位了，革命军起来了，清廷就让出政权来了，退位了。我们一些原来是搞手枪、炸弹的吧，改了，就办报。（艾：《民国报》。）办《民国报》，《民国报》的社长甄元熙，这个人还在美国（艾：在美国啊？），在美国办中文报纸。我就算是一个外勤，不是坐在报社内写文章的，而是在外边。当时《民国报》报社在天津，我的家住北京，我就往来于北京、天津之间，做采访工作。

艾：那是这个时候您认识黄远生①的吗？

梁：认识黄远生在这个之后。

艾：以后啊？他是1915年在美国被刺杀了。（梁：被刺死了。）那蔡元培先生也是……第一次见面的时候是您在做记者的……

梁：那时我做记者的时候见过他，可是他不记得我，等于没有什么关系。到了后来，到了民国六年，他来北京就任北大校长的时候，那个时候才认识。因为那个时候我拿《究元决疑论》向他请教，他就说：我路过上海，看到了，很好；我现在到北大，也请你帮忙。当时我说：我还不会讲印度哲学，因为在欧洲或者日本，谈到印度哲学，都是谈到六派哲学②，而六派里头不包含佛学。认真讲，欧洲人讲的、日本人讲的印度哲学，我不太清楚，我不过喜欢佛学就是了。同时，我那个时候正好旁的事情很忙，不能够答应蔡先生到北大。

　　那个时候什么事情很忙呢？那个时候，袁世凯死了以后，南北统一，推倒袁世凯的势力是在西南、广西，主要是蔡锷、陆荣廷、贵州刘显世。倒袁势力内部有梁启超——梁任公。这个时候北方就是袁世凯死了，袁世凯死的时候，他才把段祺瑞请出来，段这个人在北洋军人里头是一个很正派的、很好的人，自从袁有意要做皇帝，他就反对，坚决反对。另外一些包围、帮助袁世凯做皇帝的人要刺杀他，要刺杀段祺瑞，段祺瑞自己本来是陆军总长，自己辞职不干，住在北京的西山，他们还要刺杀他，也没有刺死。袁世凯做皇帝做不成，只好维持北洋军人的势力，请段出来，从西山上把段请回北京，并且这个时候，由于袁世凯想

---

① 黄远生（1885—1915），中国近代著名新闻记者。原名黄为基，字远庸，远生系笔名。清末进士，后赴日本留学，1909年回国。辛亥革命后，他先后主编过梁启超创办的《庸言》月刊，担任过上海《时报》《申报》驻京特约记者，被称为"中国第一个真正现代意义上的记者"，其"远生通讯"更是被视为当年中国新闻界的一大品牌。1915年12月27日，避匿于美国的黄远生被革命党人以袁党人罪名枪杀。

② 六派哲学，亦作正统派，是印度哲学的六个主要派别，兴起于笈多王朝时期。共同尊奉《吠陀经》，这六派分别为：弥曼差、吠檀多、数论、胜论、正理论、瑜伽。

1916年8月,梁漱溟出任司法总长秘书期间,与同僚沈钧儒(右二)等合影,沈钧儒时年42岁,梁漱溟24岁。

做皇帝,他已经把国务院撤销了,不要国务院,他在总统府内设了一个叫作政事堂。这个时候他要死了,他晓得是不行了,要请段出来,撤销政事堂,恢复国务院,段是国务总理。这样子因为段为人很正派,也是反对袁世凯做皇帝的,西南对段还是承认的,并且西南也没有兵力可以打到北京来,所以就妥协,妥协就组织一个南北统一的政府。

组织南北统一的政府,我的一个亲戚,也是一个长辈,就代表西南入阁、进政府。(艾:就是张耀曾[①]?)张耀曾,张耀曾就拉我做机要秘书,他跟西南方面的广西、云南、四川倒袁的势力往来有秘密的电报、函电,我就替他主管这个事情。主管这个事情,所以蔡先生要我到北大,我就不能去,我就请了一个朋友替我。转过年来,第二年,政局变了,段也走了,张耀曾也下台,这个时候才帮助他。

[①] 张耀曾(1885—1938),曾留学日本,加入同盟会,1911年回国参加辛亥革命,先后任孙中山秘书、国民党总干事兼政务研究会主任等职。1913年后再赴日本求学,归国后任北京大学教授兼法科学长,参加过护国运动,多次任北洋政府司法总长。1912年,参与中华民国《临时约法》的起草,终生以宪政为追求,因此虽为国民党元老,但反对蒋介石推行国民党一党专政,始终拒绝任职于蒋之国民政府。1929年定居上海,执律师业,1938年7月病故于上海。

艾：您的《究元决疑论》那篇文章，原来是在《东方杂志》出版的，那您在《东方杂志》社也有朋友吧？就是把这篇文章寄给他，把稿子寄给他，而他不在……

梁：那个朋友就是一个很有名的……

艾：章士钊①？

梁：对，你说的一点不错。

艾：那您是什么时候认识章士钊的？我在书里没有提到您什么时候认识他。

梁：章行严先生，章士钊，他的出名主要是《甲寅》②刊物。我跟他没有见面，可是我向《甲寅》杂志投稿，这样是有关系。

艾：哦，是这样的关系。

梁：刚才说什么呢？

艾：哦，讲那几年的情形，我说我弄错了，以为您辛亥革命成功时去南京了，从这里讲起来了。这个我觉得非常有意思，差不多的我就知道了，就是一些细节我不清楚的。您怎么评价当年的历史人物，比如陈独秀……最好从黄远生先生吧，怎么认识他的？他是什么样的一个人呢？您好像……

梁：他是那个时候非常出名的一个新闻记者，因为他非常聪明，有文采，交游非常的广，与袁世凯总统府里的那些个秘书，当时还有国务院的官吏，他同这些人都有来往。他常常给上海的报纸好像是《申报》写通讯，那个通讯呢，也有一些报道，也有一些议论的样子，这样子就很出

---

① 章士钊（1881—1973），字行严，号秋桐，清末任上海《苏报》主笔，辛亥革命后，曾任《民立报》主笔，南北议和南方代表，段祺瑞执政府司法总长、教育总长等职，曾主编《甲寅》周刊。1933年起在上海做律师，成为当时全国闻名的大律师，并任上海政法学院院长。1949年后任全国人大常委会委员、中央文史研究馆馆长等职。著有《柳文指要》等。

② 《甲寅》，1914年5月10日在日本东京创刊的政论性期刊，创办人章士钊，因这年为中国农历甲寅年，故名。月刊。翌年5月改在上海出版，至第10期被禁停刊。1925年在北京复刊，改为周刊。后迁至天津出版，至1927年3月停刊，共出45期。《甲寅》期数不多，影响却很大，其凝聚力量来自于反袁的共同政治立场与主编章士钊"有容"、"尚异"的调和主张。撰稿人有章士钊、李大钊、高一涵、易白沙等人。

名，很出名的新闻记者。我记得我从陕西西安回来，开始跟他认识，当时我有一本书，书名就是……

艾：啊，是，是。《序》我就是在……

梁：……在晚周汉魏的文章里选，选了特别是能够发表思想理论的文章，专把这种文章，晚周就是许多子学家，特别是像韩非子什么的，汉魏也有一些人、一些文章，把他们的文章合在一起，叫作《晚周汉魏文钞》。这个《文钞》我就请黄远生作序，这么样认识的。

艾：您编这本书主要目的在哪里？

梁：介绍晚周汉魏的文。就是说啊，这种文字不难懂，可是又比较文雅，就是说还不是白话文，可是又很容易懂。特别是韩非子的文章、墨子的文章，也选一点庄子的文章，但是没有选老子，如此之类，还有汉魏的文章。那个时候还不兴白话文，白话文是一直到了陈独秀、胡适在北大开始新文学运动、新文化运动，那时候才有白话文的。

艾：您动机呢，就是也要成立一个标准，比较适合于现代社会的文字，是不是呢？

梁：好像也还是一种解放，比他们讲古文的桐城派，比那个解放、开放。

艾：那么黄远生先生也关心这个文字的问题吗？

梁：不一定，不过我跟他相熟，就拿这个请他作序，把稿子请他看，请他作那篇序，彼此相交，他比较开通。

艾：那个时候，您是很关心文字的问题吗？

梁：那个人，刚才说了，是个新闻记者，他的文字也不是白话文，可是也是很浅近的、很通俗的文言。我就把我选的这一本东西请他看，请他作篇序，他就作了；作一篇序之后，他就走了，去美国，他在去美国的轮船上写了一个《忏悔录》，到了就死了。

艾：是啊。他写的那篇文章，跟您的《究元决疑论》有直接的关系啊？您就这么写吧？

梁：因为看了他的《忏悔录》写的《究元决疑论》。

艾：那么就是您看了他的文章以后，想关于这个问题发表您的演讲……

陈独秀、李大钊和我

梁：他离开北京去美国，实在是逃走的。为什么是逃走的呢？就因为他有文采、聪明，很出名的新闻记者，所以袁世凯要做皇帝就笼络他，派人直接对他讲，希望他能够发表一篇文章，赞成帝制。那时候有个美国人叫古德诺（艾：是。），要搞帝制嘛，希望黄写篇文章。他不肯写，不肯写就威胁他，他就只好写。写这篇文章他又不甘心，不甘心做拥护帝制的人，所以文章写不好，写得态度不明朗，有的朋友就说这样不明朗的文章交不了卷，拿去不会通过，人家不会满意，你要么呢就是投降（笑），你要么呢赶紧走，他就采取走的道路，偷出北京的。

艾：他在轮船上写的那篇文章，好像跟您刚才提的这件事情没有关系的。

梁：他就是为这件事情跑的。《忏悔录》就是说自己过去一直跟上层啊，跟当时的高官贵族打在一团，打在一块儿，虽然好像是不参加他们，虽然不是吧，但是跟那些人搞得很熟，人家要逼他，要让他拥护帝制，他又不肯，不得不跑，所以他这个忏悔啊，忏悔过去生活的问题。由于他是一个有才的人，有才的人也都有欲望，那么在男女问题上、在用钱上很随便，他的忏悔在这个地方。

艾：他的那篇文章跟您的有什么关系？

梁：哪篇文章？

艾：就是《究元决疑论》。

梁：我的《究元决疑论》，我就是看了他的《忏悔录》才写的《究元决疑论》。

艾：我的意见是，他的那篇文章也提到现代社会的一些问题。

梁：我的《究元决疑论》就是说，我要是早一点把我的佛学思想贡献给黄先生就好了，我没有对他谈这个，我抱歉。在《究元决疑论》一开头就是说这个话，好像很好的东西没有交给我的朋友。

艾：这个还是我没错。您觉得陈独秀怎么样啊？

梁：了不起啊，这个人了不起。

艾：您是到北大以后才认识他的，还是……

梁：刚好在进北大之前就碰见他。就是有一个人人都知道的人——是李大钊，李大钊有一次请客人吃饭，请的有陈独秀，也请的有我，第一次见面是这样子。那次呢，陈独秀来是从上海到北京，他的意思是到北京来劝人募股，他搞一个叫作"亚东图书馆"，这么一个出版社，要大家入股凑钱，50块钱一股，100块钱就是两股（笑），希望找一个熟的朋友劝大家入股，凑成他要办的亚东图书馆，他是这样来的。刚好这个时候蔡元培先生从国外回来，接任北大校长，他得需要一个班子，他一个人不行啊。他跟陈独秀本来是老朋友，他就说，"好啦，你到北京了，不要搞什么图书馆了，不要搞什么出版社了，你就来帮我吧"。这个时候陈独秀、李大钊连我，我们三个人同时进北大。

艾：我的印象是您跟陈独秀的关系，没有和李大钊的关系那么好。

梁：对，跟李的关系比陈稍早一步，跟陈碰见，还是在李的宴会上，可是进北京大学是陈、李、我同时的。

艾：跟陈独秀，您……

梁：我对他很有印象。那个人是一个能够打开局面的人，很有力量的人。

艾：在历史上您觉得他扮演的角色是怎么样呢？

梁：他是共产党的发起人。

艾：是啊，很重要的？

梁：很重要。

艾：他跟李大钊，当然也是一起组织成立共产党。

二 从中国文化的精神说起

梁：他们两个人的朋友关系非常好，但两个人的性格不同。

艾：那李呢，是比较……

梁：李呢，表面上是非常温和的一个人，表面上很温和，同大家一接触，人人都对他有好感，实际上骨子里头他也是很激烈的。

艾：他个人跟别的人的关系搞得比较好。

梁：比陈独秀搞得好。大家对陈独秀都有点敬而远之（笑），怕他，因为他对人常常当面就不客气。在学校里开会议，他算是文学院长，开头叫文科学长，另外还有一个理科学长，搞物理的夏先生——夏元瑮，两个人地位是相同的，一个是文科，一个是理科，在会议席上他有时候对夏先生就很不客气，让人下不来台，所以……

艾：李大钊不会这样。您觉得这两个人，哪一位和您自己……

梁：我当然还是跟李的关系好。

艾：那主要原因是李温和，还是……

梁：哎，李温和。

艾：那李的思想有没有比较接近您自己的？是不是跟思想有关系，或者说是为人的关系？

梁：很奇怪。很奇怪是什么呢？陈独秀、李大钊都是搞共产党，可是李先生没有说过一句话拉我入党，不知道为什么（笑）。朋友关系很好，可是从没有介绍我也参加共产党吧，他没有。

艾：那陈独秀呢？我记得是有，跟您讲过，《中国人民最后觉悟》（应为《中国民族自救运动之最后觉悟》。——整理者）这本书，提到陈独秀批评您乡村建设的观念，说是小资产阶级的什么幻想，那个时候陈独秀是要您参加党，您没有……他也没有……

梁：没有，他也没有让我参加党。

艾：那您和胡适的关系怎么样？您觉得胡适这个人怎样？

梁：胡适这个人很聪明。

艾：您经常跟他相处得好吗？

梁：没有什么不好。不过当时在北京大学，有旧派，有新派。陈独秀、胡适、李大钊都算是新派，还有那个鲁迅，不过他不是北大教授，是教育部的人，在北京大学兼一点课，教有几个钟点，就是讲"中国小说史"，跟北大的关系不深，可是他也是属于那个《新青年》派，《新青年》里头陈独秀、胡适、李大钊，还有一个陶孟和。

艾：这么说您跟《新青年》派的人关系不太近，您跟什么人的关系非常接近，那个时候？

梁：当时北大有新派有旧派。（艾：是。）学生出刊物，一个刊物叫《新潮》——潮流的潮，一个刊物叫《国故》——《国故》讲中国旧学问，在学生里头有这么两派，背后都有教授支持。我是既没有在新派，更参加不了旧派。因为旧派讲中国旧学问啊，我没有。毕竟那个时候，我是比他们都年轻，胡适也长过我，不过长不多，大概长我一两岁，李大钊大概长我三四岁。

艾：胡适比您大三岁？

梁：没有大那么多。

艾：您是1893年（梁：对。），那您在生的时候胡适已经三岁，在台湾台东那边他父亲做县长的时候。书里也写了，您是比这些人年轻一点了，胡适、李大钊，当然鲁迅、蔡元培都比您大很多了。这是您为什么不跟《新青年》……这是您要离开北大的一个原因，是因为您的年纪比较轻，不太容易跟各派的人……

梁：我在北大是民国六年（1917）进去，民国十三年（1924）离开，首尾在北大有七年。我的记忆啊，蔡先生长我三十岁，好像胡适长我一岁的样子。

艾：我所研究的，他（胡适）是1890年生的（实为1891年。——编者），您是1893年生的，三岁的分别。第二章讲您的家庭，您生的时候，那个时候胡适已经几岁了，毛主席那时候两个月（梁：毛主席跟我同年生，可是就是月份晚一点。），就是因为这个我记得很清楚是胡适比您大三岁。

梁：陈独秀大得多。

艾：还有一位哲学系的杨先生，是毛主席的岳父。（梁：对。）您就是在杨先

梁漱溟在北大教书期间。1917年，蔡元培就任北京大学校长后不久，便聘请梁漱溟到北大教授印度哲学，梁漱溟晚年回忆道："我是为蔡先生引入北大而得到培养的一个人。而今我已九十有五，追忆往事，真可谓培育之恩没齿难忘。"

生家第一次跟毛主席见面的？

梁：对，是那样。

艾：那您是与杨先生比较谈得来的人吗？

梁：杨先生名字叫杨昌济，号怀中。杨怀中先生，这个人是年纪大，比我们都大很多。他在北大，我们都是在哲学系，他是讲"西洋伦理学"跟"西洋伦理思想史"。我们彼此都在哲学系了，同事了，可是岁数比我们大很多。他确实常常到我家里来（艾：噢。），为什么常常到我家里来？不是看我，是看我的一个哥哥。

艾：噢，是这样的，他是已经认识您的哥哥了？

梁：对。

艾：这就清楚了，我以为因为您是哲学系的人，所以常常在一起呢。

梁：我的这个哥哥不是我的亲哥哥。

艾：哦，不是您的亲哥哥。

梁：是同族的哥哥。

艾：那是表哥？

梁：不是，同族，就是他也姓梁，我也姓梁。（艾：噢。）如果是表哥，他就不是姓梁的了。中国的说法，跟外国不一样。（艾：是。）他也姓梁，他算是湖南人，现在我的桌子上正在写一篇文章，就是湖南省要修省志——本省的历史。省志里头有一篇叫作《人物志》，《人物志》里头有我这一家的老兄，在湖南是很有关系的一个大人物，而他呢，又曾经到北京来同我住在一起，所以现在湖南修省志要给他写传，传就要我来写，桌上正在写。

艾：因为杨先生是湖南人这个关系？

梁：底下说一下杨先生跟我这个老兄的关系。跟我老兄是怎么一个关系呢？就是当北京光绪皇帝要变法维新——因为康、梁的影响，变法维新，就全国各省来说，响应北京的维新运动，第一个就是湖南，各省比较，是湖南。

湖南的当政的人，主持湖南政权的人——从前就是各省的巡抚，有的省有总督，湖南跟湖北合起来一个总督，湖南本省就有巡抚，湖南有几个有名的巡抚。在北京的维新运动的时候，就全国各省来说，最领先的维新运动，我这个老兄，他参加了湖南的维新运动，现在他们正在让我写的。比如举例来说，那个时候受欧洲的影响，开头中国人就叫作"讲求洋务"，后来觉得"洋务"这个名字不好，"识时务者为俊杰"，要讲"时务"，那么在湖南首先设时务学堂，时务学堂的总教习就是梁启超，我这个老兄就是帮助梁启超搞时务学堂的。那个时候就要兴新学，也要办实业，办实业就有个实业学堂，我这个老兄就主办实业学堂，实业学堂里头是什么呢？里头是工矿，就在全省里头设了有矿务局，有学务处，我这个老兄又参加学务处，又参加矿务局。

而这个杨先生呢——就是杨昌济——杨怀中先生，算我这个老兄的学生，管我这个老兄叫老师。因为当时要变法维新，一方面是要学欧美，所以派人出去到欧美留学，当然，如果就近到日本留学好像也比较方便，所以一时留日的人非常多。我这个老兄他就建议给省当局——给这个巡抚，我们派年纪轻的人出去学，不如派在国内已经有点知识学问的、有根底的人出去好，省当局——巡抚就赞成他这个意思。他就建议，本来不是各省都有考举人，第一是考秀才，秀才……

当代儒家代表人物还有谁

艾：……研究的问题，河南豫西这个地区，我想写一个地方史，明末到现在，也许后年会再来，就是长期来中国住，也希望有机会到豫西去看看。国外的资料我都已经搜集好了，美国各大学的图书馆、国会的图书馆，香港的、台湾的有一些人……有一位老先生，比您大两岁，是陈仲华——陈顺德——字是顺德，听他也讲一些。孟先生也是在那儿工作？

梁：是彭禹廷①的学生，他是河南人，我们当时有一个河南村治学院，他是村治学院的学生（艾：噢，他是村治学院的学生。），他在豫西那一带待过，他参加过那个民团的工作，搞地方自卫。

艾：您也去过镇平、内乡这些地方啊？

梁：去过镇平。

艾：那是什么时候呢？

梁：抗战中。

艾：以前您就是在辉县的河南村治学院，就和彭禹廷在一起？

梁：他做院长。

艾：是，那时候您没去过镇平？

---

① 彭禹廷（1893—1933），河南宛西自治的主要发起人，曾创办河南村治学院，通过在河南村治学院任职期间研究乡村发展问题，并培养乡村建设人才，在乡村建设运动中有较大影响。

梁：那时候还没去，后来去的。抗战中，我们从山东撤退了，从东边往西撤退，撤退到镇平。

艾：您说的"我们"是指的什么人？

梁："我们"是一班朋友、学生，就是乡村建设研究院的许多干部，大批的人。撤退的时候，把地方的壮丁带了一部分，还有八百条枪，有军装，有十几万块钱的款，带了过去的，当时就住在镇平。镇平有个大庙，我们就住在大庙里。

艾：县城的……

梁：城外，城外有个大庙。

艾：那您记不记得那个时候镇平的情形啊？有什么印象？

梁：没有多停，我到了镇平，就去武汉。那时候政府在武汉，跟政府要接洽。当时政府有一个叫陈诚①的，陈诚他做政治部长，他还要把我们到镇平的学生，调去二三百人到武汉，他检阅一番，他训话，讲话，然后派一个人又回到镇平——这个人由我们来推荐的，领导我们这些人，带着人跟枪支回山东。回山东之后分了四路，就是东西南北，在敌人后边，发动农民抗日，搞游击战。

艾：您对彭禹廷有什么……

梁：我们是很好的朋友，他是村治学院的院长，副院长姓梁，叫梁仲华②，

---

① 陈诚（1898—1965），曾任黄埔军校上尉特别官佐、国民革命军第二十一师师长、第十八军军长。抗日战争时期，曾任武汉卫戍总司令等职，曾指挥所部参加淞沪、武汉、宜昌诸战役。解放战争时期，任国民政府军政部长、东北行辕主任等职。1948年出任台湾省政府主席。后历任"行政院长"、"副总统"等职。

② 梁仲华，河南省孟县人，北大法律系毕业。曾在河南镇平县与其友彭禹廷、王怡柯从事地方自治工作。1930年1月至7月，与彭禹廷、王鸿一、梁漱溟在辉县开设了村治学院，并任副院长。1931年，与梁漱溟在山东省邹平县创建山东省乡村建设研究院，任院长。1935年，被韩复榘任命为济宁专区的专员，从事乡建工作直到1937年10月日本入侵山东为止。其后他前往四川，继续与晏阳初一同从事乡村建设。后任教于四川大学，又一度任四川省政府委员。逝世于20世纪80年代。

我给他们做教务主任，实际上那个村治学院的章程、办法都是我定的。……那里的学生，现在那里的学生不多了。

艾：您觉得彭禹廷是什么样的一个人？

梁：他人是一个赤胆忠心的人。中国俗话、老话，就是黑脸人是好人，白脸不好；彭禹廷就是黑脸人，人好得很。

艾：他也很能干了。

梁：很能干，可惜是被人谋害了，害死的。

艾：好像是在南召县呢还是在镇平县，有一个杨家，镇平县里有一个本来是扶持彭禹廷上学的一位地方有势力的土豪，彭回来，原来扶持他的认为是个好机会，彭回来了，结果彭禹廷也不给他什么方便优待，他生气了，跟南召县的地方富豪联络，进行暗杀。别廷芳①您也见过吗？

梁：也见过。

艾：他是来邹平看您……

梁：不是，他是在内乡，是在镇平碰到，我去镇平他也来，在镇平碰到。

艾：他留下的印象怎样？

梁：就我个人印象，很粗的人，也许心地好，但也还是个土豪作风，什么事情都是个人做主，强制推行，就是这个样子。

艾：当然彭禹廷的这个教育……

梁：好得多。

艾：您对镇平的村治还算是成功的吧？

梁：在那个时候相当成功。那个时候县长、县政府等于虚设，它是全县分十个乡区，组织一个十区办事处，大家推彭禹廷做主任，有十个区的区长跟彭禹廷在一起，联合成一个十区办事处，十区办事处做事情，县政府等于虚设了，摆在旁边，不起什么作用。

…………

---

① 别廷芳（1883—1940），宛西自治首领，自治业绩斐然，历任内乡县民团第二团团长、宛属十三县联防司令、河南省第六区抗战自卫团司令等职。

艾：除了您自己以外，在现代最具有代表性的儒家人物是谁？

梁：我说不上来。说不上来我还要说几句话。有一个人叫冯友兰，我在北京大学教书的时候，他是我班上的学生，他是留美，在美国。他留美的时候还常常从美国写信给我，通信。从美国回来就做大学教授，很出名。写了三本书，特别是他有一部《中国哲学史》。这个人呢——一个人有一个人的性情，个性不同了——他好像是儒家，好像是发挥中国传统思想，好像是这样，可其实呢，他的为人是老庄的吧，老子一派。老子一派，就是不像那个儒家，好像忠于自己，一定要很正直，他不是那样，他是有点……有点那个叫什么，"什么世不恭"啊，有那么一个四个字（艾：是。），"玩世不恭"（艾：对。），他不是那么本着自己的相信的道理，很忠实，不随风转舵，不，他有点像玩世不恭。

艾：其实这一点我们西方研究中国的人都是公认的。

梁：后来不是那个江青（笑）很赏识他，到北京大学去看他，他还把诗词送给江青，后来江青失败了，所以他的名气也就不好了。这个人还在，还在北京大学，不过不担任什么事情，只有一个好的待遇，教授的待遇。人也不行了，眼睛有白内障，走路也旁人扶着。

艾：没有一个具有代表性的？

梁：没有。还有一个哲学家，他也不一定算是代表儒家，有个叫贺麟[①]的，贺麟比较好，比较不是那样随便，不过他是讲德国哲学，讲授黑格尔的。还有一个哲学家，叫沈有鼎[②]，姓沈，沈有鼎。（艾：恐怕我不知道。）这都是中国科学院哲学研究所的重要角色。还有一个也是在北京的哲学家，

[①] 贺麟（1902—1991），字子诏，著名哲学家、翻译家。1926年毕业于清华留美预备学堂，曾在哈佛大学、柏林大学留学，研读西方哲学史，主要从事西方哲学特别是德国古典哲学的介绍和研究，是黑格尔哲学研究专家，译有黑格尔《小逻辑》、《精神现象学》等。

[②] 沈有鼎（1908—1989），逻辑学家，1929年毕业于清华大学哲学系，先后留学于哈佛大学、海德堡大学等。回国后历任清华大学、北京大学等校教授及中科院哲学研究所研究员。长期从事逻辑史和数理逻辑的研究，并把对《墨经》的逻辑研究提高到新的水平。

熊十力

留美的,叫什么名字……口里头说不出来,心里头有。

艾:您觉得牟宗三、唐君毅,在香港的儒家思想家对现代的孔孟之道的发展和阐明有没有贡献?

梁:有贡献。

艾:他们的著作,您看过没有?

梁:我这里有的还是唐君毅的,有六本,没有看见牟的。

艾:唐君毅的怎么样呢?

梁:他还好,对儒家所见还正确。

艾:您比较赞赏他的……

梁:牟宗三是山东人,唐君毅是四川人,唐君毅的一些著作他们都送给我,有六大本。

艾:大体上您赞成他的关于儒家的看法吗?

梁:他对儒家还是了解的。有六大本现在没在这里,可能还有两本,有四本让旁人拿去了。可惜唐已经故去了,牟还在。

1918年6月,北京大学哲学门毕业合影。前排教师左起:康宝忠、崔适、陈映璜、马叙伦、蔡元培、陈独秀、梁漱溟、陈汉章;中排左四冯友兰,左七胡鸣盛;后排左二黄文弼,左五孙本文。

艾:是,牟还在。他们算是熊十力①的学生吧?

梁:牟算是,唐好像跟熊没有什么关系。牟是亲近过熊先生,他称熊先生为老师,好像唐没有。

艾:熊先生也是在北大教过书?

---

① 熊十力(1884—1968),原名升恒,字子真,著名哲学家。现代新儒家第一代代表之一,被认为是现代新儒学哲学形而上学的奠基人。曾参加武昌起义,辛亥革命后入南京支那内学院研习佛学,受梁漱溟等人的举荐任教于北京大学。他提出"新唯识论",认为宇宙万物是本体(本心)流行的迹相,认识上强调"返求本心",自证自识。

梁：教过书。

艾：您是那个时候认识他的，还是他到了北大以后呢？还是以前认识的？

梁：早认识了，他到北大还是我介绍的。

艾：我看的资料里都没有关于他的个人……

梁：熊先生同我在一起有四十年了。

艾：那您在山东的时候，他也去了？

梁：在山东他同我在一起有一段时间，没有始终跟着我，民国十三年（1924），我到山东去办学，我们同去的。从山东回到北京，又是在一块儿同住。有一段我去广东的时候，他去杭州西湖，有那么两年分开，分手。后来抗战起来，退到四川，又在一起。

艾：以他的著作来说呢，算不算是接近您自己的思想，哲学方面的……

梁：他可以称得起是一个儒家，他始终是一个儒家思想。旁人误会他是个佛家，旁人以为他是一个讲佛学的，其实不是。在国内有一个佛学的团体吧、机关吧，就是在南京，叫支那内学院①。（艾：是欧阳竟无②？）是欧阳竟无。我跟熊先生认识在前，我介绍他去内院。我们发生朋友关系，说起来好像很可笑。那个时候熊先生他是在南开中学教书，教国文，教中文，他曾经在梁任公办的刊物叫《庸言》上写了些稿子，那些稿子站在儒家的立场诋毁佛家，他说佛家不好，佛家是"流荡失守"——守是操守的守，佛家——他的话了……

---

① 支那内学院，中国现代佛教学院之一，1922年7月由欧阳竟无创办于南京。因古印度称中国为"支那"，佛教自称为"内学"，故名。设有学、事两科和学务、事务、编校流通三处。1937年因日军入侵，移至四川江津。1952年学院自动停办。

熊十力和唯识

梁：……佛家让人流荡失守。我的这篇文章里头就批评到他，我说"此土"——"此土"就是说中国了，"此土凡夫"，是个凡夫、凡人，"求生存怎么怎么样"，他这个话是胡说，说得不对。文章发表了，他也看到了。民国九年的时候，1920年，他在南开中学教书，他写一个明信片给我，寄到北京大学转给我，明信片上说，你骂我骂得很好，我现在放暑假了，我要到北京去，我们要见面。这样子开头相交的。他暑假就来到北京。他这个人有他那个敞亮的一面，他说话说得高兴的时候，他会哈哈大笑，可以手舞足蹈，很畅快的样子。他这个时候站在儒家的立场批评佛家，可是我是个佛家。我说你对佛家不明白，佛家的道理是非常得深的，高深的。他说我要去探求佛家，我说好，我可以介绍你到欧阳那个地方。

艾：哦，这样。

梁：所以，经我介绍，他就参加了欧阳的支那内学院。民国九年、民国十年（1921）、民国十一年（1922），有三个年头，他都在那里。这个时候我在北京大学教书，起初教的是印度哲学，后来增加了讲佛家的唯识哲学。唯识这个东西，在佛家里头是很专门的东西，传统做这种学问的是唐朝的玄奘，玄奘的徒弟叫窥基。这个学问内容讲得很科学，它说名相，被称为相宗。它的名词都不能够随便讲的，都是需要很明确、确实，它全盘的学问很有组织，很像科学，唯识论啊、唯识法相。

我在北京大学起先讲印度哲学，后来也讲儒家，也讲佛家，讲唯识。开始我引用许多西洋科学家的话来讲佛家，讲唯识。唯识是讲八识，头五识是眼耳鼻舌身，第六意识，眼耳鼻舌身意，前六识是意识外面的，应付环境的，根本上有个第七识和第八识，七识远比八识……我们人呢，不单是人，一切的动物，一切动物它都有"我"。昨天我说了，一切动物都是向外取，满足自己，所以它都是分成一个外边、一个内边，一个物、一个我。我就在北大讲唯识。我慢慢地写文章讲唯识学，出了第一册、第二册，继续写的时候自己也很不自信，这个讲法对不对？我就想南京内学院他们是内行，他们是能够本着玄奘啊、窥基啊法相宗的学问，他们是内行，我就请他们。我跟蔡校长蔡元培先生说，这门功课我讲不了了，我不敢自信了，恐怕讲得不好、不对，我要去内学院请人来讲。蔡校长同意了，我就去请。一请呢，当然欧阳大师是请不动了，我就想请欧阳大师的大弟子，姓吕的——双口吕——来讲。吕（吕澂，字秋逸。——整理者）的学问也是好得很，他可通藏文，通梵文，学问好得很。欧阳大师不放，他的左右手，不放。

这个时候，熊先生在内院已经到了第三个年头了，民国九年、十年、十一年，十一年并且到了冬天了。本来是我介绍去的，我的熟朋友，请不动旁人，我就请熊先生。我说"你来吧"，请他到北京大学讲唯识。哪里晓得跟我所想的相反，怎样相反呢？我是不敢自信，恐怕我讲的是自己乱讲的，不合当初玄奘从印度学来的那个学问——唯识学。我的意思请个内行人来讲妥当，哪晓得熊先生请来以后大反我所预想，他要开辟新局面，他讲的唯识标明是"新唯识论"，我是唯恐失掉古人的意思，他就是主观地按自己的意思来讲古人的学问。可是这时候已经请他来了，他担任这个课了，尽管不合我的意思我也没有办法变更了。

（1980年8月13日）

三 中国的道路

美国人和台湾问题

………

梁：恐怕我都是瞎说的。恐怕跟中国人容易接近一点，还是美国人，容易接近，但不一定是深交，可以说彼此见面，很容易有好感。尼克松来中国，在上海，临走在上海发表一个公报，跟周总理很融洽。他对中国人很尊重了解，很有好感。当然我们的周总理是了不起，那个人好，好得很，人好还聪明，聪明极了，很敏捷，很快，头脑很敏捷，人好得很，很可以跟人交朋友。虽然那一次，尼克松来对中美之间的问题，特别是台湾问题，不能够取得一致，但是没有什么；这个问题暂时摆一摆，在朋友关系上还是成了朋友。这个由于毛主席跟周总理他们把眼光放得远，不急，问题现在不解决，摆一摆，不要紧，毛、周这个态度也很好。咱们一直到现在，特别是基辛格在里面起很大的作用，可以说是就世界各国来看，中美的感情恐怕是最好的。中国对其他的都没有跟美国这样好，恐怕没有，而当初我们称为老大哥的，好像最好的，拿它当我们的老师那么样看待的，现在感情弄得最不好。

艾：您对台湾问题有没有高见呢？

梁：台湾的问题，在现在的蒋经国，不得不说话咬得很紧，不肯放松，实际上恐怕他心里也不是那样。他不得不把话说得很紧，拒绝跟大陆往来，因为他一放松了，他就完了，所以他就关于通邮——来往通信，通商，他都还拒绝。其实这是一个表面，他是怕这个一放松，他就要垮台。其实台湾归还祖国，归回祖国，这是将来一定的事情，不过是一个时间问题。

艾：那么关于台湾经济发展很快这个事情，现在大家都公认，台湾的经济是成功的，关于这个问题您有没有意见？或者假如说现在两岸统一的话，还有别的问题，台湾发展得这个样子，大陆还没有，就算是统一了，也会有好多冲突；大陆的方式与台湾的方式也有很多不同的地方，不单是解放以来国民党在那边，以前日本人在那边，甲午战争一直到现在，台湾发展的方向和大陆发展的方向不一样，对这些问题您有没有意见呢？

梁：我想我们的政府，他不能不尊重台湾的地位，不单是对蒋经国很难有什么，不能动武，对台湾的一般的群众民情，他也不能不尊重，只好有机会，整个世界局面的变化，恐怕台湾会要归回祖国的，可是大陆绝不会伸手改造，恐怕会尽量尊重台湾民情，不是咱尊重蒋经国，而是尊重台湾。

艾：另外一个问题，解放了已经三十一年，在台湾的国民党也不是当年在大陆的国民党，是新陈代谢，一般的人在台湾是以为是台湾人，三十岁的都是在台湾生的，或是三十六七岁的，那些人虽然在大陆生的，却是在台湾长大的，因此有这个问题，台湾人很久没有来往关系，他们的观念是说：我是中国人，中国文化是我们台湾的文化，我是台湾人，我祖先是从中国大陆来的，不过我自己没有去过，没什么来往。这一点以我自己看也是个问题，观念的问题。您对这个有没有看法？

梁：说不上什么看法，不过听说大陆上的人、台湾人碰面，有机会遇着，都是很好。

艾：都是很好，对。我在美国的时候，有一个代表团，我们也是碰见台湾来的学生……根据中国未来前途的展望，您有何见解？

梁：这是关系到整个世界，它不是中国本身的问题了，中国的前途是看整个世界，譬如说，要有世界大战起来，那么中国是一个情况。世界大战，恐怕迟早要……

艾：假如真的是这样，那么我们人类就完蛋了。原子弹啊，如果真是苏联、美国打起来了，连土壤也会受影响，将来好几代都还有生存的问题（笑），您说这个话很悲观的。

梁：我说我粗浅的见解吧。我是这样看，恐怕美苏之间的战争啊、世界性的大战啊很难免，很难免。可是我另外一个猜测，这个世界大战不会出场，我想一爆发战争，苏联那边，美国一边，都会内部爆发问题。

艾：假如是用核子武器，那人类的社会组织也没有了。我了解您的意思，我的意思是说假如城市都已经炸平了，炸得没有人了，乡下的人也受到辐射性污染了，当然也可以说是社会发生问题了，恐怕那个时候根本没有社会了，零散的一些人还是存在的，恐怕这一点我们美国人看法与中国人看法不同。毛主席说过这个原子弹也不怎么样，纸老虎啊什么的，但一般美国人觉得，一有这种东西，什么都完了。

梁：是那样的。我的意思是这么样，如果一爆发战争，还没有等到多久，各自，就是苏联一边，美国一边，各自内部问题就爆发出来。我可以引用毛泽东的话，他对这个问题他也有一个看法，他曾经说过的话，他是这样说的，他说"也许是战争引起来革命，也许革命避免战争"，他说过这个话。如果俄国内部起了革命，美国也起了革命，反而没有大的战争了，他的话是这样说的，或者是革命起来避免了战争，没有两个大强国打了。也许是战争引发革命，一打，还没有打多久，刚一打内部就出问题了，他有这个话，我觉得好像也就是这样，可能是这样。中国刚好在这个世界起变化的时候，中国可能没有吃什么战争的大亏，倒是在世界上两个大强国都出问题之后，中国还能够稳定。应该说我知道的外界的事情很少（艾：您谦虚了。），不是谦虚，的确我知道得很少，所以我的这种估量吧，这种推测、看法，恐怕价值不大。的确是这样，我是欧洲、美国都没有去过。

艾：您曾经有过在国外旅行的愿望吗？

梁：上外头走一走，都是好嘛，都是愿意出去。也有朋友劝我出去，有一次朋友说笑话，他说你如果去美国，不要愁旅费，旅费不必发愁，你到美国去公开讲演，都可以有你的生活的费用了，有朋友说笑话，并且说我给你当翻译。

艾：那您自己有没有曾经有过……

梁：自己这个意思不多，自己好像想出去的这个意思不多，不过有朋友这样说。

艾：您自己没有……

梁：没有十分想出去，当然如果出去倒还是有兴趣的，当然有兴趣了，因为自己见闻太少，出去多了解嘛，多见世面。

艾：最近美国的大学什么的要是请您去美国，您还是肯去吗？

梁：当然，如果请我，我还是愿意去。

艾：我们刚才说的是美国，那么您对世界别的地方有没有兴趣？

梁：去欧洲啊。

艾：那对印度或者亚洲其他国家……因为您是研究印度哲学的……我想您也想访问印度啊……

梁：不过我去印度的念头不多。印度有一个中国人，有个中国人在印度很久，叫谭云山，他本来来过中国，跟我相约，可以常通信，可后来也就断了，就没有联系了。谭云山他还是在泰戈尔那个学院里头，国际关系……

艾：噢，您也见过泰戈尔，访问中国的时候。今天的中国是不是比五十年前的中国改善了很多，在哪些方面改善了，在哪些方面尚有待改善？

梁：中国本来是经过好几十年的内战，军阀内战，在军阀内战里头不能有建设，不能有进步，破坏多，进步少。起初我们没有料到蒋介石、国民党能够被赶出大陆，以前没有料到，因为显然国民党政府是中国政府嘛，共产党只占局部地方，对外国民党代表中国，美国无论哪一方面，军事方面什么都是支持国民党，我们没有料想在兵力多、有美国的武器帮助、外交上的援助，种种好条件、便利，被赶出大陆，这个没想到，实在没想到，为什么就是这样子被赶出大陆了？就是蒋介石太坏了，蒋介石太不得人心，他一点信义没有，说话不算话，一点信义没有，就在……

毛主席这个人

…………

梁：毛主席这个人呢，我跟他接触很多，他是雄才大略，那是很了不起。并且他没有什么凭借，他不是原来就有势力的一个人，他都是单身一个人。他的家乡韶山，我去过两次，他进修的地方，我都去看，他读书的地方，他家乡的人，我们都见到。他十五六岁还在乡里种地，这么样一个光身一个人，居然创造一个新中国，实在是了不起，实在是了不起。

可是由于这个样子，没有毛泽东就没有共产党，没有共产党没有新中国，所以党依靠他，大家也依靠党，所以，本来他就是孤身一人，可是变成了最高的权威，什么事儿都揽在他手里头。到了晚年就不行，到了晚年人就糊涂了。这个时候旁人没法救，因为他的威望太高了、太大了。现在好，现在可以让大家公开评论毛。那个"四人帮"实际上还是他引出来的。现在听说要公审"四人帮"。现在极力矫正，要集体领导，不要个人出失误，极力在矫正过去的毛病。可以说多少年来，能够比较平稳，不是动乱，特别是1966年的动乱，比较平稳、安定、团结、往前进，就是现在这情况。看这个样子，特别是今年，今年8月要开会，政府要改组，恐怕改组后的情况要比过去几十年要好。华国锋这个人一面是很平常，做事情很平稳，但是另一方面很不平常，他是从基层、从乡村慢慢上来的，很妥当，很谦虚，所以很多事情是邓小平在那

三 中国的道路

1938年1月,梁漱溟赴延安访问时与毛泽东会谈。两人先后会谈八次,其中两次通宵达旦。据梁漱溟回忆,谈话时"彼此虽有争辩,而没有不舒服之感"。

儿领头,实际上是大家都在那儿帮助他。所以据我个人浅见,我觉得中国现在情形很乐观,比过去乐观。

艾:跟五十年前的情形来比,现在已经改善的地方,最多是什么?就是说,哪一方面跟五十年前比是好的?

梁:还是政府跟党、社会的变化。过去是党的领导太强,几乎广大社会太被动,现在慢慢变了,现在底下慢慢地起来了。现在他们有两个口号,一个叫民主,一个叫法制。过去没有法制(笑),毛主席的话就是法制,大家都是在被动,几乎就是他一个人在那儿动(笑),大家跟着走,大家捧着他。现在变了,现在有法制,工厂里头车间主任民选,农村的公社,公社有队长、生产队长、大队长,都是推选。(艾:连基层的单位也是……)都健全了。就是那个两句了,一个是比较有法制了,一个是比较民主了,民主的势力慢慢起来了,这不是空话,所以在这些地方说,

61

我是很乐观。

艾：依您看，现在政府所实行的计划，现代化、民主化、法制化，现在要实现的计划，跟一百年来哪一个前人提倡过的计划最接近？有很多人哪、政府哪，您自己也是……

梁：当初的理想啦、口号啦，可是仅仅是理想，仅仅是口号。可是现在呢，比较从前不一样了，比较不是停留在理想、口号上，事实上慢慢接近。特别是现在看，开出来一个机会前进，过去没有，过去动乱，就是动乱不厉害的时候也缺乏民主，缺乏法制，何况是有很大的动乱，几乎是打内战，铁路都不通（笑），现在比较上轨道。

艾：我说的现在的计划的内容，跟过去解放以前人所提出来的计划的内容——过去您也提倡过的——哪一个比较接近、比较相同现在实行的？20年代、30年代、40年代……

梁：过去讲的都是空话。

艾：都是空话？那您觉得，比如乡村建设运动，您自己也是发起了这个运动，有没有跟现在的情况类似的地方？

梁：有。

艾：具体一些。

梁：就我自己说，我想要做到的——我曾经说过一下了——就是让散漫的农民——各自顾身家，顾我一身一家的农民——能够组织起来，能够组成团体，现在组织起来了。团体组织是一面，是中国所缺乏的，要赶紧往这方面走。还有一方面就是，中国在科学技术上是太缺乏了、太落后了，那么怎么样子把科学技术能够引进到中国来，引进到农业上，引进到农业工业化，这个事情现在也能做了。一个团体组织，一个科学技术，这个两面，从前我搞乡村运动的、我想要做的事情，现在都往这个方向走了。

艾：我问这个问题要点之一，就是把毛泽东的计划跟您的计划比较，有很多很多相同的地方——就是您和毛主席的乡下的合作社的计划和现代化的计划。50年代以后，您原来要做的事果然是做出来了。

梁：我补一句话，毛主席曾经讲过一个叫作《论十大关系》，那个话很重要。那个时候，好像是1956年吧，那个时候就毛本人也是他最好的时候，最好的时候就是他很清醒，很要求各方面提意见，提不同的意见，把自己某些做错了的自己宣布：这个错误我负责，应当是我的事情，不能怪旁人。那个时候是他最明白的时候。

艾：我知道您现在不是民主同盟的……

梁：对。

艾：以前您是……

梁：是发起人。

艾：是啊。请您就民主同盟，或者以前别的小的政党和国家建设之间的关系，或者重要性作个评论。

梁：我跟其他跟我以外的、搞政治活动的人有一点不同，就是他们几乎都是梦想英国式的政党政治：在议会里头主要是两个大党，这个党上台，那个党在底下，监督着这个政府，或者上台的那个，有什么做错的，或者不得人心的，下台，他就上去了，两党轮流执政，这就是英国的情况。我以外的人他们都是梦想这个东西。英国、美国也是两党。

　　我就是说，这个不合中国的需要，因为中国在物质文明上，在经济建设上，主要说是在工业上，同国外比较，差得太远了，太落后了。这样一个太落后的中国，那非赶紧、赶快，急起直追，把这个缺欠把它补上去不成，要补上这个事情，必须是有一个全国性的政权，采取一定的方针路线，依靠这个全国性的政权，确定一个方针路线，几十年的稳定的局面贯彻去搞，去建设，才能够把那个补回来，不能够你上来，我下去，你上来，我下去，这样子就不行啊！这样今天是这样方针计划，明天又那样子，那不行。所以我一个人总是梦想这个样子，可是旁人，就是说我以外的其他的党派，他们都不是这个意思，他们都是想学英、美，学两大党。可是后来嘛，局面居然落到我所想的，把国民党赶出去了，大陆上统一了，统一了，共产党掌握政权，一直掌握几十年，刚好做了不少事。可惜这里头还有些动乱，可惜在这个过去的三十年里，还有些个动乱，可惜。可是看现在这个样子，动乱过去了，今后可以迈大步前进，所以我很乐观。这是我的一个看法，我的希望。

艾：这个问题有点关于您个人的生活，您现在经常跟当年乡村建设的工作人员有联系来往吗？

梁：可惜，当时的朋友、学生，在一起搞乡村建设的，十之八九都故去了，都死了（艾：都死了？），十之八九都死了，就我一个人活的岁数长（艾：一个都没有吗？除了您以外……），几乎是这样子。这里有一个我的学生，那就是很少的几个人之一了。我搞乡村建设运动，先是在河南，后在山东，他是一个河南人。

艾：是河南人？孟先生？

梁：对，他是我的学生。

艾：他是河南，跟彭禹廷啊……

梁：对，他是彭禹廷的学生。

艾：噢，原来是彭禹廷的学生。除了他以外，还有别人吗？

梁：当然也还有，不能说完全没有了，很少了。

艾：有来往吗？

梁：在北京的吧，还有一个姓李的，他是绥远（今内蒙古。——整理者）人，他现在七十岁了，长生也是七十过了，他们都是退休在家里头了。

艾：您也不太清楚，还在人世的乡村建设的工作人员的近况？您也不太清楚？

梁：人很少，刚才说的一个孟，还有一个姓李的，都在北京的了，也还有在外省的。比较我认为很得力的学生，能够替我做事情，帮我做事情的，好几个都死了，在抗日战争中都是被害死的。

艾：啊，是。在香港《光明报》登了很多关于您在抗战到敌人战线后的旅行，也是提到山东的很多学生组成一个团，那个团的人几乎都……

梁：嗯。

艾：我前天来的时候我提到香港……

（1980年8月14日）

四 我是怎样一个人

凡　夫

…………

梁：古印度人的学问，不是在口头或是在头脑、人的意识上，不是这样。它的学问的根本，就是要人的生命根本起变化。它不是一种在头脑、口头的空谈。这个他们叫作Yoga，中文翻作"瑜伽"。印度各宗派有各宗派的"瑜伽"，相似而不同。不同，可是还是有同的地方，因为相似嘛。就是什么呢？就是他们所说的，要从世俗的生命里头得到解放、解脱，让人根本起变化，不再是一个普通的人，这个他们叫作"证果"——证是证了，果是结果。所以印度各宗都有各宗的证果，很相似而不同。

比如照我说吧，我站在佛家的立场，我认为佛家在证果上，是没有走入偏差，是一直达到最高的解放。最高的解放是什么呢？就是成佛。所以佛家的书、佛典，跟普通我们由自己的思想意识写出来，不一样，它有很实在的东西，实在的东西就是实在的生命变化。那个人不再是人了，那个人已经最高，就是成佛了。这个从底层到最高层，它分为十层，这个一层它叫一地，就是土地的地，十地就是十个阶层。佛经有"论"——议论的"论"——有一部很著名的、很要紧的书，就叫作《瑜伽师地论》，这个书有一百卷之多，它就是讲要成佛。要做这个功夫，做瑜伽的功夫，做瑜伽的人，就称瑜伽师，瑜伽师从低到高，一层一层的，地位不同，所以叫《瑜伽师地论》，总共十地。到了八地——一共十了——就算是菩萨，八地菩萨，十地也就是成了佛。昨天不是说过一下，那个"戒、定、慧"。

艾：是。

梁：一定要持戒、守戒，然后才能够入定，由定才能够生慧。这个是三样，通常是说六波罗蜜①，六波罗蜜就是在这个三样之外，又有三样。这个又有三样里头，有一样叫布施，布施就是什么都可以给人，就是无保留。布施是一样，还有一样叫作精进，第六是般若，这个合起来就是六波罗蜜（梁先生在这里讲六波罗蜜，将布施、忍辱、精进、戒、定、慧中的"忍辱"遗漏，而将慧，即"般若"，讲重复了。——整理者）。一定要修六波罗蜜，然后你的生命才能起变化，以至于达到一种根本变化。根本变化到了第八层——它一层一层，就是《瑜伽师地论》的八地——可以成菩萨了，十地就成佛了。以上的话，归结起来就是这样一个意思，就是说佛家要紧的是在自己的生命起变化，或者叫生命的提高吧，不是空理论。

  我们现在就回到讲熊先生了。熊先生他错误在什么地方？他就是一个普通人，一个凡人，这个中国叫"凡夫"，"凡夫"就是普通人。他没有做过实际的这种修养功夫，他去讨论人家那种功夫上的事情，这个是不行的。底下再点明，佛家的学问，也就是瑜伽师，从瑜伽师才产生了唯识学；熊先生却是一个凡夫，一个外行人，他要改造唯识学，所以他那个新唯识论，一方面呢，也采取一些个印度古人的东西，但是他也掺杂很多自己的意见，改造它。这个事情我认为是胡闹。可是我已经从南京把他请到北京大学了，那么没有办法了，他要讲新唯识论，还是给他去讲了。关于这个问题就这样结束。附带说一句话，熊先生这个人跟我的朋友交情还是很好，因为他这个人对人很开朗，他喜欢大声说话，喜欢大笑，有时候他也发脾气，但是由于他很开朗，所以朋友的关系还

---

① 波罗蜜，梵语 Pāramitā 的音译，"波罗蜜多"的简称。意译"到彼岸"，亦译为"度"。佛教指由生死此岸度人到达涅槃（寂灭）彼岸。并认为有六类，称为"六度"。

是很好。关于这个问题就这样结束了,我们可以再谈别的问题。

艾:有个问题是昨天请教的,还没有讲完的。我请教过您,香港牟宗三、唐君毅一班的作用,您觉得对儒家的发展还是有贡献的,基本上觉得唐君毅先生的著作是可以的,您是赞成的。(梁:对。)那么有没有别人,最近几十年写儒家思想的书的人,您也会欣赏的?

梁:昨天好像提到一下冯友兰(艾:嗯,您提到过,讲过冯友兰。),可是冯友兰写书,也写到儒家了,写中国的古代的学术,那他这个人是印象不算为佳,就是他的为人。

艾:这个问题是关于您自己的,您的著作深受中外学术界的推崇,那么在您的著作之中,您最珍惜的、最珍爱的是哪一本?有没有一些……

梁:还有没有出版的。

艾:哦,还没有出版,就是……

梁:《人心与人生》(《人心与人生》已于此次谈话后四年即1984年出版。——整理者)。《人心与人生》最完全了,我的……

艾:有没有著作您认为已经过时了?就是说……

梁:像那个《东西文化及其哲学》,其中就有过时的。

艾:其中有过时的,整个的不是过时的,就是您提到那个解释儒家思想,就是把孔子和孟子的一些观念,而把他们……

梁:解释得粗浅了,粗浅了也就是错误。

艾:已经出版的书之中,您最喜爱的是……

梁:已经出版的,妥当的,就是《中国文化要义》。

艾:这个问题我当时已经问过。我想再问一下,就是您已经到了高龄,身体特别健康,这归因于什么?

梁:一个人的身体是个基础,头脑和精神也还是在这个基础之上的,还得以身体为基础,所以我现在身体没有病,到现在虽然年老,精神还差不多。不过自己也很知道,同从前差得很远了。在哪点上差得很远呢?就是容易忘,有事想不起来了,好像脑筋里有。我想谈谈中国的现代的一个哲学家,这个人,留美的,我很佩服的,可是我口里头就说不出来他的姓名了。

艾：这种事就是在我这个年龄也常发生的。

梁：我说一个小的事情、小的故事。好像美国资本家捐一笔大款，给中国建立一个大的医院（指协和医院。——整理者），还做了其他的好的事情，成立了一个委员会。委员会有一位中国翻作孟禄博士，英文名字我说不上来了，孟子的孟，孟禄博士（艾：噢，知道了。），他是委员会主席，把中国有名的学者也都请去参加这个委员会。中国学者里头有两个人，一个是胡适，还有一个就是，我现在口里头说不出来他的姓名的，可我脑筋还清清楚楚知道这个人，还可想见他这个人的样子。这个人是个哲学家，很有趣味的一个人（指金岳霖先生。——整理者）。他跟胡适也都认识啦，不过胡适在北大，刚才说的这位先生他不是在北大，在哲学研究所，属于科学院。这天就在协和医院里开会，孟禄博士主持开会，中国人、外国人都到了。胡适就向这位朋友说："我写过一篇文章，你看过没有啊？"这个朋友说："看过，很好很好。"胡适很高兴，因为他称赞他很好。那么意思想问："你觉得怎么样，你说很好很好？"他说："文章很好，可惜你少说一句话。"胡适赶紧问："一句什么话呢？"他说："你少说一句'我是哲学的外行'。"（艾笑）胡适这篇文章是怎么说的呢？他说："哲学是什么？哲学在我看来，就是坏的科学，或者说是不好的科学。"

素 食

梁：胡适的文章大概是这样的。这位先生就笑他：你是哲学的外行，不能说哲学是坏的科学。可是这位先生的姓名我现在说不出来啦，这个人可能还在，岁数比我还大，没听说他死。他留美，本来派他去美国是学政治，可是结果他不喜欢搞政治，他喜欢搞逻辑。他这个人独身，一生不结婚，比较少，不是有"不孝有三，无后为大"吗？可是这位先生他是终身不结婚的。一直到现在我还能够……

…………（此处声音模糊）

梁：这个可能跟素食有关系，不吃肉类，什么肉类都不吃，动物都不吃。

艾：也不喝酒，也不抽烟？

梁：对，能喝一点葡萄酒，不算什么酒，酒性很淡薄。素食已经六十九年了，这是一点。再一点就是食量少。再一点就是有一些锻炼身体的（方法），就我自己说，我也是跟别人学的。

说说自己的身体

梁：我现在不说人家的，说自己。我每天早晨起床，比如说现在的这种天气，早晨五点钟就醒了，起来了，在床上起来做功夫。

艾：什么样的？

梁：功夫要做很多，有这几样主要的吧：主要的一样就是搓腰肾（示范），搓一搓，揉眼睛；然后再搓一搓，再揉眼睛；再搓一搓，再揉眼睛，这么三次，还不太多。

艾：那这种功夫是……您说是跟别人学的，这算是什么样的功夫呢？

梁：传授这种锻炼身体的，有好多不同。我现在还没说完，这不过是好多样中的一样。搓腰肾是一样事情，再一样事情比较重要的是搓脚心、脚掌（示范），要搓一下。

我说一下，中国重要的、著名的学问是两大派，两大派都是从很古的时候传下来的，一个就是道家，老子、庄子这一派，一派是儒家，孔子这派。这两派不大相同，都是传自远古，很古。中国的中医就是从道家来的。中医不单是用药跟西医不同，主要是它的学理就不同，因为它没有多做解剖身体的功夫。在远古的有，在《史记》里讲扁鹊仓公，他有时候要开肚子，把肠子拿出来洗，然后缝上，这个事情在古书里头有，后来中医就没有这个了，不敢给开肚子了，就是给你吃点中药。可是中医的书就是这个《黄帝内经》，还有一种叫《难经》，《内经》之外还有一种《难经》，困难的那个"难"字。这种经书内容最喜欢讲人身上的经络，就是讲血脉的流通的，可是它这一方面讲经络、血脉流通，它不是像西方说解剖那样。它是道家，道家要让大脑休息下来，人的大脑主要是应付外面的，应付环境的，它让大脑休息下来。大脑休息下来，人有一种植物性神经系统，这种植物性的神经系统，它也隶属于大脑，可是大脑休息的时候，它就更好活动，因为大脑休息的时候，它就可以避免大脑的干扰。比如我们吃饭这种消化系统和血液循环系统，都是属于植物性神经系统，如果我们吃饭的时候，心里头还在那儿发愁、忧虑，那个饭吃不好，影响消化，或者你正在发怒，勉强吃饭，都不好。就是没有这种外来的刺激，顺其自然地让植物性神经系统很自然地进行它的活动，那就是好。

通常啊，由我的看法，这个气功，在我看都是要大脑休息，给人的身体的植物性的神经，让它活动，利用人身体本有的一种机能，利用这种本有的机能可以把人身上有些毛病，可以把它修理好。依我看呢，气功就是这样。不过我呢，我也曾经去学过气功。我是因为喜欢用思想，所以我就有失眠的病。失眠很痛苦，所以离现在有二十多年了，现在是1980年，大概在1956年，有一个地方地名叫北戴河，海边上，是一个很好的休息游览的地方，那个地方曾经成立了一个"气功疗养院"。我有失眠的病，我就到那个气功疗养院，住在那个地方疗养，在夏天的时候。疗养院好像有三种功夫，三种功夫有点分别，不大一样，当然入手就是要静坐。他们布置的环境也很好，每一个人过去都有一间小屋，这个屋子不是太大，给你在里边休息吧，睡啊。这个屋子避免强的光线，不过你喜欢出来散步，完全可以随你意思出去散步，你想回来就回来。一居（音同），包含一昼夜24小时，不要见人，不要跟旁人接触，也不要看书、看报。你坐着也可以，不过坐着也有正确的姿势，你愿意躺下来也可以，偏着左侧躺也可以，偏着右侧躺也可以，完全随你。要紧的呢，就是让大脑休息，要静下来。你一静下来，按照他的指点，你就会自然起作用，自然就走上气功的道路了。刚才我不是说了一下，他好像有三种功夫，很多人到那里去疗养都很有效；最有成效的、有成功的是胃病，比如说有一种胃下垂，还有一种叫作胃溃疡，按照他的指导做气功，胃溃疡就好了。可以透视，溃疡结疤了，胃下垂也好了。他就是借助人身体本有的生命的力量，不要吃药，所以有些个病人到那儿去疗养就都好了。

可我去呢，我是睡眠的问题，也很见好。这个见好呢，当然也还是靠大脑静下来了，不用大脑了。可是我没有像气功疗养院所指点给我的，好像路子不是那样，可能像是佛家的。我附带说一句话，我不敢……我猜想吧，我的看法，他们这个气功是中国古时道家那一派的，而我呢，虽然按照他的条件去做功夫，要大脑休息下来，要清净，可是我就达到了一种境地，这种境地呢，就是一念不起，一个念头也不起，好像是佛家的定功。这个是不是一种从前说的"老僧入定"，可以一念不起，很好……有过这个经验之后，觉得很好啊，所以再去做的时候，就有点期待心，等着它来，盼着它来，不行了。你期待它、盼着它，它不来了。就是，你还是要放下，你不要说是"昨天的那个过得很美，我今天还愿意再来一回"，不行，你还是得放下，放下，放下，不要有一个期待心，那么才会出现。我所得的这个，我认为很好的这个，好像是"入定"吧，是佛家的，跟他们的气功不很一样。我后来回到北京，到西山上庙里头去住过两个月。

独立思考，表里如一

梁：……没有继续深入、继续去做这个功夫，这是一方面。再一方面，好像在自己生活上有好处的，就是无论什么事情，我总是很平淡——平平常常的"平"，淡泊的"淡"。我很平淡呢就是好像没有多大要求，也不用满足要求而高兴啊、喜欢啊，因为不满足而生气、不高兴啊，两面都没有，两面都是放得很平，平平淡淡，平平淡淡。比如在毛主席的领导下，让大家都要学习，学习就有学习小组，大概十几个人啦、二三十个人啦，大家可以随便谈啦，彼此听听，有什么心里话，要大家说出来。他们的一个口号叫作"思想见面"，你把你的思想拿出来，我把我的思想拿出来，彼此见面。那么，各自拿出来了，也就彼此有些批评，见面了，我也可以批评你，你也可以批评我。这个时候也是有争论的，有交锋的，那么我也就是曾受过旁人的批评。毛主席他有一次"批林批孔"，那是1973年，在小组会上大家都批孔，我就说在党的方面要批孔，也许在政治上有它的必要，需要批孔，我不大清楚；不过呢，毛主席也说过，有不同意见可以保留，那么好，我保留。我第一次表示我保留，保留不同意见，但是我也绝不说反面的话，不要批孔，我也不说这个话，我就是要沉默，我不说就是。可是尽管如此，一同学习的人，他常常还有意地引逗你，引逗你让你说话，你说出来，就好批评你。……最怕的是引起围攻，很多人围攻（笑），有过这样的事情。围攻，那么我就说：

"好，我静听大家的批评吧，我不说话了。"在过去，在1974年、1975年，都有批孔。

艾：好像是1976年，报纸登的一个消息说高等干部去拜访您，就是有个要求，要求您写批孔文章，而您拒绝了，有没有这回事？

梁：没有，没有。

艾：没有这回事，噢。您刚讲的情形，意思就是说，一般人在这种情况之下心里会着急，您还是维持您的平淡，所以也不会影响身体，是这个意思吗？

梁：对。

艾：是有道理。

梁：我还可以说，自从解放后，毛主席提倡大家要学习。学习嘛，大概这些年来都有五个组，五个组人数不相等，一个组也许二十几个人，多则四十多个人。不是有一些个民主党派？像是民盟、民革——民革就是从前的国民党，还有一个民进——进步的"进"，还有九三学社，还有工商联、民主建国会民建，还有不在这些里的无党无派，也把它合起来，叫作"政协直属组"，直属于政协。刚才我说的话就是在直属组，我虽然是发起成立民盟的人，可是后来我离开了，所以我后来都一直算是无党无派，刚才说的就是我在无党无派小组会上的那个事情、那个情况。他们要围攻我，所以呢，五个组，就是说九三学社是一组，民革是一组，民盟一组，一共五个组，开一个联组会，在联组会上批判我。

艾：联组会它是1973、1974年的时候，还是……

梁：1974年那个时候，在1974年、1975年都有。联组会就人多，五个组成百了。有人就上台去发表言论批判我，先后大概有十多个人批判我，我就静听，不发言。不发言也不好，……不发言这个会也就过去了。批判我的会过去了，可是我自己本组那个小组会上，他们还有人问我说："在联组上大家批判你，你听得怎么样呀？"我就回答，我说古书上——其实就是《论语》上——《论语》上有一句话（写）："三军可夺帅也，匹夫不可夺志。"（笑）我就是引了这个话，答复了大家，我不说别的话了。

艾：原来讲的是跟您身体特别好的关系，就是……

梁：就是从那引起来说的话。自己很稳定。我当时也说了这么一句话，表明我自己是怎么一回事，八个字，中文是八个字，头四个字是"独立思考"，还有就是"表里如一"，表面跟里头一样的。"独立思考"就是不是人云亦云，人家说什么跟着说，不是那么样。"表里如一"，我心里有什么就说什么，表面跟里头是一样的，不隐瞒。一般地说，大家对我都还好。我跟毛主席坐下来，从容地谈话，最后一次好像是1973年9月，后来就没有再谈话了。那一次不是跟毛主席语言冲突了吗？

艾：那是1953年，不是1973年。

梁：对，1953年，我说错了，1953年9月。

艾：1977年报纸上有记者访问您，您是这么说的，就是1953年9月份公开的冲突，跟毛主席冲突以后呢，就不再有这种私人的讨论。

梁：嗯，就没有从容的谈话了。因为在以前他都派车来接我，接我接到中南海，他住的地方，去谈。他不来车接了，我就去不了了。

艾：意思是您住的地方太远了，还是不能……

梁：进不去，只有他派出来的车，那个车回去的时候不拦阻。你自己想要去见，那不行，到门口就通不过了。

艾：那时同毛主席的谈话，一般地说，谈的题目是什么？是哲学方面……

梁：没有题目。他派车来接你，就到他那儿随便玩。

艾：噢，随便玩，不是正式的谈论……

梁：不是，高兴就来谈一谈。有时候我也在他那儿吃饭，吃便饭，没有旁人，他一个，我一个，江青一个，还有一个秘书长林老先生——林祖涵——林伯渠，四个人。

艾：那么，我以为您是研究哲学，他是要讲一些哲学方面的，您说不是如此。

梁：随便谈。我是从卢沟桥事件，日本侵略中国，从那儿，然后卢沟桥事变六个月我就去了延安，很早。（艾：是，这本书里有的。）从那个时候起，从那开头吧，好像彼此都很愿意谈话，彼此交谈都很有兴趣。我记得我第一次到延安，卢沟桥事件刚刚六个月，我为什么那么早去延安呢？就是因为日本人来了之后，全国有一种崩溃之象，北方就是卢沟桥"七七事变"，南方上海是"八一三"打起来。就是都不行了，上海退南京，南京退武汉，北京、天津都沦陷了，山东也沦陷了，全国人都是在逃难，你逃难，我逃难，大家各自逃难，崩溃，好像无主了。蒋的政府眼看没有什么能力，没有什么办法。我对他很失望，对南京政府很失望。

艾：噢，就因为这几个月，日本人占领那么多地方，南京政府没有办法，您就到延安去……

梁：退到武汉的时候，我取得蒋的同意，我说我要到延安去看看。到延安去看的时候，我心里是很悲观的，不知道怎么好，大家都在逃难，南京政府毫无能力，怎么好啊？怎么办呢？我就想看看共产党是不是有办法，我就这样去。一去，看到他完全不悲观，我是悲观地去的，他告诉我，没有问题，中国非有这样一天不可，非有这样一个大灾难不可，不过日本人他不要高兴太早。……这个时候，他正在写《论持久战》（艾：是。），把《论持久战》的话讲给我听，他说日本人是不自量，他想吞并中国（笑），那是妄想、笑话。中国是大国，太大了，它太小了。也不是中日两国，世界列强不能看着日本人来侵吞中国。"失道寡助，得道多助"，后来列强都反对它。

与毛泽东的分歧

梁：……（此处声音模糊）就不能不谈到对老中国的看法、认识；他对老中国的看法跟我的看法不一致。主要的一个问题是什么问题呢？就是阶级问题。他是阶级斗争，我就说中国的老社会，秦汉以后的社会，特别是从明代、清代六百年以来的社会——早的社会我们不太清楚、不大敢说——明清以来的这个社会，在我看，贫富贵贱当然有，可是贫富贵贱可以上下流转相通，它不是像外国那样的一个阶级，很固定很成型，没有固定成型，而是上下流转相通。中国社会散漫，流转相通呢，它就散漫。散漫就斗争不激烈，不像两大阶级，一个贵族，一个农民或农奴，中世纪的，或者后来的资本主义社会，资本家跟工人两大阶级，中国缺乏那个东西。中国人喜欢调和（笑），斗争还是有，不过不大习惯斗争，斗争的两面，强大的也没有。我说这个话，他也不能完全否认。辩论很久了，他最后就说了：梁先生，你过分强调中国社会的特殊性，但是中国社会还是一个人类的社会，还有它的一般性嘛。我说对，你说的话，我完全同意。不过，正因为我完全同意你说中国有它的一般性，也有它的特殊性这样子，可是我要强调特殊性要紧。比如说，一个人，你认识这个人，你说你认识这个人，这个样就……你要说这个人的特色是怎么样一个人，那么算是认识了这个人。不能从"一般的"去说，说这个人是个人，或者这个人是个男人，这个人是个中年人，这都不行，你得说

四 我是怎样一个人

出这个人的特点，你才算是认识了这个人。因此，我说你这个不如我，我是抓住中国社会的特色的一面。谈话就结束了，说不下去了，一般性跟特殊性的比较是这样。

后来，他在北京建国。1950年我到北京，一开头还是讲这个话。在北京见面是1950年的3月份。为什么是3月份呢？因为1950年的1、2月他同周总理在莫斯科，3月他才回来，他回来我才同他见面。1950年的时候，先头他问我一句，他说你现在可以参加政府吧？我有点沉吟，思索了一下，才回答。我说，把我留在政府外边，不好吗？这话在我有我的用意，可是在他听起来他不高兴，他想拉我拉近一点，可我不想靠近。我当时不想靠近，还是把事情看得错误，怎么错误呢？我不知道，中国的大局就能够统一、稳定下来，我不知道，我不敢这样乐观，因为过去中国内战老打不完，多少年老打不完。

过去有过去的原因啦，不过我看见那种兆头好像还不可免，为什么？因为共产党的军队解放全国，四川最后。我在四川，住在重庆的一个小地方，叫北碚。这个时候入川的军队，有三路大军：从陕西到成都的，是彭德怀的第一野战军；从长江入川的、到重庆的，有两路大军，一路是邓小平、刘伯承，这个叫二野，第二野战军，再一个林彪，叫作四野，第四野战军，也是从长江入川，这三路。在成都那边我看不见，我在重庆那边。可是我碰到的事情告诉我，很有问题。什么问题呢？我在四川重庆的北碚，有学校啊，我的孩子、朋友都在那里。入川的军队，大概是二野方面，有一个不太高的将领，像是营长或团长的，他们到了北碚，有一个不记得是营长是团长，中级将官，知道我在那个地方，就来拜访我，并且跟我谈完话临走时他说："你一定要到城里去，到重庆街上去看看，我们大军都到了。"我说我想去，他说，"我有一个车给你"，留下一个小汽车。他就嘱咐那个汽车司机：明天哪，你送梁先生去重庆。那么我说很好，我也想到重庆看一看。所以第二天一早，我就坐着他留下的汽车去重庆，到重庆我一个朋友的家，地名叫上清寺，送我到那里了，司机就说我去吃饭，我说好，他说我吃完饭再来。哪里晓得他吃完饭之后，他来，说这个车不能给你用了，另外一方面，二方面军队抓了我这个车，扣了我这个车，他们要用，因为这车都是原来重庆市市长的，也许公用的、私用的车，可是军队给扣住了。有时候四野扣，二野也扣，这方面扣了，那方面又扣去，抢夺了，我看这个情况不好。还有一个特别让我感觉到不好的情况，这个四野的军队装备好，穿着军装呀、器械呀、皮鞋什么的，装备好，有钱。除了四野，别人呢，穷。我想这个事情不大妙，他们已经开始争夺了。

当时不久，我从四川出来到北京跟毛主席见面的时候，全国分六大军区，那边是西南军区，林彪的是东南，后来他回到湖北武汉……不是又有点从前的割据的样子？割据的样子不是呜呼哀哉吗？！国民党虽然失败了，它会不会回来呀？我一向是在两大党之间，好像是一个很公正的代表社会的一个人，各方面都可以说话，跟蒋方我也能说话，共产党方我也能说话，我想还是保留一个中间人的地位好一点。所以我这样一个念头，他让我参加政府，我就说留在外边不好吗？这样的话，他听了不很高兴，我不肯跟他靠近嘛。不跟他靠近，但是他倒是有一点一方面是不很高兴吧，一方面还是有点拉着我，希望不要隔得太远。以后他常常接我到中南海他住的地方去谈话，有空他就——没什么问题——就随便地谈谈，坐下来吃饭。

艾：那您谈的是家常话呢，还是……

梁：没有目的。

艾：噢，没有目的。家常话就是家常嘛。

梁：几乎可以说是想说什么就说什么吧。不过有两个情形可以说一下，一个就是我很想了解共产党的一些做法，它们要怎么样做，怎么样干，它们掌握了全国政权以后，要怎么样做，怎么样干，我想了解。另外一方面呢，根据这个，我是需要出去看。我想从这个事实上，摸清楚彼此的不同，看我能够进言、能够对他说什么话。刚好这个时候他（毛主席）也提出来，他说从前你是做乡村工作，你在河南也做过，在山东也做过，你看到一些地方的乡村情况，你现在可以出去看看，我们解放之后有什

四 我是怎样一个人

1950年4月，梁漱溟按照毛泽东的建议赴山东青岛考察时留影，左三梁漱溟，左一、左四分别为随同参观的长子梁培宽、学生李渊庭。

么变化。我说好，我就接受他的，这个意思也是我的意思。所以在北京见面是3月，我到北京是1月，3月他们在莫斯科，3月10号才回到北京，3月11号，大概国务院设宴会欢迎他们回来，宴会上毛主席约我明天12号见面，见面谈话这个事。不是决定最近出去看吗？他就马上交代秘书长林祖涵：梁先生出去看看，给他预备条件，打电报出去，看哪个省，哪个省招待。最后我就出去，中间还回到北京一次，可是主要的，如果讲出去看，看了六个月。因为我从前先在河南做工作，搞村治学院，所以先到河南。那个时候按照他们当时的情况，河南是分为两省，一个河南省，一个叫平原省，后来还是恢复了，平原、河南还是合并成一个省,当时两个。当时我就去了河南,看了河南,看了平原,然后再去山东。去山东后回来北京一趟,又出去,出去看东北,东北那个时候分六个省,六个省我都转了一下,然后回到北京。

艾:您在河南的时候,参观了一些什么地方?有没有到镇平那个地方去?

梁:没有去,那次没有去,可是那边做工作的那个姓陆的人,他是一个很乐观的人,我去东北啊,不是说东北有六个省嘛,他跟着我去,带了不止他一个人,身边带了三四个人一道去,姓黄的,姓李的,姓孟的。

艾:那么山东那些邹平、菏泽地区,以前工作的地方,都去了?

梁:都去了。最后是从旅顺大连回来的。从旅顺大连回来的时候,经过辽宁,经过东北,东北那个时候已经就演习,夜里头要关灯,怕轰炸,大家都熄灯,或者有灯窗户帘挡起来、玻璃挡起来。我就回到北京,一看到毛主席就告诉他,说是很可惜啊,怎么可惜呢?因为我看到战后恢复的气象很好,我说今天把破坏的重工业鞍钢、抚顺,都是重要的工矿,正在恢复,如果要一打呢,又不能恢复了,可惜了。他摇头,说是不会打,他说我们根本不想打,美国也不想打,那么,不打也很好嘛。可后来也打了,10月打的。

  我恐怕再有全国割据的局面,他居然把这个大区都取消了,把东北的高岗都搞到北京来了。我去东北看的时候,高岗好厉害啊,统治东北,好像是跟东北王一样,他自己有自己的货币,跟关内不一样。后来把高岗也搞到北京来(笑),批判高岗,后来高岗自杀,邓小平从西南调到北京来,担任……

我不是一个学者

艾：1950年到1953年，您是常到毛主席那边去？

梁：总是他派车接，他不用车接，自己去是去不了，进那个门都进不去，进那个中南海的大门都进不去。

艾：我书里是这么说的：您去延安，和他谈了一个礼拜，一个星期，一直每天晚上……

梁：第一次去，住那个地方住十六天，十六天里头有八天见面来的。

艾：那么我的判断呢就是，虽然你们的结论是，您自己注重中国的特点，特别的地方，独特的地方，毛主席注重的是一般性，不过结果您走以后，就是到1939年，毛主席自己也开始注重中国的特点了，就是说跟以前不同了。他是抗战的时候一直是比较注重中国社会的特点，而不是它的一般性，所以书里推测您还是对他有一点思想上的影响的，我不知道您觉得这个说法怎么样，会不会太过分呢？

梁：我不敢这样说。

艾：那就是说，您不是当局者，您看到他以后写的东西，您去以后写的东西，看他这个政策怎么样了，越来越像村治公社的这种措施。书里面也是引起了别人的意见，就是说有人觉得是合理的，有人觉得还是您和他有很多很多区别，大大的分别。比如阶级斗争这个问题啊，不过抗战的时候中共也不是阶级斗争，抗战的时候共产党还是乡村建设，跟您当年乡村建设很接近了，我书里也不敢很确定是如此，不过好像是这个样子。也很可能毛主席那时候创造的他的那套思想是按照中国的客观事实而创造的，那么您自己也是按照中国的客观事实而创造乡村建设的理论，也许是因为客观事实相同，所以您和他理论还是很接近的。

梁：可以说入手相同，他的革命的入手是农村包围城市，他入手是农村，我要建设新中国，我也是入手是农村，从入手是相同。

艾：抗战的时候的延安的情形，根据地的情形，在华北、在华中、在陕西，各种地方，不要说笼统的很相同，就是具体的细节也常常相同的。解放以后，毛主席所注重的很多计划，也是跟当年的乡村建设很相同，比较注重乡村，也有把工业、小型的工厂分散在乡下，也不要集中在大都市，这是一个，很多啊，书里可以说算是争鸣了，我不知道您对这个……

梁：是，是这样的。我不是昨天说过一下，从乡村入手是没问题了。入手干什么呢？主要往哪个方向去做呢？两条，就是让散漫的农民渐渐地有了团体组织，一面呢，从旧的生产技术来提高人力，要引用近代的科学技术。团体组织、科学技术这两面，这两面现在毛主席说的，他从开头初级合作社、高级合作社，最后人民公社，这是往组织里头去，不可避免，中国想要进步，一定要让散漫的农民组织起来，组织起来才好引用进步的科学技术。事实上大家只能走一条路。

艾：1950年到1953年，您和毛主席讲话的时候，到他家去讲话，您刚才说当时是想讲什么就讲什么。

梁：漫谈。

艾：哦，漫谈。话题当然很多，不过您现在还能不能想起一些当年……

梁：我都记录了。

艾：您都记录了？

梁：我有记录，有本子上有呢。

艾：噢，那太好了。那您是预备……

梁：自己藏着，没有发表。

艾：没有发表？

梁：不过，你想看，可以看。

艾：那当然想看啦，假如您有记录，对我来说当然太好了。

梁：明天我可以找出来。

艾：不用麻烦，藏在比较难找的地方，不要太急，我当然想看，不过不用太勉强地找。那发生了1953年9月份的冲突以后呢，那很少，或者根本没有跟您这样子的……

梁：那就是坐下来从容地谈话的机会就没有了。

艾：就没有了。就是开会的时候……

梁：可以见面，见面也还握手啊。

艾：态度跟以前不同吧？或者说以前比较和气啊……

梁：也还没有什么，不过他就是匆匆地握一下手，说一两句话，我们也站着，他来走过，他跟这个握手，跟那个握手，走过去握手的时候说一两句话，没有请到家里来坐下来谈话。

艾：解放以来您和哪一界的人接触最多，文艺界呢，学术界呢，政治界比较多，还是亲戚多，还是当年的老朋友最多？

梁：都差不多。因为我过去不是发起过民主同盟，所以这方面有些个旧朋友。再就是从前我在河南办学，在山东办学，学生有在这个地方的，也有从外头来的，见面啊、通信啊。我学生数量很大，我算一下，可以算是有学生关系的，他管我叫老师，听过我讲课，大概有四千人。

艾：四千人，那很多了，所谓"桃李满天下"（笑）。那住北京的也常有机会……

梁：有些个人，故去的多了，他们都……因为普通人到六十岁、七十岁、八十岁，活到八十岁不是很多了，很多人都故去了（笑）。可我活得长久一些。

艾：那50年代、60年代，那个时候还有很多老朋友吧？

梁：有，有些在外省的还通信。

艾：现在，当年的很多的人都已经去世了。当然毛主席、周恩来也去世了

(梁：朱委员长也去世了。)，您自己当年的朋友陈铭枢①、李宗仁②、李济深③都故去了。那这么说，50年代、60年代还是跟当年的老朋友很多来往了。我记得研究您生平的时候，1965年，李宗仁从美国回来的时候，您也是出来接他，所以也许这种情形，往届的老朋友见面的机会还是很多的。这可能算是个奇怪的问题：假定先生现在返老还童，您能从头开始，您的事业会怎么样？

梁：我没有往这边想过（笑）。我再多说一句话，我要做的事情主要是《人心与人生》这个书，书已经做成了，那我已经好像是满足了。别的书嘛，小一点的、短一点的不像那么大部头，有一本书叫作《东方学术概观》，东方学术我说的是三家，中国的是儒家和道家，印度是佛教，这三家简单说一下，三家比较一下，有这么一本书，书名字叫《东方学术概观》；书不太长，比那个《人心与人生》字数少多了，这个书也写出来了，所以好像是有点心愿已了（笑）那个味道。

艾：假定您现在是十几岁，您会改行，还是跟原来一样，做学者？

梁：我常常对人表示我不是一个学者。

艾：是啊，您书里也常常有这个否认。

梁：对。我承认自己是一个有思想的人，并且是本着自己思想而去实行、实践的人，我就是这么一个人。我对学术啊、学者啊，对中国的老学问不

---

① 陈铭枢（1888—1965），民主革命家，北伐将领。早年加入同盟会，参加辛亥革命。历任国民革命军总政治部副主任、广东省政府主席、代理行政院院长等职，是民革的创始人之一。新中国成立后任全国人大常委会委员、全国政协委员等职。

② 李宗仁（1891—1969），国民党内"桂系"首领。1930年曾参加反蒋的中原大战，抗日战争期间指挥徐州会战，获台儿庄大捷。抗战胜利后，1948年4月任"副总统"，1949年1月任代"总统"，12月去美国。1965年7月回到北京，发表声明，决心为国家统一作出贡献。

③ 李济深（1885—1959），字任潮，曾任国民革命军第四军军长、广东省政府主席、黄埔军校副校长等职。1929年联合"桂系"李宗仁反蒋，1933年与陈铭枢等在福州成立反蒋的中华共和国人民革命政府。抗日战争爆发后，响应中国共产党一致抗日的号召。1948年1月发起成立中国国民党革命委员会，任主席。新中国成立后曾任中华人民共和国中央人民政府副主席等职。

行。我对你说过，小时候没有念过"四书五经"，"四书五经"的书里面有些个生字我现在还不会认。那么，再一面，现在的学问，科学我也不行，我西文不行，科学一定要学外国文，我的西文不行。所以讲到学问，我只能够歇一歇，我说我不行。

艾：您真的觉得是如此吗？

梁：我自己承认我是个有思想的人，独立思考，表里如一。

艾：假定您返老还童的话，您还是会做一个有思想的、要实践思想的人，不要做医生、科学家，或者政治家，或者……

梁：我从年轻的时候就喜欢医学。（艾：噢，年轻的时候就喜欢医学。）政协把委员分了很多组，自己自认，愿意参加哪个组就参加哪个组，比如有文教组——文化教育，有医药组，有国际问题组，参加国际问题组的人最多，我参加的是医药卫生组，医药卫生组里有中医，有西医。

艾：《东西文化及其哲学》这本书里，也有一些关于医学的文化，关于中医跟西医。好像您父亲也是对医学有点研究吧？在年谱里提到他会熬药啊、做药啊。

梁：可以说没有什么，不过比如家里人病了，比如我母亲病了，或者我们弟兄小孩这一辈有病，他常常开药给我们吃药（笑）。中医多半都是（笑）喜欢说儒医，许多读书人他会看看医书，他好像就能够通医道似的。我父亲也有那个情况，不过他没有给外人看病。

艾：先生最喜欢的食物是什么？

梁：吃东西啊？（艾：吃东西。）吃东西，我是吃素的。

艾：就是说蔬菜里面有没有特别喜欢的，或者是水果？

梁：蔬菜、水果我都喜欢，一般的蔬菜、水果我都喜欢。

艾：有没有特别喜爱的？

梁：没有特别喜爱的。

艾：那您最喜爱的消遣有没有啊？或者是根本没有消遣的？

梁：有消遣的。有消遣就是身体的活动，散步啊、逛公园啊，到公园去，我挺喜欢的。

艾：好像是1956、1957年，香港的一些朋友说您学太极拳。

梁：学过，学过。

艾：您练多久了？

梁：从练太极、学太极拳说起啊，那离现在是好几十年，好多年，不过有时候断断续续，特别是抗战起来之后吧，为国家的事情各处奔走，有时候就不得空。

艾：您的意思就是早就学了？

梁：早就学了。

艾：这个我不知道，我还以为50年代才开始学的。

梁：学得很早，大概三十多岁吧（艾：噢，这个时候开始学了。），可是学了又搁起来了，没有认真地去练，我以前住在德胜门那个地方，净业湖（积水潭），那个小山上，大家在那里学，都是练太极拳。

艾：我不记得您是住过德胜门，就是积水潭那边？

梁：积水潭那边，我自己的房子，现在房产还在那里。

艾：哦，从什么时候开始，那里的房子？

梁：从民国初年，六十年前。

艾：这个我倒是弄错，我以为那里的房子，就是您的父亲的朋友彭诒孙[①]的房子在那里，不知道您梁家的房子也在那里。

梁：也有。彭家的房子在积水潭的西南，有个楼的，我们的房子在西北角，现在这个房子还在，可是人家住了。

艾：您父亲的年谱，好像他是常常住在彭家那边。

梁：对，有时候住那边，他自己不是后来投水嘛？就是从彭先生住的那个房子里出来投水的。

艾：好像他快要过六十岁的生日。那么我所了解的就是我所写的，孩子们到

---

① 彭诒孙（1864—1921），晚清知名报人。出身官宦世家，思想开明，关心国事。1902年创办《启蒙画报》，以儿童为对象；1904年创办《京话日报》，用白话文写作，向下层市民宣传反帝思想；同年，又创办《中华报》，用文言写作，面向上层人士。以一人之力创办三报且均获成功，影响深远。

四 我是怎样一个人

少年梁漱溟与父亲的合影。梁漱溟回忆父亲对自己影响极大,父亲很少疾言厉色,注重日常熏陶,鼓励他的独立见解,非常开明。

学校来,住在彭先生那边。本来梁家的房子离彭家的房子很近的话,好像是……

梁:就在那个北边。

艾:积水潭也不太大了,距离也会不太大……

梁:都在积水潭的西南,我们这个房子在西北角,现在这个房子还在,被旁人住了。

艾:积水潭当中有个小岛,岛上面有个小庙,这个年谱是有的,有高庙这个名。

梁:不过那个名字不叫高庙,高庙是在水的南边,高庙很大,刚才我们说的这个庙很小。

艾:哦,小的庙。我1973年来的时候,还是见不到您,可是这个地方我知道,我不敢去看,害怕。那个时候您父亲的纪念碑已经找不到了,有个座子,上面的石碑已经倒了,也是找不到了。问了很多附近的人,什么

89

这个世界会好吗？

梁济殉道引起了思想界热议，亲朋至交在积水潭南岸为之立碑纪念。左二为梁漱溟，左七为梁济至交彭翼仲（诒孙），该碑在"文革"中被毁。

时候这个碑被打倒的。有个人说是抗战时候还是在的。

梁：在"文化大革命"的时候，1966年。

艾：噢。石碑被附近的人锯成几块，建筑什么东西用的。梁先生您在"文化大革命"的时候，有没有受到什么迫害啊？或是……

梁：受到冲击。

艾：冲击，冲击是一个我没听说过的说法，冲击意思是什么？

梁：冲击就是打击。

艾：是红卫兵的？

梁：红卫兵，是红卫兵小将，都是初中学生。

艾：都还是初中学生，也还是您住在德胜门那边？

梁：就是那，地名叫小铜井。

…………

我想做的事情都做了

…………

艾：把您家人赶走，然后他们自己住？

梁：他们占据了北房，把我赶到南房；南房是五间，把我赶到五间里头中间的一间；中间一间刚好是五间里头窄小的一间。

艾：那他们占领了多久呢？

梁：他们占了大概二十一二天，占了北房。因为那个时候我家里有电话，他们认为很好，电话可以逗乐。我自己还算是还好，就是没有打我，可是打了我的内人，打了我的妻子。

艾：那她受伤了没有啊？

梁：那个时候是8月24日，是一个夏天，热。人穿的衣服都单薄了，穿一件呢，他们打的结果，血透在衣服外边。

艾：打得很重才这样。

梁：不是太轻，可是没有打我。

艾：是闯进去的时候打的，还是……

梁：刚冲进去的时候还没有打，刚冲进去的时候他就把我们屋里头的家具——有一个衣柜，有玻璃的衣柜，都给从北屋里头摔出去，把我们睡的床铺就拆了，书架上的书都被拿出来扔在地下，大本的书，有《辞海》、《辞源》——一种工具书，没有什么思想内容，他也都给它撕了。

艾：这是什么道理呀？

梁：(笑) 小孩子他什么不管。

艾：您夫人给打了，家具也……

梁：毁了，许多箱子里都有字画，他就给抠出来，烧。

艾：烧？这样损失很大。

梁：烧的灰都成堆，纸灰成堆，灰的堆要外面来车撮走，一次撮不完，撮两天三天才撮完。那个时候很乱很乱。

艾：那我书里也写错了，香港您朋友没有听说您有什么损失，所以书里写"文化大革命"的时候好像没什么……

梁：我自己没什么，没有打我。

艾：是啊，起码把东西弄坏了，打了您的……

梁：损失很大。

艾：我以为，您还算是毛主席当年认识的老朋友，他们也不敢怎么样子。所以，书里写错了。您夫人打得血出来，住院呢，还是……

梁：也没有。

艾：她年纪已经蛮大了吧？

梁：七十多了，我那年是七十四，她七十一。

艾：哦，是吗？我也弄错了。

梁：除了在自己家里头来打之外，他们还把她推出去，推出去斗争，斗争不是斗争她一个人，还有旁人。

艾：斗争就是骂她们……

梁：啊，斗争就是批评、骂，可是也没有斗争我 (笑)。

艾：是啊，这个倒算是奇怪了。那些孩子他们知道您是什么人啊？

梁：知道。他们把我推到五间屋子中间的小屋里头，不让出来 (笑)。

艾：哦，这奇怪了。这些孩子是北京市的孩子呢还是……

梁：123中学，第123中学。我住的地方叫小铜井，城墙上有一个豁口，他们都在豁口外头的第123中学，是个初中。

艾：附近的孩子……

梁：不太远，有半里多路。

艾：这二十一天过去以后……

梁：他们才撤退。

艾：撤退以后又发生什么事了？也发生别的事了吧？

梁：比较说没有什么。

艾：比较说没有什么？这个算是还好，那是1966年的事（梁：1966年8月24日。），那一次以后也没有别的什么……

梁：没有别的什么。

艾：您的学生黄艮庸那个时候还住在您那边没有？还住在北京吗，那个时候？

梁：在北京。

艾：我在香港听到的是，他在"文化大革命"的时候被赶回到广东去了，这是真的吗？

梁：真的。押送回广东，火车上统统是在北京的，他们都被赶到火车上，由红卫兵押着回去南方。

艾：为什么他们要这么做，押到南方去？

梁：他是要让你回家，回乡。

艾：为什么要让他回家呢？这算是下乡呢，什么意思？他不还是在北京，你北京的好多人也本来不是这里人，为什么要把他赶走？

梁：很多都是那样，一般的，南方人都赶回南方去。

艾：有没有别的朋友也是受到这种……

梁：很多。

艾：可不可以举个例子？

梁：很多，北京差不多受骚扰、被赶回老家，可以说是上万户，千家万户。

艾：那李宗仁、李济深、陈铭枢啊……

梁：他们都不在，这个时候不在北京。

艾："文化大革命"的时候毛主席有没有跟您联络？

梁：没有。

艾：那周恩来也没有跟您联络了？

梁：都没有。

艾：您现在在北京有什么亲戚？两个儿子都在北京了，有多少孙子？

梁：三个男孩，一个女孙。

艾：这以外，您哥哥那一家人在北京呢，还是在别的地方？您哥哥有两个女儿。

梁：有一个女儿住在我这里，她是黄艮庸的夫人，嫁在广东。黄故去了，她从广东来看我，住在这里。

艾：有别的亲戚吗？

梁：在北京的亲戚还有，比如我前妻，头一个太太的，她家里人还有在北京的，她姓黄。

艾：您母亲姓张，在北京有没有张家的？

梁：也有。我这个大儿媳妇就是张家的。

艾：噢，一个儿子是在科学院？

梁：在科学院生物物理研究所，这是大儿子，叫培宽（艾：噢，培宽。），第二个叫培恕，培恕在党中央的中联部苏联研究所（艾：苏联研究所？），研究苏联。

艾：研究苏联，这不知道。他一直是在研究苏联呢还是……

梁：他过去在《人民日报》工作。

艾：他是入党了吧？是什么时候入党的，很早啊还是……

梁：他哥哥早一点，他晚一点（此话有误，次子培恕未入党。——编者）。

艾：抗战结束呢，还是……

梁：早一点也是在解放后了，我的大儿媳妇可能早一点，大儿媳妇在北京解放前，我大儿子比她稍后一点，在北京初解放的时候，也有三十几年了。

艾：您这一辈子最大的失望，或者遗憾是什么呢？

梁：没有。

艾：（笑）没有失望？怎么可能呢？

梁：因为我想做的事情都做了。比如我本来抗战起来之后，就奔走于两大党之间，事情都做了，也还都算是顺利，发起民主同盟，旁人以为我是想搞一个党派，我的意思不是，我的意思是中国不需要什么党派，不像英国、美国那样。所以我虽然发起同盟，主要是在两大党之间代表广大社会来牵扯着它们，不要它们两个打架、斗争，而推动或者抗战，或者建国。随后我觉得不需要了，我就退出了。现在民盟、民建都还有，我没有参加。

艾：那么内战还是没有避免的，这个算不算是一种遗憾，或是失望，您奔走了……

梁：刚才说了，没有想到共产党能够统一，大陆的统一，没有想到。所以没有想到，就是因为国民党的条件太好，它不应当失败，好的条件，但是它居然失败了，居然挡不住了，那么大陆统一在共产党手里头，也很好。不好的就是要打。

艾：是啊，对人民啊，战争总是苦难。好，就算是您没有失望。

梁：（笑）我想问一句，我们去到素菜馆吃一餐饭，你看哪一天合适？

艾：我想这样吧，当然好，不过我可不可以做东吧？

梁：还是我。

艾：这个不好意思，我想假如您……

梁：您哪一天比较有空？

艾：今天星期五，星期五下午要到北大，明天星期六，可能中午以后还有事。星期天以后都没事，噢，星期一有事，星期天……

梁：如果星期天最好了。

艾：您觉得星期天比较好？

梁：星期天，我可以叫我二儿子来一同去。

艾：好好，当然好。我本来想请您到外面吃饭，我不知道您的习惯，可能您不喜欢到外面吃饭，不敢请您。您会到外面素菜馆……

梁：有个素菜馆。

艾：您累了吗现在？

梁：今天我们可以结束了。

艾：好的。

（1980年8月15日）

五 我受到的影响

东西文化的调和

艾：其实这个问题，我知道您会觉得问得不好，您著作里已经算是回答了。因为您还可能改变了主意，所以我今天还是问。您觉得中国是否可能某种程度上促成东西两大文化的协和、调和？

梁：事实上已经在往这样一个方向走了。特别是在中国，不能不吸收外国的科学，不能不吸收外国的文化，所以已经往这个方向走了。西洋有没有受中国的影响呢？我就不敢说了。中国受西洋影响是很明白的。

艾：您以前说，总有一天，势必有一天，人类的文化，西方的人，还是会转回到中国或者儒家的路上。

梁：这个就是要到社会主义的时候，要在资本主义之后。资本主义，照我的看法，它慢慢地要成为过去，就是社会主义要到来。社会主义跟资本主义的不同，在我看来，一个是个人本位，一个是社会本位。资本主义是"个人本位，自我中心"，以我为中心。社会本位就不能够说是以自我为中心了，就变成要互相尊重了。

艾：我还是有两个问题：现在的社会主义国家社会会不会是社会本位的？事实上是如此吗？东欧的社会主义国家，苏联、古巴、越南、柬埔寨这些社会主义的国家，尤其是柬埔寨啊，杀人如麻，那怎么能说是彼此尊敬呢？

梁：当然不是。苏联，在俄国这个地方，出现共产党，出现共产主义，在我看也是一个变态，不是按照社会自然发展出来的，因为苏联没有经过多少资本主义那条路，没走多少，它在沙皇底下没有多少资本主义，一下就变了。所以，它不是把资本主义走到头，然后转入社会主义，不是那样的。

艾：是。我明白您的意思。东欧的国家，古巴、柬埔寨、越南这些地方也是一样。

梁：在俄国，它还是从沙皇的那种专制，转成共产党的专制。共产党专制如果在列宁底下领导，大概会要很好。可是列宁死得很早，所以它那个旧的传统、旧的习惯，还是从沙皇下来的那个东西，那个东西很有力量。列宁死后的斯大林的，特别是现在的勃列日涅夫的，这个情况不是一个正常的情况，还是顺着沙皇的那个老路下来的，顺着那个老路下来的一种专制；而一般的俄国人，他们没有像西欧的国家，享受过自由啊、民主啊，也没有享受过工业很发达，社会很富，人民很有享受。所以现在的青年人，他看到西欧人享受，他很羡慕。现在的苏联，从赫鲁晓夫到勃列日涅夫，它算不上什么社会主义，在我看起来是一种变态，而这种变态是合于它的历史的，合于俄国的历史的。这种变态往下走，不会这样子稳，我看它是一个变态的，不是一个正常的，所以底下它可能要翻案。我认为这么看，可能要翻案。像是勃列日涅夫他们这种党的专制，恐怕底下不是可以维持很长久的，会要起变化，这种的统治，我想也许它要维持不住了，如果有机会到来的时候，它要变化，它不会很好地维持下去，没有力量维持下去，它要变化。我这么看。不会像中国这样子，中国底下没有大变化。

艾：第二个问题，到现在为止的历史，工业先进国家的历史来说，马克思全错了，他原来预测无产阶级越来越多，资本家越来越少，结果就爆发了革命。可是现在的日本、德国、美国、加拿大这些地方，也没有这种现象，来了一些以前没想到的好几种可以说是阶级，工业方面的白领工人越来越多，服务事业上的工作越来越多，资本家也没有马克思讲的那么清楚、那么干脆、那么明确，所以呀，他既然错了，21世纪历史的发展将来说不定……

梁：他没有料到他的估计、他的看法跟现在不合，不像他所料想的那个样。现在的情况，他们的讲法有所谓"经济基础、上层建筑"，现在我看，像美国的上层建筑，很有力量，现在的上层建筑不单是一个掌权的问题，它也是学术文化，学术文化跟有钱，跟有权都连起来了，好像是不容易推翻的。

艾：这牵涉到另外一个问题，就是美国大众化的这种文化，各地方的老百姓大众、群众都很欢迎，东欧是这样，连苏联这个国家里面也是这样，西欧是这样子了，亚洲的好多地方也是这样子了，受了美国的文化的影响。有的国家也不能说是帝国主义的影响根本没有，东欧根本没有政治上的、经济上的力量，不过美国所发展的这种大众化的文化，依我看是什么地方都有了影响，这个到底是为什么呢？甚至服装啊，东欧、苏联的人，美国式的镜子、牛仔裤什么的，这是为什么？这种现象是怎么产生的呢？

梁：美国的确在很多地方、很多方面是先进，旁的国家就要学它了。

艾：这文化的产品，到底有没有什么先进的、落后的分别呀？技术能用比较客观的要求来衡量，什么技术啊，还可以算……

梁：我说文化包含了技术。

艾：是。文化产品这些东西，比如电视节目，那是个好例子，美国所做的，好多国家也是在放映美国的电视节目，不过怎么可能说美国的电视节目、大众化的文化产品是先进的呢？因为文化有两个意思，比较狭义的文化，不是广义的文化，怎么可以说是有进步的、落后的？现在在日本，很多日本人还是在看美国电视节目，在日本电视台播的。为什么他们不看日本自己的？就是说这个现象，美国的文化影响很大了，为什么呢？就是因为在工业方面美国是很先进的，所以别的国家的人觉得……以我自己看，好像是一种求时髦，世界范围的一种时髦，包括很多服装、化妆品、化妆的样子、书啊、杂志啊、电视节目啊、电影啊，这些所有的所谓大众化文化产品，我就想请教，您觉得这个现象——美国大众化文化的影响，是怎么产生的？这个现象是怎么产生的？美国文化的影响是为什么发生的？

梁：我不晓得我回答得对不对。（艾：没有对不对呀。）我回答的是不是你所问的。（艾：哦，是。）我的从前的看法，就是美国的确在科学技术方面是比旁的先进，比如苏联，赶不上。西德、日本都有许多很高明的，中国现在很想在这一方面来吸收补充。

艾：请您谈一谈，在您的一生之中，您所学到的是什么，从未学到的又是什么？

梁：一切的学习，实际上不单是一种因袭，不单是向人家学。一切的学习都有创造，都有自己的一面，不完全是学人家。不过也不相同，有的人就是自己创造少，学得多，有一句中国俗话叫"依样画葫芦"——按着样子画葫芦，有不少是这样的人。不过就我自己说，我不是这样的人，我是创造性多过学习。虽然一切的创造里头都有学习，不过是一个比较的不同，有的人是学旁人的东西，但是在学的里边创造很多。我自己呢也就是这样的。好像我从外边所得的都是一些个资料，资料到我手里头，我把它运用、创造。我是一个创造性比较大的人。

就中国的学问说吧，中国的学问、中国的文化，论底子我是很差的，我已经说过了，我没念古书，可是中国的古书里头好的、精髓的，帮助我很多，我还是能够领会。比如像中国最大的学问家——孔子，我觉得我对孔子的了解、懂得，比那个宋朝的朱子——朱熹，懂得要多一些。我常常给人家这样讲，我举一个例，孔子不是自己说自己："吾十有五而志于学，三十而立，四十而不惑，五十而知天命，六十而耳顺，七十而从心所欲，不逾矩。"在朱子就每个阶段他都讲了，比如那个很不好讲的，就是"耳顺"——一个"耳"，一个"顺"——什么叫"耳顺"呢？他就讲了，他用了一句话："声入心通"——声音进去了，心通了。我不赞成。我认为，不但是"耳顺"我们不好懂，实际上每一个阶段我们都不好懂，不要乱猜，不要猜想。"十有五而志于学"，好像还好懂一点，"三十而立"，那个"立"是立什么呢？"四十不惑"，"不惑"又是对什么不惑？"五十而知天命"，那么什么叫天命呢？"耳顺"，什么叫耳顺？我以为，孔子四十的时候，他也还不知道他五十岁的进步，他还没有那个进步，他那个时候也还不知道。他不知道，我们旁人怎么知道？旁人不知道，不知道你就不要说，不要讲，所以像朱子那样讲，我不同意。所以说，这一些话我们是不敢乱讲、乱猜，知道就是知道，不知道就是不知道。我们应当承认自己不知道。承认不知道是一面，还有一面我们知道，知道什么呢？知道他没有说旁的事情，他没有说到对自然界的知识，也没有说到社会科学，也没有说到政治、经济，他都没有说。他所说的就是他自己的生命，就是他自己的生命、生活在说话，没有说到外头去，因为他本人的学问是这个样子的一种学问：是生命、生活之学，不是旁的学问。所以他最好的徒弟，不是颜渊吗？颜回吗？颜渊颜回……

我一生最重要的事情

梁：……连续下去，而不是在空间上移动，所以跟那个"不贰过"是一回事，有相同的地方。古书的《易经》——《周易》，里边就讲到颜子，它说："颜氏之子其殆庶几乎？有不善未尝不知，知之未尝复行。"他一有点不对、错误、不善，他马上就知道，知道后不再行、不再做，所以"不贰过"是这个样子，它始终是从生命的流行变化来说的。所以人家问孔子谁好学，他就称赞颜子——称赞颜渊——颜回，颜回的长处是什么？就是那两点，那两点我们不能深知。不深知是一面，另外一面是什么呢？他又没有说到旁处去，没有讲到自然现象（笑），没有讲到社会问题，他就是讲自己的生命、生活，所以老师也罢，学生也罢，他们的用功、致力，都是在这个地方。能够传中国的孔门之学，我是承认在宋朝，就是那个大程子——程颢[①]，在明朝就是王阳明，他们是传了这个学问。

艾：那您民国十一年（1922）出版了《东西文化及其哲学》的时候，也说

[①] 程颢（1032—1085），北宋哲学家、教育家，与其弟程颐同为北宋理学的奠基者，世称"二程"。在洛阳讲学十余年，提出"天者理也"和"只心便是天，尽之便知性"的命题，倡导"传心"说，"二程"的学说后来被朱熹继承和发展，世称"程朱学派"。

王阳明的一些门弟子，王艮①——王心斋，也是懂孔子之道的。（梁：对。）您还没有改变您的主意啊，当年这个结论跟现在差不多啊。

梁：在这一点上差不多。不过我现在看当初的书，六十年前的书，解释孔子的时候，用那个"直觉"，用那个"本能"，不妥当。

艾：是，不过您还算是属于王阳明的门派。

梁：对。不是他们都分程朱派②、陆王派③吗？我算是陆王派，陆王呢，陆是宋朝了，王是明朝了。在宋朝，刚才提到程、朱，大程子，跟二程——程伊川④不一样。大程子就是程颢了，程颢我认为是好的、对的、高明的，可是朱子对他不了解。朱子不是有一部著作叫作《近思录》——远近的"近"，在这个《近思录》他不引大程子，他对大程子倒不是……虽然他不是说大程子不对、不好，他是说大程子太高明了，他那样一个看法。其实就是，朱子对大程子有点好像不合脾胃，不合他的味道。可是我认为，在宋儒还是大程子，明儒是王阳明。我更喜欢王阳明底下的王心斋——王艮。王艮，在社会里头他是一个下层的人，他是一个工人，他是搞盐的盐场的工人，并且他的门下，王心斋这一派，有许多都是农工，很普通的人，不一定是上级讲学问的人。上层的讲学问的人，容易偏于书本，下层的人呢，他读书不多，或者甚至没有什么文化，可是他的生命、生活他能够自己体会，这个就行了，这个就合于儒家了，合于

---

① 王艮（1483—1541），即王心斋，明朝哲学家、泰州学派的创立者。出身盐丁，壮年才读《大学》、《论语》等书。后拜王守仁为师，但又"时时不满师说"，提出"百姓日用即道"的命题。以讲学终生，门徒中有樵夫、陶匠、农民等。重视教育，认为"论学则不必论天分"。

② 程朱派：宋代理学的主要派别，首创者"二程"，集大成者朱熹。断言"理"是离开事物独立存在的客观实体，由它派生和主宰万事万物。为学主"涵养须用敬，进学则在致知"；"穷理以致其知，反躬以践其实"。宋以后统治者提倡程朱理学，该派曾长期保持思想上的统治地位。

③ 陆王派：亦称"陆王心学"或"心学"。南宋陆九渊和明王守仁两学派的合称。陆主张"心即理也"，为学以"发明本心"为主；王倡"致良知"和"知行合一"说。两派思想上一脉相承，和程朱学派相对立。

④ 程伊川（1033—1107），即程颐。北宋哲学家、教育家。其学以"穷理"为主，认为"天下之物皆能穷，只是一理"，主张"去人欲，存天理"。

孔子，所以我喜欢王心斋，《东西文化及其哲学》末了讲到称赞王心斋。

艾：您早年曾经从事过好几种不同的工作，您参加了革命以后做记者，以后做居士——佛教的居士啊，在大学教过书。您觉得哪一种工作对您后来的生涯影响最大？

梁：我的生活，固然做过记者了，教过书了，做过教员了，可是实际上比较重要的是做社会运动，参与政治。我不是跟毛主席，跟蒋介石两大党都有关系吗？马歇尔①在中国的时候，我跟他接触很多。他是极力想给两党找出一个妥协和平来。我也是搞这个东西，所以我实在搞了不少政治活动、社会活动，搞乡村建设是社会活动，社会活动、政治活动恐怕是占我一生很大部分。教书嘛，我曾经有过这个事情，北大教过书，后来也带着很多学生。那么，做新闻记者，开头年纪轻的时候做过，后来我到香港办《光明报》，又做新闻记者。那么比较少的，很少很少的，就是做官。我一个很好的朋友，就是李济深，我三十六岁的时候，到广东去看他，他没有征求我的同意，我去离广州六十里的一个乡下去闲住的时候，他没有征得我同意，就要南京国民政府发表我为广东省政府委员，我没有就，发表了我不干。所以我可以说没有做官，一生之中啊，没有做过官，可是做过政治运动、社会运动。

艾：除了在邹平的时候，有一阵子您当过县长的。

梁：对，这个你还看到了。因为邹平县归我们管，属于乡村建设研究院，有那么一个时期，大概两个月，那个县长刚好找不到人，那我就自己去兼这个县长（笑），兼任两个月。

艾：是，所以可以说是您做过官。

梁：（笑）可以。

艾：关于……这本书您……

---

① 马歇尔（George Catlett Marshall, 1880—1959），美国国务卿（1947—1949）、陆军将领。"二战"期间，任陆军参谋长，并晋升五星上将。1945—1947年任驻华特使，以"调处"为名，参与国共谈判。国务卿任内，提出所谓援助欧洲经济复兴的"马歇尔计划"。1950—1951年任国防部长。

梁漱溟的好友李济深题赠梁漱溟的个人照片。

梁：不知道。

艾：还不知道啊？我回国以后会托香港的朋友买一本寄给您，我自己也没有看过，我就是听说有这么一本书。

梁：这书名叫什么？

艾：书名也不知道，我想还是会找到。

梁：书名字不知道，书的内容就是讲我。

艾：就是。

梁：噢。

艾：好像也是传记的样子，不是年谱。说到年谱啊，我也是编过，就是到了抗战开始那个时候，编过中文的年谱，跟中国传统的年谱不同的地方呢，是有注解，用什么资料才有什么事，西方式的那种书的那个样子。我想也许在香港出版，出版以前，我可不可以把它寄给您，让您过目。（梁：对。）错的地方再给改。（梁：好。）抗战一直到现在那部分，我还

五 我受到的影响

没有编出来,也许分两本编也好,因为我觉得还是早点出版了好。

梁:我有两本书啊,不知道你看过没看过。……第一次访问延安,第一次跟毛主席的谈话,这两本。

艾:我看好像里边的内容跟《光明报》发表的……

梁:嗯,在香港《光明报》发表过一些。

艾:香港的《光明报》我全找到了。

梁:哦?很不容易。

艾:您有几篇连续的文章分成几部分了,比如《我努力的是什么》,这是有的……这是在回想、回顾您过去的生活。您想到过去的时候,您以为您生活中最重要的大事是什么?

梁:大事一个就是为社会奔走,做社会运动。乡村建设是一种社会运动,这种社会运动起了相当的影响。我们曾经连续三年,每一年都开一次全国

1946年初,梁漱溟(前排左一)与民盟主席张澜(左四)及沈钧儒(左三)、史良(右一)合影。1945年8月抗战胜利后,梁漱溟与民盟其他代表积极参加了重庆举行的政治协商会议。后因国民党破坏政协决议导致时局恶化,梁漱溟被推任民盟秘书长,参与国共和谈,阻止内战,力求政协决议之实现。1946年底和谈破裂后,梁漱溟辞去秘书长,宣布退出现实政治,去重庆北碚创办勉仁文学院。

性的乡村工作讨论会。乡村工作是我过去主要的奔走的一样。再一个就是为国内的党派的团结抗日。因为我去了游击区一次，在游击区看见两党的军队自己打，我就很怕引起内战，引起内战就妨碍了抗日，抗日期间不可以有内战啊，所以我就先搞"统一建国同志会"，后来搞"民主同盟"。旁人就误以为我是想搞一个自己的党派，其实不对。我不认为中国需要两大党之外，还要一个第三个党派，我没有这个意思。民主同盟不是第三个党派，是什么呢？是想推动两大党团结抗敌，合作建国。能够团结抗敌就好了，能够合作建国就好了。自己不想成一个什么党派，所以现在还有民主同盟，可是我不参加。第一段是搞社会运动，第二段是奔走国事。

艾：您私人生活的重要的大事？您说的是为社会、为国家、为人民服务的两个大事，那您私人生活没有重要的大事吗？

梁：那就是我的写书了。我写的书，特别是最大的一本书、最重要的一本

1936年夏，妻子黄靖贤去世一周年之日（八月二十日），梁漱溟与二子在济南合影。

五 我受到的影响

1921年冬,梁漱溟与黄靖贤新婚后在北京崇文门外缨子胡同老宅合影。

书叫作《人心与人生》。我曾经请教英文好的朋友，我说我这本重要的书《人心与人生》，要翻成英文说，这个名字怎么翻呢？他说人心这个字，英文不是一个字，有两个字跟这个有关系，一个是mind，还一个是heart，所以要是给你翻译一个英文名字，那就是mind and heart and life。

艾：是。我也觉得不怎么妥当，虽然是直接翻成英文是这个样子，不错，心有两种意思，不过还是有点不……

梁：勉强？

艾：不顺耳。这样吧，假如您愿意，我也很高兴把您的那本书翻成英文，没问题的，我想。

梁：我想我一生，这个是最重要的事情，写成这本书是我的最重要的事情。

艾：我认为您的一生并不全是一帆风顺的，其中一定有一些令人伤心的事，您愿不愿意谈一谈呢？可以对处身于困难的后学，产生一些鼓舞、激励的作用。您遭遇到不少挫折，对不对？

梁：我觉得，我倒好像没有什么伤心的事情。

艾：是吗（笑）？

梁：没有。我只是倒觉得自己有没有做好的事情、失败的事情，或者错误。比如说，说到错误吧，那个就是1953年9月，那个就是自己的一个错误，就是自己气太盛，气太高，所以就跟毛公就抵触了，那个事情后来我自己想，不应当那样的（艾：以后还是觉得不应当那个样的。），应当我多尊重他一些，不应当跟他闹翻（笑）。

艾：那您那个时候是不是感到伤心呢？

梁：没有伤心，我就感觉到自己错了，我不好，不算是伤心。如果有伤心的话（笑），那就是我前头的太太，我的内人，她的死，我有一点伤心，因为我觉得她实在是很好，所以她死呢，是一个很伤心的事情。刚好是一个四十多岁的时候，从前中国古人有这么一句话："中年丧偶大不幸。"就是说假定早一点，不是中年，比如说在三十岁，三十多岁的时候丧偶，算不算大不幸呢？当然也算大不幸，不过比较年轻的时候容易忘，过些日子就把伤心过去了、忘了；中年丧偶大不幸呢，跟老年不同，老年大家彼此都快死了，好像也不大怎么样；中年刚好（艾：噢，我明白您的意思。），刚好彼此两个人关系很深，感情很深，这个时候跟青年不同，跟老年也不同。所以，假定说我有伤心的事情，就是我前头的内人，也就是我现在的两个儿子的母亲。

艾：这个我书里弄错了，只怪我听了香港以前认识的人，台湾的，他们说，其实好像您跟第二位夫人比较谈得来，我弄错了。

梁：什么事情都跟原来自己的预料、打算不合。举个例说，我前头那个内人、妻子，我是很怀念她的，她没念过什么书，还算是识字就是，没有念过什么书，没有学问。那么我后来有机会又有第二个妻子，第二个妻子刚好朋友介绍，她是师范大学毕业并且是……

我最佩服的中国人

梁：……性格，人的性格、脾气是先天的，还是先天方面重要，假定说一个人有他先天的一面，有他后天的一面，两面来比较，还是先天重要，他的性格、脾气、聪明、智慧，都是先天方面的。

艾：那我是弄错了，一个不当的错误，因为我了解，您第一位夫人在山东时候去世的，您的朋友们觉得您和她的关系好像没有和第二位夫人的关系那么密切。反正我弄错了。

梁：我再补充一下（笑），就是我这个第二个太太，她不是大学毕业并且还是教育学系毕业的吗？她跟我结婚的时候，我五十岁，她比我小三岁，她已经四十七，年纪太大了。

艾：这个我也弄错了。我以为您比她大十年，其实才……

梁：我比她大三岁啊，一个女子三十岁结婚已经不算早了，到四十岁结婚就算晚了，到四十七岁结婚太晚了（笑）。凡是这样一个太晚结婚的人，她都是个性很强。

艾：是，已经习惯了单独的生活。

梁：个性很强，结果很容易（笑）……

艾：我正好把这个弄相反了。那关于您的报纸是说她比您小十岁，我是按照当年的报纸来写的。

梁：她不是岁数太大了吗？四十七，太大了，她隐瞒岁数。

艾：是，这个我都不知道。

梁：她隐瞒了岁数（笑），她自己也隐瞒，中间朋友介绍也隐瞒，是这样子。

艾：噢。

梁：实际上她岁数很大了。

艾：这个很有意思，我所说的您朋友的印象和当年的报纸上印象跟实际的情况正好相反的。

梁：是这样。

艾：很有意思的现象。现在我想，在中国啊，什么地方能去找资料，访问很多人，还是……我刚想起来，胡应汉先生跟我讲，抗战结束以后，有一天，是在北平，他跟您和您夫人在一起，那么……

梁：那是跟第二个了。

艾：是，是跟第二个了。问题是谈起妇女问题，胡先生说您提出一种理论来，说是妇女不是创造者，是创造创造者的。而您夫人发脾气说您怎么可以这样子说呢？胡先生说您就是捧腹大笑，有没有这一回事呢（笑）？这么小的事情您可能不记得了。（梁：对。）您对西方的妇女解放运动有没有高见啊？

梁：我不是上次说过了，我有一个外国朋友，他自己叫作卫中——卫西琴①，他很深刻地讲男女的不同，也就是刚才提到的那个话，你说了。自然，也就说是天吧，天给妇女的一个任务或者说是使命，是生孩子，主要的，在妇女的一生中，就是中间的阶段——能够生育的那个阶段，太早了不算，太晚了老了也不算。太早的时候还不是一个很像女人的女人，

---

① 卫西琴（Alfred Westharp），又名卫中，为普鲁士贵族。大学时代修读医学与哲学，后来选择音乐为其终身职志。他曾在著名作曲家拉威尔门下学习音乐，其后赴意大利追随蒙台梭利学习教育学。他的音乐完全不见容于西方乐坛，于是周游印度、日本寻求知音，最后在"一战"前落脚北京，并结识了严复。1920年代他在阎锡山赞助下于太原创立了蒙台梭利式的学校，其后认识了梁漱溟，在日本侵华前一直保持联络。"珍珠港事件"后他被押送到日本，后结识了一位佛教住持，并在其住持的禅寺中度过余生。

1924年6月,北京女高师哲教系三年级全体学生欢送梁漱溟(中排左三)、卫中(中排左四)合影。

太老了也不像一个很像女人的女人,正是中间那一段她是一个真正的女人,这个阶段天给她的责任、任务,是生孩子。她的任务在身体上,不是在头脑。男子的任务是在头脑,所以按照自然的也就是天然的来办,来做事情,才是对的,不按照天然的,勉强的,不大好。所以他——卫西琴,论调是说关于做学问,乃至于或者做政治家,做军事家(笑),都不合适。不过也可能做艺术家还可以,这是他的见解。我很同意他的见解。好像是从前有一个有名的哲学家,德国人,好像他说过——叫叔本华(艾:是。),他说过,女子是什么呢?妇女是什么呢?妇女是一个大孩子,是个小孩,可是不是年纪很小的(笑),是个大孩子。妇女跟妇女容易到一块儿,比如一个大的会场,妇女跟妇女就凑在一堆,大家交谈,男人自然也有成堆的,可是有很多是散开的。你到一个大的会场上一看，有这种情况。妇女坐在一起成一个堆，讲话，讲得很高兴，有一个情况，按北京话吧，不像男人那样能够沉住气，有点浮动。这都是说妇女跟男人性格不一样，重要的是像刚才说的话，好像自然、天给男人的任务是创造，无论是学术上的创造或是政治上的创造，乃至军事上指挥作战的创造，都是创造，这种创造都是应当归于男人的，不要把这种创造指望于妇女，因为妇女她有她的任务，她有她的使命，天给她的使命。卫西琴这个话我倒觉得很同意，很承认。

艾：20年代，您跟卫先生讲过这个问题，到现在您的观念都没有改变吗？

梁：对男女分别的看法，还是那样。

艾：我不知道，可能您不清楚美国，尤其是美国，欧洲也有，妇女解放啊，要求男女平权，甚至于现在在美国，女子无论是什么事情都有优待，找事，女子有优待，有人在讨论女子已经从军了，不过我们正在辩论的是，是不是应该做战士？……甚至于一些妇女解放运动比较激烈的，说我们女子根本不要与男子来往，不要跟他们结婚，不要跟他们有性方面的关系，我们女子跟女子在一起才对，听起来，尤其是中国人，很奇怪啊。第一您有没有听说美国妇女解放运动情况？第二呢您对此有什么反应、意见？

梁：我倒是同意刚才那个外国朋友卫西琴的见解。那个朋友就说过这样的话，他说：外国人特别是西洋人，外国的女人像男人，中国的男人像女人（笑）。

艾：（笑）那您以为这个有道理吗？

梁：这是说事实，事实上这样。对不对呢？我觉得说得有几分对。外国的女人呢，有点像男人，并且她好像还要不单已经像男人，而且还要争取做男人。

艾：您第二位夫人算不算妇女解放运动者？

梁：她不是结婚很晚吗，她一直是做中等学校的教员、师范的教员、中学的教员，一直做了好几十年的教员。她个性很强，就是难免跟人冲突。刚好碰巧了，不是1966年8月，有那个"文化大革命"运动？她就被打得很厉害。

艾：您最佩服的中国人，无论是过去的，或者是现在的中国人是谁啊？

梁：我很早，就是我年轻的时候很佩服的，是章士钊，他号叫章行严先生。他写文章的笔名有时候写秋桐——秋天的"秋"，梧桐的"桐"。我年纪小的时候，我在中学读书，十四岁到十九岁毕业了，十四五六七八，这个时候我就看见章行严先生——章士钊——他的文章，不知道他这个人的名字，姓名不知道，就是看见他的笔名叫秋桐。他写的文章，一种是欧洲通讯，他人在欧洲，写给报纸，把欧洲情况，叫作欧洲通讯、留欧通讯，我看得很有趣味。特别是呢，他有些个论政治制度的文章，因为那个时候中国要学外国，政治上学外国，那么就有开国会的问题，有议院。议院有一个问题，就是还是两院制呢，还是一院制？议院跟政府的关系，像英国，政府是对国会负责，对众议院负责，责任内阁，政党内阁。他写文章讨论这个问题，我非常有兴趣。因为那个时候我们都是热心中国的政治改造，最欣赏的、最觉得好的是英国式的政治，他刚好是介绍这个东西，讨论这个东西，中国要学外国，就是学两院制呢，还是一院制就可以了呢？有没有必要两院呢？他这些个文章我都爱读，可是我不知道他是谁，只留个笔名。这是在我年纪轻的时候，年纪只有十几岁的时候，而且在北京中学读书的时候，看报纸、看文章看到这个，我就欣赏这个人，欣赏这个人的议论、文章。

　　后来呢，就看见上海有一个叫《民立报》，《民立报》发表的文章也多半是论政的居多，这个文章笔名就写行严。我还是不知道他到底姓什么，可是我看见行严的文章，就想这个人的文章恐怕跟秋桐是一个人，真的姓名我还不知道，我判断他恐怕是一个人。后来呢，在日本梁启超——梁任公出了一个刊物叫《国风报》。《国风报》上偶然登了一篇文章，《国风报》多半都是论政的，偶然登了一篇文章，是讲把西文、西洋学问的名词翻译成中文，翻译、译名的问题，怎么样的译名算是译得好。因为过去严复——严几道先生他就讨论过译名的问题，他有三个标准：一个是要信——言而有信的"信"，单人旁一个言字；一个标准是信，还有一个达，表达出来；第三个还要雅，文雅。严先生论翻译讲究这个，他翻译外国东西要遵守这三个标准，所以他翻译出来外国的东西，都是文言的，都是很文雅的，没有白话。这个问题就叫作译名问题、翻译名词的问题。在《国风报》上看见有一篇文章，是讨论译名、讨论翻译问题，署名叫"名质"——人名的"名"，物质的"质"，讨论的问题不是论政，跟我看到的文章不相合，这个"名质"用的人名、笔名，既不是秋桐，也不是行严，而是用一个很新鲜的"名质"两个字，但是我一看，这三个名字实在是一个人，我的判断是这样，后来证明果然是一个人。

这个时候，他在日本出版一个刊物，叫作《甲寅》，这个时候我和他通信，从书信上有来往，我才清楚他的名字是章士钊。后来到北京，我就很喜欢跟他亲近，很佩服他。可是佩服他之后，我又失望，怎么失望呢？因为这位章老先生，他比我岁数大了很多，他是一个很有才的人，多才，多才嘛他就多欲，欲望多——吃鸦片、赌博、娶姨太，一个、两个、三个，我很失望，我很不喜欢。虽然很不喜欢，我还是一直到他九十岁的时候，我还跟他往来。

艾：在香港1973年逝世的。

梁：对了，九十三岁。

艾：您看这个也不错，虽然生活上这个样子，一样活到九十三岁（笑），好像没有影响他的身体。

梁：好像是那样。

艾：别人呢，您佩服的就是……

梁：这是我年轻的时候很佩服的。再一个我佩服的也是姓章，就是章炳麟①——章太炎先生。我觉得他的学问好。他也是……

---

① 章炳麟（1869—1936），字枚叔，号太炎。清末民初思想家、史学家。1897年因参加维新运动被通缉流亡日本。1904年与蔡元培等发起成立光复会。1906年至日本参加同盟会，主编《民报》，与改良派论战。1924年脱离孙中山改组的国民党。1935年于苏州设章氏国学讲习会，收徒授业。晚年赞助抗日救亡运动。在文学、历史学、语言学等方面，都有精深研究。

得力于佛学

………

梁：我认为他是外行，隔膜的，他比较年轻的时候也算是革命的重要人物，他那个时候是有点批评孔子、反驳孔子，可后来又变了，晚年他又佩服孔子。

艾：辛亥革命以前，国粹的道理，孔子不要，墨子、荀子还是要，那您对章太炎最佩服的是哪一方面的？

梁：学问很深造，人品也个性很强，不是一个很随便的人。

艾：有没有别人了？您讲的……

梁：两个章。

艾：后来您到了30年代、40年代、50年代，您佩服的人有没有变？

梁：如果说那个时候，在中国的名人里头不是有康、梁吗？（艾：是。）我是很不喜欢康；我佩服梁任公，喜欢梁任公，刚好跟梁任公也有来往、亲近，并且这个亲近呢是，我嘛比他是后辈啦，小学生啊，他来我家先看我，很虚心，这点我很佩服他。他大我二十岁，他从办《新民丛报》那个时候，我就爱读他的文章，后来就跟他认识了。像刚才所说的，民国九年（1920），他居然一个老前辈，很有名望的，先到我家里来看我，我那时候还没有名，我心里头很佩服他。那么他为什么来看我呢？原来他这个时候注意佛学，人家告诉他，说我讲佛学，所以他来看我。在佛

学方面他很虚心,尽管我们是后辈,他很虚心。可惜他给我很多信,我都损失了,没有保留。(指在"文革"中被毁。——整理者)

艾:您跟他有往来一直到……

梁:一直到后来,到后来民国十八年(1929)春他故去了。民国十八年我从广东往北方回来,到的时候他已经故去了,在广东的时候,他还跟我通信。可是我很不喜欢康。

艾:是。尤其是他提倡儒家为宗教以后,好像您……

梁:他不是要搞什么孔教会?不过这个问题还小(艾:这个问题还小?您说他……),最大的问题是他这个人虚假,很多事他做假。比如他写文章,有倒填年月的事情,后来写的东西,他把它作为多少年以前写的东西。这何必来呢?不老实。

艾:对,对。我以为可能您对他的《大同书》会有反对的地方吧,有不同意的地方吧?

梁:他不是有本《大同书》吗?我书架上还有。我觉得这种"大同"的理想,并不高深,不值得去那么样子吹捧。设想远的未来的社会怎么样子怎么样的,可以设想,可以去做一些个想象,也可以把它写出来、说出来,不过应当认为价值不大。应当重视科学,不要做些什么幻想。幻想也可以说嘛,不过不会有很大价值,实事求是的这种研究才是有价值的。他这个人很高傲自大,当然他开头要帮助皇帝维新,开头那个是很了不起,很有创造性,很有创造精神,可后来不行。

…………

艾:最后的问题是您最佩服的中国人是谁,章士钊还是……

梁:两个章,还有一个章太炎。

艾:假如问您觉得最伟大的中国人是谁,回答会不会有不同?佩服与觉得伟大有分别吗?

梁:有分别。

艾:您觉得最伟大的中国人物——无论历史上的人物还是在人世的,是谁?

梁:我觉得也不是太过去,也不是现在的,恐怕还是毛泽东。

艾：还是毛泽东？那您……

梁：毛泽东实在了不起，恐怕历史上都少有，在世界上恐怕都是世界性的伟大人物，不过他晚年就不行了。

艾：那毛泽东最伟大的成就是什么？

梁：整个儿地创造了共产党，没有毛泽东不能有共产党，没有共产党没有新中国，这个是百分之百的事实，百分之百的事实。不过他这个人到晚年就不行了。周恩来是中国从前叫作"完人"——完全的人，你指不出来他的不好的、做错的事情，几乎没有，非常完全他这个人。不过，很巧地，他是天生的第二把手，天生的给毛泽东做助手的这么一个人。论人可是最好了，周恩来人最好了，最好。

艾：我也倒是觉得您这个说得很对。

梁：人人都纪念周，可是对毛，有人就不满意，某一件事情不满意。

艾：毛主席同中国历史上的人物来比，您觉得他比较像历史上的什么人物？再过一百年，一百年以后的历史学家研究这个时代的中国历史，他们会不会把毛的角色和过去的什么人的角色来做一个比较？

梁：中国过去几千年的历史，一般的说法都说汉高、唐太，汉高祖、唐太宗，一般大概都是说这样子。可是（笑）毛看这些人，不那样，好像他看得平常。

艾：另外一个问题，您最佩服的外国人是谁？就是说您听说有，或是书本里认识的外国人，您觉得最佩服的外国人是谁啊？

梁：我在哲学思想上最喜欢的，也算是崇拜吧，是法国的柏格森[①]。

艾：到现在还是，我记得您当年写《东西文化及其哲学》的时候，您也这么说，您说第一次阅读柏格森的著作，觉得是一生中非常愉快的事。所以

---

① 柏格森（Henri Bergson，1859—1941），法国哲学家、生命哲学与直觉主义的主要代表之一、创造进化论的提出者、法兰西学院教授。文笔优美，1927年获诺贝尔文学奖。创用"生命冲动"和"绵延"两词来解释生命现象。在文学上对"意识流小说"的形成和意识流技巧的采用起了发轫作用。

您还是觉得外国思想家来说……

梁：当然德国的康德①，我也很佩服他的思想上的深刻。

艾：那么政治界的外国人，您有没有觉得伟大的？

梁：我就不大清楚了，政治家、军事家，我不大清楚。一般地，常常说出来的伟人，像拿破仑啊，一般地大家所说的，那么我也就随着大家吧，自己没有特别的看法。

艾：很多人认为您是当代具有独特智慧的人物，您有今日的成就，在您背后支持您的原动力是什么？

梁：支持我的原动力？好像我还不大明白这个……

艾：哦。也可以说是动机，也可以说是心理的、精神的寄托，就是说为什么有今天的成就？

梁：我觉得还是得力于佛，佛学。

艾：好，这个问题我了解了。

梁：我愿意把佛跟孔子再说一下，因为你不是说（笑）我是"last confucian"吗？我想把佛跟孔子的异同说一下。也许我们已经都说过一下，孔子、儒家他总是站在人的立场说话，他说来说去还是归结到人身上。可是佛家，他是超过人说话，他说来说去，归结点也不归结到人身上，归结到超过人的那个地方，所以好像他们是很不同。不过还有同的一面，就是"无我"——没有我——"而救世"，佛家话就是众生，众生的痛苦就是他的痛苦。就中国说吧，儒墨，墨子也是这样子，都是在他生存的这个时候，他总是一生都在为大家奔走。所以表面上没有很大分别，但是我底下就要说一下孔子跟佛的分别。这个分别就是在"我"的问题上，关于"我"的问题，把它讲得最清楚的，分析得最清楚的，是唯识家。佛

---

① 康德（Immanuel Kant, 1724—1804），德国哲学家，德国古典唯心主义的创始人。其思想分为"前批判时期"和"批判时期"，在前批判时期，以自然科学的研究为主，并进行哲学探究。在批判时期，"批判"地研究人的认识能力及其范围与限度。其一生深居简出，终身未娶，过着单调刻板的学者生活，直到1804年去世为止，从未踏出过出生地哥尼斯堡半步。

学的唯识家，是讲八识。八识，前六识，眼、耳、鼻、舌、身，这是五个，加上一个"意"，这个就是前六，前六都是应付外面的，都是工具，都是对外的。运用这个前六识的，是生命，是活的，比如说人吧，活的人啦，这个在唯识家讲，叫作"第七缘第八"。

艾：其实我应该多在这方面下功夫，研究您的思想的时候，您是研究唯识的，很复杂，您的思想很丰富，佛学方面我没有下多少功夫。

梁：第七就是"末那识"，第八是"阿赖耶识"，运用这前六识的工具而为之主的，就是这个"第七缘第八"。怎么叫作"第七缘第八呢"？就是这个时候执着一个"有我"，它叫作"我执"。

艾："我执"？

梁：就是这个"执"（示意）。

希望跟着王阳明走

梁：两种执，我执，一种叫"分别我执"，"分别执"；一种叫"俱生执"，"俱生我执"。"俱生我执"就是与生俱来的，就是不等到分别就有。"俱生我执"很深，很隐——隐藏的"隐"，"分别我执"就浅。最深的也就是最有力量的我执啊，是我们生命、生活的根本。通常在活动中、生活中，都有一个"分别我执"在那儿活动。可是假定我们睡眠，最好的、最深沉的睡眠，一点儿梦都没有，大脑完全好像没有活动，睡得很深很深了，那个时候，"分别我执"就不显露了，可是"俱生我执"那还是一点儿也没有减弱，睡得沉的时候是这样。或者我受伤了，从高处摔下来受伤了，好像死了，虽然没有死，跟死差不多了，那个样子的时候也是"分别我执"没有了，可是"俱生我执"依然还在。所以"俱生我执"是很深的，很隐藏的，不大显露的，可是非常有力量。底下我就要说儒家跟佛家的分别了。佛家是要破执，破我执，我记得我在一张纸上写过一次，写过六个字，"起惑造业受苦"，佛家看都是这样，起惑——惑是迷惑了，糊涂了，不够明白了。惑在哪儿呢？你说的惑是指什么说呢？就是指这个，指"我执"，惑就是指"我执"说。"我执"有一个"分别我执"，还有一个更深隐有力量的"俱生我执"，那么这个时候就要说到佛家与儒家的不同了。佛家是要彻底地破执，彻底。它又说破二执，为什么用"二执"呢？就是一方面有"我执"，还有一面跟"我执"

对面的"法执"——"法"就是一切的事物。"我执"是一面,对面还有"法执",佛家就是要破这二执。破二执有时候又叫"断二取"。那么"二取"是什么呢?——"能取"跟"所取"。"能取""所取"就是一个这边,一个那边,佛家的意思,是断二取,没有"能",没有"所","能""所"是归在一块儿的,意思是没有取的。这是什么?这个就是佛。这个就是一体了,一体就没有二了。佛家的意思就是说,分别就是错误,就是要恢复到一体,复原到一体,宇宙浑然一体,这个就是佛。普通人以为佛是神啊是什么,那不对。那么,这个不说,再说儒、佛的异同。照我的说法,我认为是这样,是哪样呢?儒家啊,孔子不破"俱生执";破了"俱生执"就没有活动了,生命就坐落在"俱生我执"上,有"俱生我执"才有饮食男女的一切活动。这些活动都有"俱生我执"在那里为主了。那么儒家既然不离开人生,它不像佛家小乘佛法要涅槃寂静,要出世,儒家并不要那个样子,儒家就是要在人世间活动。儒家就是要像我们这样做一个完全真的人,它不要做神,它就是跟我们一样,穿衣吃饭,饮食男女,它就是这样。跟我们还不同了——跟我们有完全相同的一面,饮食男女、生活、休息、睡觉,这是同的一面——不同在哪里呢?它不要这个("分别我执"。——整理者)。"廓然大公",它就是穿衣吃饭的时候它还是"廓然大公"。八个字,"廓然大公,物来顺应",这八个字是儒家。尽管它穿衣吃饭,一切活动与我们一样,可是它活动中只是"俱生我执"在那里活动,没有"分别我执"。为什么没有"分别我执"?它"廓然大公,物来顺应"。比如我一个亲爱的人死了,我哭,这个还是廓然大公,还是物来顺应。天气很好,我很高兴、愉快,这就是物来顺应。这个时候都没有我,都没有这个"分别我",可是离不开"俱生我"。因为有这个我,才哭啊,才笑啊,有哭有笑没有妨碍,还是廓然大公,这个是儒家。可是佛家不如此,它超过这个了。比如说,拿一个刀砍了我的身体,我痛,即使孔子他也不会不痛的(笑)。但是你如果拿刀去扎佛,没有关系,他没有什么痛苦。孔子有痛苦,佛超过这个,不一样。

艾：您六十年来的生活，有佛教的一面跟儒家的一面……

梁：我仅仅是爱这个佛教，喜欢佛教，佩服佛教，可是仅仅如此而已，仅仅喜欢佛教，佩服佛教，倾向于佛教，可我还是一个平常的人（笑）。

艾：我明白了。您在《东西文化及其哲学》里，也是好像跟中国历史上好多人物一样，由佛转儒，好多人像理学家，像王阳明啊，反正很多了，好多人都是这样。您公开地宣布，我以前是佛教徒，现在呢我就转入儒家了，那么……

梁：我再补一句。我是在生活上做一个人的生活，我思想上还是倾向佛家。思想上倾向佛家，人还是做一个人的生活。做一个人的生活应当是走儒家的路，可是我是一个想要做好而不够的一个人。如果再说明怎么样不够，那就是我在破执上、在"廓然大公，物来顺应"上不够。我希望我能够这样，但是不够。

艾：您刚才说的自己那方面不够，就是最标准的尤其是理学的儒家的态度了，就是永远自己做得不够好，不够彻底。最近美国有一些人在讨论这个问题，中国的宋明理学家，有没有像西方的清教徒这一类的人生观，很多人的结论就是有很多类似的地方，永远向善，永远要改善、求善，继续不断地修养，这是你们跟清教徒一样的，您刚才说了，也是很标准的理学的儒家的态度。我弄不清楚的是，到底您怎么分佛的意思那层和儒的意思那层。您六十年来思想比较倾向于佛，意思就是说没有做和尚啊，生活还是儒家的。（梁：没有做和尚。）有学者说，宋明以来的理学有几分佛教的成分在里面。

梁：我认为是旁人这样看，旁人认为好像是批评他们近禅、禁欲，我认为这种看法，没有对。

艾：是，您自己的看法是没有对，您著作里有这种意见，很多研究中国思想的外国人也没有什么批评的意思，就是分析汉跟宋儒家的分别，宋以后理学家有几分佛教在里面。

梁：他们一般都是容易说是好像是受佛教影响，乃至于说某一个儒者，比如说宋朝有一个有名的儒者，叫杨慈湖[①]——杨简，一般人都说他是禅，其实不是。把王阳明看作也是好像说他近禅，或是王阳明的门下有个王龙溪[②]，王龙溪很有名的，都说他们好像是吸收了禅家的，或者是跟禅家，跟佛家好像混同起来，被人这样批评，这些个话都是不完全正确。另外，宋明学者又有一种排佛的，排斥佛教，认为沾染一点儿禅宗就是要不得的，也有这样的。也有把儒、佛家跟禅宗拉得很近的，也有。

艾：依您自己看，您这个情形，就是思想倾向佛家，而生活向儒家的理想而努力，这种情形比较接近于中国历史上的哪一位思想家？

梁：我希望把它做好一点，勉力向上，那我愿意学的还是王阳明。

艾：您自己觉得王阳明、佛家两个都有？我的意思就是说……

梁：实际上是我懂一点佛家的道理，在我的思想意识上懂一些个佛家，可是我的实际的生活，我是希望跟着王阳明走。

艾：我的意思就是，中国历史上有没有像您这种人物，是懂佛学，不过生活上很……

梁：恐怕不少。

艾：不少吗？

梁：恐怕不少，宋明儒者很多人是。

艾：很多人都懂佛学……

梁：恐怕有不少人，我特别想提两个人，一个叫罗近溪[③]——罗汝芳——三

---

① 杨慈湖（1141—1225），即杨简，南宋哲学家，字敬仲，号慈湖。乾道进士，陆九渊弟子，认为"天地我之天地，变化我之变化，非他物也"，提出"毋意"、"无念"的修养方法，使心保持原初的无尘无垢的"明镜"状态。

② 王龙溪（1498—1583），即王畿，明代学者，王守仁的学生，讲学四十余年，在吴楚闽越江浙传播王学。认为"良知一点虚明，便是入圣之机，时时保住此一点虚明，不为旦昼梏亡，便是致知"。

③ 罗近溪（1515—1588），即罗汝芳，明代中后期学者、教育家，泰州学派代表人物之一，是阳明学派中更接近禅宗的一派。以发人"良知"和济人急难闻名于世。其学虽源于理学，但反对"存天理，灭人欲"的正宗教条，被誉为明末清初黄宗羲、顾炎武、王夫之等启蒙思想家的先驱。

点水一个女字，好得很，非常高明，他着重这两句话，"廓然大公，物来顺应"。

艾：您和熊十力先生之间的思想上最大区别在哪里？

梁：好像可以说是作风不同，我是比较认真，比较谨守，很谨慎。

艾：思想方面最大的不同……

生活中对我有影响的人

梁：他排斥佛教，被旁人认为他是一个讲佛学的人，实际上不是。

艾：这是个奇怪的问题。依您自己看，您这辈子之中最大的成就是什么？

梁：不说我的成就吧，说我的工作（艾笑）。我做了什么工作？我就是写了那一本《人心与人生》。假定说在学术方面我有贡献，也就是有成就吧，那就是那本书，《人心与人生》这书。我尽我的头脑、精力发挥，把我所能做的在学术思想方面的就是那本书，《人心与人生》。这是一面，再一面就是对中国这几十年来的现实的政治，我是尽了一番力量。

艾：梁先生是年纪很大了，而且具有智慧的人，您现在对人的死亡有没有见解？

梁：我曾经说过，死亡不会断灭，不像有些个人就以为死了就完了，没有这个事情。我不是说了八个字，"相似相续，非断非常"，生命本来就是今天的我跟昨天的我相似就是了，前一分钟的我跟后一分钟的我相似就是了，早已不是一回事，这就叫"相似相续"，连续下来，不会断，非断，非常，常是恒常，不是一回事，早已不是一回事。人都是如此，生命都是如此，那我也还是如此。

艾：人总是怕死嘛，人总是怕……

梁：不愿意死。其实不需要怕（笑），不需要希望长生。

艾：也不需要希望长生？

五 我受到的影响

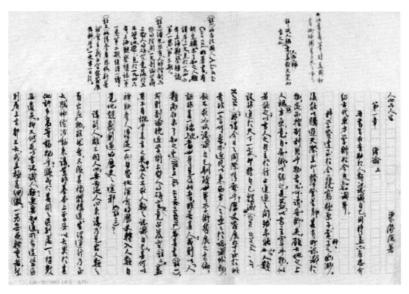

《人心与人生》手稿之一页。1966年8月，梁家被红卫兵抄家，房屋被占，藏书、资料或抄没或被毁，梁漱溟在"文革"十年逆境中依然致力于学术研究，先后写出《儒佛异同论》、《人心与人生》、《中国——理性之国》等论著。

梁：不需要希望长生，任其自然，因为任其自然才是"廓然大公"。

艾：您最近三十年来，人生观有没有改变的地方？

梁：没有改变。

艾：对您的生活或者思想影响最大的是什么人？

梁：是说过去，是说现在？

艾：过去现在都可以。

梁：过去就是我受佛家、儒家的影响。

艾：佛跟孔子两个人？

梁：是，过去的人对我影响就是佛家跟儒家。

艾：也有别人影响过您的生活或者是思想吧？

梁：如果不说古人，说跟我同时代的人，说我的朋友、老师，那是有两个人。一个是福建人，中国不是有个福建省？（艾：是。）福建人有一位林先生，林先生是我很佩服的，在思想上，乃至为人都是我很恭敬，很佩服，也是对我有影响的一个人。

艾：这位林先生是谁啊？

梁：也许有些人不大注意他，可是实际上这个人是很有价值的。他名字叫林志钧①，号宰平，他是福建人。

艾：我也没有注意他了。怎么认识他的？算是您的一位老师啊，或者朋友啊，或者……

梁：我就先说一说这个林先生。林先生这个人，人品最高了。他好像是人不大留意，好像不大出名似的，其实呢，他最为梁启超所佩服。梁启超是很出名啊，梁启超享名很大，名气上好像没有像梁先生那样出名，可是梁先生最佩服他。（梁启超）临死，把自己一大箱著作、手稿，有写完的，有没有写完的，有诗，有文，有论政治的，有论学术的，一大箱，嘱咐自己的儿女交给林先生，要林先生审定，哪个要的，哪个不必要的，殁后出我的文集都由林先生决定。所以梁任公先生的……殁后出来的这部书——普通叫"文集"，有时候说完全的"全集"，梁任公先生的著作用"文集"的名义出版的，很多书店给他出了，所以《饮冰室文集》是好多好多了。可是他把所有的东西，以及没有出版的东西，乃至未写完的东西，一大箱都交给林先生，由林先生审定，最后出了《饮冰室合集》。我说这个话，证明林先生的学问，更证明林先生的人品，他人品最高了，他人品最高。还要说一件事，梁任公在政治上很活动的了，他有他领导的政党，政党的名称也前后有些变化，他要拉林先生到他的党里头，林先生也一度参加，但是时间很短，他就脱离了，尽管跟梁任公还

---

① 林志钧（1879—1960），即林宰平，是清华国学研究所德高望重的大学者。北京大学教授林庚为其哲嗣。早年留学日本，喜爱文学、艺术和中西哲学。回国后曾讲学于清华、北大。新中国成立后任职于国务院参事室。林宰平先生在文学、法政、哲学、佛学、诗文、书画诸方面都极具造诣。

是很好的朋友，他说你这个搞法啊，我不行，我不跟你一块儿搞。为什么这样子呢？为什么他不跟梁任公一块儿搞？梁任公是在政治上有野心的，他要大有所作为的，可是这一点林先生没有，林先生就嫌梁任公、讨厌梁任公有点乱七八糟。林先生是这样一个人，洁身自好，他一生（笑）干净极了，在政治上，在社会上他是这样一个人。所以梁任公佩服他，敬重他，把身后的事情交给林先生，我这个著作都请你来审定，哪个要的，哪个不要的，你定了之后出版。从这个地方可以看出来林先生的价值，这个价值了不起。他大我十四岁，我现在八十八，所以他如果还活着，那就超过一百了。我很佩服他，我很佩服林先生。我不能算是他的学生，但是我应当是对他自称后学。他对我也很好，很爱护，我的朋友我常常介绍给他，比如伍先生（指伍观淇先生。——编者），他也跟林先生好，刚才我说的熊先生，都是因为我的关系与林先生相好——林先生管熊先生叫"老熊"（笑），他们感情都很好。熊先生后来有什么著作都要请林先生看。这是说林先生。

艾：林先生您是怎么认识他的？

梁：这个是好几位前辈，林先生是我的前辈，大我十四岁，梁任公先生也是我的前辈，大我二十岁，蔡元培先生大我三十岁。我很幸运，这些个前辈、老先生他们很早看重我（笑），没有等我去求他们，他们就对我表示一种爱护，都是这样，林先生也是如此，梁任公先生也是如此，蔡元培先生也如此，我都是受他们的知遇、爱护。年纪很小的时候，我还不够三十岁，二十八岁，梁任公先生就到我家里来看我，他是个大有名的人，我还没有出名那个时候。他们老前辈虚心，爱护有前途的青年，帮助青年，他们的意思好得很。林先生如此，梁先生如此，蔡先生更是如此，没有蔡元培先生对我的赏识，我不能进北大，我还年纪轻得很。

艾：那林先生也是去找您了？

梁：对。就我过去的经历说吧。我是在二十四岁的时候就参加当时的政府，做一个小事情，做司法部的秘书。后来，就在我在司法部做秘书的时候，《究元决疑论》在那个之前发表了，在司法部跟秘书在官位上差不多，稍高一点的，那个人叫什么名字来的？那个名字叫余什么……我一时说不上来那个名字了（应为时任司法部参事余绍宋。——整理者），那个人跟林先生相熟，林先生就对那个人说——因为林先生看见我那个《究元决疑论》了——说请你介绍，请那个朋友，那个朋友在司法部跟我一块，你跟梁表示，我想跟他做朋友。这样经那个人介绍，跟林先生就成了朋友。刚才我不是说我二十八岁那年，梁任公到我家看我吗？就是林先生同他来的。同他来的时候梁先生还带着他的儿子，他儿子叫梁思成，是建筑学家，还有一位有名的人，叫蒋方震[①]。那一次，他们梁任公、蒋方震、林宰平跟梁思成，他们四个人坐一辆汽车来我家看我的，那个时候我二十八岁。其次再说一下伍先生（可参阅《伍庸伯先生传略》一文，见《梁漱溟全集》卷四。——整理者）。伍先生的价值很高。假如有人问我，你一生所亲自见到的、最佩服的人是谁？那我就回答是这个。他跟林先生相好，可是跟林先生不相同。林先生学问很丰富，他很喜欢作诗词，可是这个伍先生不作（笑），他是一个脚踏实地做人的人。我不是说，假定说在学术方面我最重要的就是写《人生与人心》吗？可是我自己认为我有一个很重大的责任，很重大的责任是什么呢？就是替伍先生把他的学问、为人，我要介绍给世界，给后人。伍先生这个人，就我来看，我认为是一个纯正的儒家，脚踏实地的儒家。这个纯正的、脚踏实地的儒家表现在什么地方？表现在他的生活。……

（1980年8月16日）

---

① 蒋方震（1882—1938），即蒋百里。1903年在东京主编《浙江潮》，鼓吹革命。1906年回国，后赴德学习军事。辛亥革命后，曾任浙江都督府总参议、保定军校校长。1920年考察欧洲归国后，曾与胡适等组织新月社。1925年复入军界，任吴佩孚军总参谋长。抗日战争爆发后，赴德、意，试探调解中日关系之可能。后任陆军大学代理校长，对抗日战略多有建议。

六 生活之学

自主自如的生活

梁：……在生活上能够"自主自如"。比如我，特别是我从前的时候，我很早的时候，举个例吧，我三十六岁的时候，我同两个朋友，一个姓王，一个姓黄，我们三个人去看伍先生。这时候伍先生正在负一个很重要的责任，负一个什么责任呢？国民党啊，叫作国民革命军，国民革命军有总司令部，总司令是蒋介石，总参谋长是李济深，蒋作为总司令就出师北伐，从广东出来军队要北伐，李济深就作为总参谋长留守广东。伍先生跟李济深他们是很好的朋友，差不多李济深都把他当老师。这个时候，他担任留守后方的职务的时候，他就请伍先生给他做总参议办公厅主任，负一个很重要的责任。我同两个朋友，……我们三个人，那时候我三十六岁，去广东，主要是看李济深，也是看伍先生。伍先生正在那负责做总参议办公厅主任，我们三个人就到他办公的地方同他谈话，到了中午了，他留我们吃饭，吃完饭，他就对我们三个人说：你们随便坐，随便谈话，我要休息，我睡十五分钟。他就坐在一个椅子上，闭起眼睛来就睡着了，睡了十五分钟就醒了。我非常的佩服，非常的惊讶，为什么呢？因为这个时候我经常闹失眠，失眠的人想睡睡不着，不想睡的时候又（笑）……他说睡就睡了，说醒，十五分钟说醒就醒。哎呀，我真是惊讶、佩服！这就是表明他生活自主自如。他是真正能够把他的身体、精神很统一，很能够自主，很能够自如，这个是很了不起。

六 生活之学

1928年,梁漱溟及家人在广州与姻亲伍庸伯家合影。后排左起:梁漱溟、伍庸伯、黄存之;中间抱小儿者,左为梁漱溟妻黄靖贤抱培恕,右为伍庸伯夫人抱子时忠;前立者左起:怡珍、时清、培宽。

艾：我也很佩服这种人（笑）。那说到影响，林先生跟伍先生这两位是怎样影响您的生活，或者影响您的思想的？

梁：林先生是我很佩服的了，尽管我很佩服，可是给我的影响不如伍先生。如果说我愿意学，那我愿意学伍先生。

艾：那就是说影响是，伍先生当过您的榜样，是这个意思吧？

梁：对。我补充一句话，这个伍先生是一个地道的军人。清朝末年开始模仿外国练新式军队，他是练新军里头的人。练新军带兵，然后参加辛亥革命，然后又到陆军大学，在陆军大学毕业，毕业之后留在陆军大学做教官。他原来是学生，因为成绩好做教官。他力行两句中国的古话（梁先生写给艾）（据《伍庸伯先生传略》，这两句古话应是"言忠信，行笃敬"。——整理者）。他在陆军大学毕业了，他就到那个时候的参谋本部第三局做一个科长。赶上袁世凯要做皇帝，北京各官府，从长官到下属，都迎合袁世凯，上书"劝进"，劝袁世凯做皇帝，表示拥护，各衙门大大小小的官吏都要签名。他这个时候不是做参谋本部第三局的科长吗？要他签名，不肯签名，他说："我一定要认为我签的是对的，我才能签名。我现在考虑我应不应该签名，我还没有决定，还没有点头认为这是应该签的，所以我不能签名。"大家说人人都签名，你不签名，这个事情怕危险吧？不好吧？那也没有办法，他就是这样。后来也没有事。

抗日战争起来了，日本人侵略中国，伍先生带着游击队，大约两千人，在广东，做游击司令，跟敌人周旋。从广东被日本人占领，一直到日本人失败、退出中国，他始终担任游击司令，在广东。不过，他这个游击司令是一个范围的，叫第几区的司令（据《伍庸伯先生传略》，应名为"挺进第四纵队司令"。——整理者），那个区是管四个县，不是全省的，有四个县是他的范围，一直抗战八年，他就担任八年的游击司令。他在当游击司令的时候，还有这样的故事：他料想敌人呢，"料敌如神"。有一次他带一部分军队——有两千人，两千人是分开的，没有都跟在他身边，他身边不过几百人，比如三百人的样子，身边带着三百人，两千人分布在几个地方、几个点上。还有谍报的人，出去侦探的——

到了某一个地方。那个谍报的人来报告，说是现在有一部分敌人，可能比如说是三百人，跟他自己身边的人数差不多，从南往北来了，就要到我们这个地方，可能就是来打我们吧？伍先生想一想，他说不是，他不是来跟踪我们、打我们，我推想他的目的地是在哪个地方。大家也就半信半疑，也以为他料想得对，也不敢完全把握。他就对大家说，你们警戒着，我要休息休息，因为他身体不是太强。乡间啊，在县城外边有一个高的台子，是预备过春节过年演戏的戏台，他就有一个椅子，他说我要休息一下，他就休息了。大家这个时候，一方面是害怕敌人来，因为谍报说三百人往这个方向来，一方面也相信司令员的话，他不是来追我们，他是另外有目的，不过这个事情，谁也不敢断定，恐怕司令在上面休息，也不过休息休息吧，未必睡着。有人到戏台上去看他，居然睡着了，睡得很熟。就是说，他提得起，放得下，普通人提不起，放不下（笑）。他是真正能够在他的生命上自主自如。这个学问（笑）不是书本上的学问，不是随便讲一讲、说一说的学问，这就是孔子的生活之学。

我不是常常讲，孔子所谓"十有五而志于学"，那个学是什么学呢？底下他说"三十而立"，三十而立我们也不知道是什么，怎么一个立法啊？一层一层地都是在说他的生命、生活，没有说到外头去。他所最欣赏、最心爱的徒弟是颜子，颜子的长处是什么呢？一个是"不迁怒"，一个是"不贰过"。怎么样"不迁怒"，怎么样"不贰过"，我们也不好乱猜，不过看得很清楚，他没有说旁的，他说的是他自己的生命、生活。所以伍先生的学问功夫是真正的、彻底的儒家，他把儒家的路子走得最正确，我没有看见第二个人这样。他不谈哲学。

艾：这书里提到的，好像他的妻子，就是您第一位夫人是不是亲家……

梁：我跟伍先生，北京话叫连襟，连襟就是说我的妻子是他的妻子的妹妹。

艾：是，就是您妻子是他的……

梁：不算亲家，我的夫人跟他的夫人是亲姐妹，北京话叫连襟——连起来，襟就是衣服。他的夫人是姐姐，我的那位是妹妹，并且我的婚姻就是伍先生介绍的。

艾：不过他的别的事我不知道，也找不到资料，现在我清楚了。梁先生您有没有嗜好啊？您的学生都说，啊，梁先生什么嗜好都没有啊，一天到晚不是搞学问就是搞别的工作，我也不知道是真的吗，还是……

梁：我可以说一个，算是一个小故事吧。有一位朋友，是一个在美国留学的，专学民众教育，也叫成人教育，这位是叫俞庆棠先生，是一位妇女。她是在一些朋友的聚会上提出来，随便谈话、说笑话，问我什么是我的嗜好，我说，我不知道我有什么嗜好。我说，爱吃嘛，也没什么爱吃；爱玩嘛，也没有怎么样爱玩；爱看戏嘛，我也可以看也可以……如果说问我到底爱什么，我说我当然是爱用头脑、爱思想。啊呀，俞先生说这个太可怕了。

艾：（笑）您刚才提到戏，说的是京戏？

梁：京戏。

艾：您因为在北京长大的，您还能欣赏京戏。但这三十年来，解放以来，也去听戏吗？

梁：我从前小的时候，我有一个偏处，有一个不大好，可以说是一个错误、一个毛病吧，标新立异。就是说听戏啊，我的父亲、母亲、哥哥——我是行二，我有个大哥——他们都爱听京戏，夏天吃完晚饭，在外边乘凉、谈话，都是谈哪个戏唱得好，谁唱得好，随便谈。他们因为都爱好这个东西，我就标新立异，名号我不谈。所以本来京戏也很好的，可是他们去，我不去。总是喜欢偏。

我想起来了，我在中学读书，大家要经常抽题目，让你作文章，看看你文笔好不好。普通人都是抽一个题目，在这个题目上发挥一点，写吧，作一个论文吧。我就喜欢标新立异，提到一个古代的什么人物，或者某一件事情，一般都是称赞这个人，我故意表示我不满意他，就是标新立异。我们的教员老师，有个老的先生，看见我这个文章，叫作"翻案文章"。人家这样说，你偏那样，很不高兴，批语就批得很坏，说你"好恶拂人之性，灾必及于自身"，你将会有灾祸，一位老先生这样批。

可另外一位国文教员又不同了，他批语批的说"语不惊人死不休"，"语不惊人死不休"是杜甫的诗——都说明我年纪轻的时候，故意跟人家不一样，有这个毛病。

艾：这书里是有的，刚才提到的老先生的批评在里面，说你小时候就是那样标新立异。

看戏和看书

艾：您是去听戏去吗？常去还是……

梁：不很多。

艾：那比较喜欢的是什么戏啊？文的、武的，或者……

梁：我喜欢的那种戏，就是他们说的"武戏文唱"，是武戏，可是情节、活动，乃是唱出来，并不是打得多，是武戏，可是武戏而着重文唱的（笑），我喜欢这种戏。

艾：那您有没有什么特别心爱的戏啊？

梁：有（笑）。有个戏，就是演北京叫花面的，大花脸，演武生，武生就是黄天霸，我喜欢看那个戏。

艾：噢。您第二次在桂林的时候，结婚就……

梁：（笑）对，唱了一句戏。

艾：以前我并不知道您特别喜欢黄天霸的戏。除了听戏以外——北京人都喜欢听戏，小说啊这类的消遣您有没有啊？

梁：当然有，有些个小说书看过，比如像《红楼梦》啊，看过。

艾：噢，您比较喜欢的是古典小说啊，比如《红楼梦》啊、《水浒传》啊这一类的。

梁：对，还有一部叫《老残游记》。

艾：是，也是比较喜欢的？

梁：嗯。

艾：这我也喜欢。清末的那些小说《老残游记》啊，还有什么《二十年……》。

梁：《二十年目睹之怪现状》。

艾：什么《官场……形》？

梁：《官场现形记》。

艾：这些您也喜欢？还是……

梁：都看过。

艾：您最喜爱的作家是谁？

梁：那应当是……这一部书意味很深长，什么时候都感觉有意味，那还是《红楼梦》。旁的小说看一遍，知道了就行了。（艾：是，是。）《红楼梦》就是（笑）……

艾：百读不厌。解放以来您看过的是什么样的书啊？解放以前您著作里提到的书这些我知道了，解放以后的我还不清楚您读的。

梁：解放以后的书，没有什么特别值得提的书。别人一问，我能够马上就脱口而出的没有，你问了之后我还要慢慢想，想不出来。

艾：书柜里有一些列宁的……

梁：噢。我记得有一本书我很喜欢。一个日本人，这个人我是很佩服他（梁先生给艾写出此书著者姓名：河上肇①。——整理者）。这个人是个马克思主义者，后来他是马克思主义者，并且他要实践（笑），他是共产党。可是马克思主义不是说"宗教是鸦片烟"，对马克思这个话他也点头，但是他又不同意。他是说，科学有科学的真理，宗教有宗教的真理，并且他自己说，他自己有宗教的经验。

艾：是禅宗？

---

① 河上肇（1879—1946），日本经济学家，日本马克思主义研究的先驱，京都帝国大学教授。有志于解决贫困等社会问题，从研究资产阶级政治经济学，逐渐转变为马克思主义的宣传和阐述者。主要著作有《贫困物语》、《社会组织与社会革命》等。

梁：人家也许说我这种经验是禅宗，我不知道是不是禅宗。他有《河上肇自传》，自传中文版有两厚本，我很喜欢看，我并且把他的有些经验，他的话，抄下来，抄在我的本子上。他很特别，他说的宗教经验，不是一句随便的空话，他是说自己的生命起一个真的变化。他说到这个地方的时候，有这样的一句话，他说有这个经验的时候，好像我抛出去，看了一下，自己看了一下，有过这个经验。在有这个经验的时候，我的身体起了变化，自己的肉啊，用手掐它，不疼，并且好像肉体上的皮肤，有了这个经验之后脱了一层皮。所以这不单是一种意识上、思想上的变化，而是很实际的起的变化。他自己说，科学有科学的真理，宗教有宗教的真理，所以马克思说宗教是人的鸦片烟，这个话我一方面同意，一方面我觉得马克思缺乏真正的宗教经验。

艾：梁先生有没有发生过这一类的……

梁：（笑）没有，没有这种像他说的经验。不过我说过一下，我静坐的时候曾经有过一念不起，我记得完全空了。

艾：您还年轻的时候，看见一次催眠术的表演，好像印象很深，我忘了哪本著作里提到了这件事情，以后您有没有研究过催眠术？

梁：没有研究过催眠术。刚好还是民国元年，1912年，看见一次广东人来表演催眠术。同时有一个青年朋友，比我年纪轻一点，姓郭的，是一个甘肃人，他会催眠术，郭维平（音同）会催眠术。我有一个表弟，表弟就是我母亲的侄子，我舅舅的孩子，是我的表弟，我表弟他也会催眠术。

艾：他会自我催眠，还是……

梁：给旁人催眠。

艾：因为很多人觉得催眠术是心理的情况，到现在为止还没有完全了解，它很深刻的地方，还没有理解到，也常常跟深信虔心的教徒的特别经验有类似的地方。中国的内气功夫跟心理状态有点类似的，最近好像有人在北京表演过气功。

梁：无论是气功、催眠术，都是在生理上的奥妙、变化，很难测的，不容易明白的。我刚才提到的甘肃的郭维平，他是一个青年，他有过这么一个事情，他的一个朋友，亲戚，在英国伦敦病了，病人家属就很怀念、关心这个病人，不知道病情到底如何，隔得很远，来信也很慢，不容易知道。郭维平就说，你如果想看一看这个病人，我可以帮助你看，用催眠术，他就可以让被催眠的人，看到了在伦敦的亲人，怎么样一个情况，他可以看到。

艾：这种事儿我听说过。还有一点，也许您会有意见吧，中国传统的民间宗教，有一些也可以说是功夫，从一方面来看说是迷信，从另一个角度来看还真的有这个东西，比如算命的人吧，有时候怎么说得那么准呢，挺吓人的。不知道您对这种事情有没有……

梁：有经验。

艾：那可不可以说一说？

梁：就是按照中国的话，叫作"算八字"（笑）。有一个我现在还存着，有一张写好的，就是算八字，按照我的八字，他就算出来你某一年怎么样，某一年怎么样，算到七十四岁，他底下不说了，到七十四岁，他就不说了，看他那个文章写的意思，意思就是说过七十四岁以后没有了，你寿数只有七十四吧，看那个文气应该是那样。可是我现在已经八十好多了，应当不对吧？（艾：是啊。）还是对。这不但前头讲的哪一年，比如你二十四岁开始好运来了，你妻子如何，儿子如何，你怎么样很出名，很……他说到七十四岁为止。

艾：到七十四岁为止的都很准吗？

梁：都很准，七十四前头都很准，可是七十四的话就不准了。不准还是准，为什么呢？就是七十四岁这一年是1966年8月24日，抄家。那一次在命运上很不好，受大的打击。不过他说得过分一点了，他以为好像命运结束了，我没有结束，可是七十四岁，1966年8月24日受一个很大的打击、冲击，是个事实。

艾：这种事情，您有没有解释法，就是解释它的道理？

梁：可以说不会解释，不知道该当怎么来解释，这是一方面。另一方面呢，觉得人的一生，它有些个前定，不是有一种宿命论？这个宿命论，恐怕在普通人都是差不多前定的，也可以说95%还多都是前定的，不过呢，有高的智慧的人，他可能不同一些。我说到这个地方，我就想起来一个人，我忘记说了，这个人是一个我很佩服的（梁先生给艾写姓名）。

艾：是，马一浮①，他我是知道的。

梁：讲中国的老学问，读书非常的多，特别是中国的老书，他见得多，并且熟悉，很通达，并且他是……刚才我说的"通达"两个字，他对东方的学术，儒家了、道家了、佛家了，他好像都很通。马先生可以说是我很佩服的一个人。

艾：您和他有什么关系呢？

梁：我仅仅是佩服他，向他请教。他一直住杭州，我也去到杭州去见他，向他领教，不止一次。抗日战争起来了，他也是撤退到西南，到四川，他的朋友请他讲学，成立一个叫作"复性书院②"，他在复性书院里头一方面收学生，他讲，一方面就是刻书。中国喜欢用木版刻书，他刻了几种他认为是儒家的要紧的书，其中包括我刚才提到的罗汝芳——罗近溪的书，罗近溪的文集，杨慈湖——杨简的文集。这个老先生学问很丰富，知道的东西太多了，懂的东西太多了，特别中国的老学问。他故去了。

艾：我们原来讲的题目是您这三十年来……

---

① 马一浮（1883—1967），中国现代学者、书法家。曾游历欧洲、日本，接触大量西方经典，归国后寄居杭州，博览《四库全书》，潜心儒家经典，贯通文史哲，融会儒释道。1939年于四川乐山创办复性书院，任主讲。1949年后，任浙江文史研究馆馆长、全国政协委员等职。

② 复性书院，1939年成立于四川乐山，以乌尤山寺庙为院舍，院长马一浮，学生数十人。研习国学，主张"复明性道"，谓"治群径必求之于《四书》，治《四书》必先求之于朱注"。1943年后专事刻书，1946年迁杭州，后自行停办。

"文革"中的故事

艾：是不是这个您读得比较多的呢……
梁：对，只能说过去读得不够，了解得不深，解放以后，就多读一些。对马克思、恩格斯，我是衷心佩服，特别是他的所谓"科学社会主义"，跟英国的欧文，法国的傅立叶，比那个不错，高得多。就是说，像欧文啊，像傅立叶啊，他们都是爱好社会主义，好像那个有名的科学家爱因斯坦，他也爱好社会主义。可是，马克思、恩格斯呢，他是说，人类的社会历史发展，自然会到那个地步，自然会到社会主义、共产主义，客观的发展，社会发展史，他是这样看，比主观的爱好，不同。我记得我第一次在延安看到毛泽东，临别了，我要离开他的时候，他就告诉我，他说，"我对你要说一句要紧的话，你要读《反杜林论》"，不是恩格斯有一本书叫《反杜林论》吗？后来我就读《反杜林论》，是好，好，不过有些地方不完全懂。
艾：另外也有一些哲学方面的书、历史方面的书，有《汉书》，有《世界通史》，那您是不是常常看哲学的，或者历史方面的书多？
梁：还是谈思想方面的书多。
艾：文学方面的有没有读过一些？
梁：西洋的、外国的文学书读得不多，还是喜欢读哲学的书。刚才提到的柏格森，他有一本《创化论》——创造进化，这个书不太多，还有一本书叫《时间与自由意志》，译成英文是"*Time and Free will*"，还有一本书叫《物质与记忆》，这个书不好懂。我是很欣赏，很佩服，可是他的书呢，不容易看。

艾：书籍以外……电影，您去看电影吗？

梁：少看，很少。

艾：有没有比较喜爱的一部电影？

梁：说不上。家里头有电视，顺便看一看。如果出去到电影院去看，那我就好像没有那么大的兴趣，不愿意那样费事去看，顺便看看还可以。

艾：解放以前去看电影吗？

梁：更少，解放以前我是忙得很。

艾：我记得……除了这件事情以外，有没有别的，或者说是"文革"时候的一些迫害，或者一些对您不利的事情？

梁：我记得 1966 年 8 月 24 日，红卫兵小将来了，他们说他们来造反，就有了一些个破坏，还打伤我的内人。

艾：我还不懂这个关系，为什么到您家来？他们是特意的？

梁：不是到我一家，那个时候，"文革"八月天的时候，北京可以说是千家万户都出问题，北京的天气也是那样，都是那样。

艾：那他们知不知道您是谁啊？

梁：也可以说知道，也可以说不是很知道。说知道，是因为学生是初中学生，而这个初中呢，就在我住家的北边，大概也就是一里路或者是一里多路，从他们学校到我这儿来很方便。再一个，他们是初中的学生，知识很少，可以说是对我不甚知道。当时我自己想写信向毛主席求救（笑），信恐怕也许达不到，也许达到了而他没有什么反响，不清楚。我信是写了的，一个信写给毛，一个信写给周，可是结果都没有消息。

艾：这个我的书也写错了，我是写您"文革"的时候没什么事，我错了。您香港的老朋友这么说，我只好听他们的。我也以为您是毛主席的老朋友啊，才没有受到什么迫害。

梁：不是，恐怕不是。

艾：还有一个，他们冲进来的时候，他们是怎么说的呢？什么样的造反法呢？

梁：一群年纪轻的、十几岁的男孩子女孩子，破门而入，我当时住在北上房，他们就进来了。我说，你们来是不是检查啊，他们说不，我们来造反（笑）。我就没有话要讲了，听他要怎么样就怎么样吧，所以就破坏了很多东西，玻璃柜拖到外面都砸烂了，箱子抠出来，有些东西用车子拉走了。

艾：用车子拉走了？那是等于是偷……

梁：（笑）不是偷，偷是不公开的，他这是公开的。

艾：那是抢东西？

梁：抢东西，公开的。把你睡的床铺、蚊帐都给你拆开，……道德低下。烧，烧的灰一大堆，要把灰拿出去，一天都弄不完。

艾：第一天他们就是这个样子，还是……

梁：几天连着。

艾：几天连着都是这样做啊？

梁：嗯。

艾：那个时候他们刚来的时候就打了您的夫人，还是以后打的？

梁：就在中间。

艾：打她的时候说什么原因吗？

梁：不说什么原因。还有罚跪，就是太阳很热的时候，在太阳底下跪。

艾：他们没有说你们两位有什么……

梁：他不说。

艾：他们没有说是什么原因啊？

梁：没有说。

艾：不讲话？

梁：嗯。他不是对我一家。

艾：是，这个我知道。不过，您两位年纪已经很大了……

梁：七十多。

艾：这个打老太太……这个是太……

梁：（笑）嗯。

艾：他们有没有说为什么打您的夫人而不打您？

梁：这个没有说。

艾：他们有没有批评您过去的行动，或者过去的著作呢？

梁：都没有。

艾：他们就是闹？

梁：嗯。

艾：那您的损失包括书籍、家具，没有别的什么字画之类的？

梁：我自己的，我父亲的、祖父的、曾祖的，有一些东西。因为都招他了。

艾：哦。还有什么东西？

梁：比如中国历来就讲究书画，可以挂起来的那种书画，那种东西。他们并且盘踞我的地方达二十天之久，二十一天好像。

艾：他们走的时候，有没有说出原因来？

梁：没有。

艾：也没有？那他们岂不是整个过程中都没有跟你们讲话？

梁：他们很忙，很忙。他们拿我住的北房做一个根据地了。

艾：做根据地？

梁：因为那个时候我家里装了电话，他们用那个电话，他跟自己的学校可以用电话联系。他到附近人家，也是去造反，欺负人，把那些人赶回乡。不是北京的都送走，我的侄女、女婿都是广东人，就把他们送广东。火车装满了人，都是全押送回乡，这是一种情况。还有一种情况，就是让青年学生到处去……青年学生上火车不用买票，各处跑，比如说我刚才提到的那个陈维志，当时是个初中学生，他就借那个机会，就跑到新疆，很远，南边还到了云南，到了广西、广东，随便跑，完全随便跑。

艾：对，我想起来了，在1974、1975年，我在读大学的时候，有一对兄弟，姓潘的，解放前他的父母就在美国了。他和他的哥哥留在北京，他也是初中的学生，他什么地方都跑过了。

梁：是，都到处跑，随便跑。

艾：他们根本不讲什么理啊，他们就是……

梁：嗯。

艾：那您夫人被他们打的那天，是第一天、第二天，还是在当中？

梁：在当中。

艾：被打过以后有没有送医院？

梁：没有送医院。

艾：那个时候有没有老朋友来看您？

梁：彼此不来往，谁跟谁都不来往，怕惹事，尽可能地不出门，像是出门买菜、买饮食啊，都不出去（艾：那怎么办？）。尽可能地在自己厨房里头还剩下什么东西都吃，十几天的都不出门，不出去，更不往来，朋友亲戚不往来。

艾：那您自己有没有亲戚和红卫兵小将的……

梁：你已经看见过的，我一个大儿子，一个二儿子，他们也都没住在一起，他们来看我，完全没有办法，并且红卫兵说你们不要来（笑），平常也就走了。亲戚、朋友都不相往来了，各自都是自顾不暇（笑）。那是很少有的，很奇怪的那么一种。

艾：那当时这样的情况发生的时候，您心里在想什么呢？

梁：我开头就是受到这种冲击心里有点不愉快（艾：发生这种事情当然不愉快了。），可是很少的几天我就过去了，就没有什么不愉快了（艾：哦，是这样的。）。过去了我就开始写东西，写文章。这时候没有参考书，书都毁了，但是我就凭我脑子里有的东西写，我现在那个稿子还有，写的是《儒佛异同论》，儒家、佛家异同论。

艾：那您真是沉得住气啊（笑）。

梁：其实是很没有什么。

……（此处声音不清）

艾：……当前的时候，您想您生活最大的是哪一方面的……

梁：毕竟我们都听说这个事情发动是毛主席发动的，红卫兵小将都有一个臂章，毛穿起了和红卫兵一样的服装，也挂上臂章（笑），并且在天安门检阅红卫兵。

艾：这个我记得，报纸上……

梁：说他自己是红卫兵小将的头目，带领他们。

艾：那您那个时候会不会觉得是毛主席发……

梁：发狂？

艾：（笑）是啊。

梁：我倒没有那样看，我就是觉得他有点乱来吧。北京闹，各处都闹。刚才说火车不用买票，大家到处乱跑，有的地方火车都断了，火车不通，全国各地可以说都没有秩序了，有小一年的时间全国性的动乱，全国性的，铁路交通都破坏了，青少年全国满处乱跑，随意跑。后来他就感觉到有点不行了，他一再说，说了又说，要文斗，不要武斗。可是武斗遍国，烧房子、打人，都乱来了，他这个时候他的话都无效了，他不要武斗，武斗遍天下，他也制止不了了。

艾：我那个时候刚开始研究中国，我们的印象也是如此，就是……

梁：能放而不能收。

艾：对，能放不能收。"四人帮"当权的时候，影响您生活最大的是哪一方面的？

梁：我现在口里头说不太清楚了，那时候江青当家，江青领头闹。不是有一个美国的女的记者……

艾：是学者，Witke①，姓 Witke。

梁：好像是，跟江青往来。

艾：对，我也认识这个人，跟她算是熟的。

梁：她好像是作为新闻记者来访问江青的，是不是？

---

① Witke，即罗克珊·维特克（Roxane Witke），美国的中国史学家。1972 年 8 月，她对江青进行了一系列访谈，访谈录音带被留在中国，江青承诺会将录音誊写后交给她。虽然事后未曾收到誊写记录，她仍写出了一本名为《江青同志》（Comrade Jiang Qing）的传记，于 1977 年出版。

艾：不是，是这样的，那是1971、1972年，她来中国就是一个普通的游客。不过她是研究中国历史的，她在纽约州的一个小州立大学，她本人也并没有什么特别的，在美国学术界没什么地位。她到北京以后好像是要访问一些参加革命的妇女，就是说好像跟我访问您一样的这个意思。很突然的，有些人通知她，说你快要见到江青同志了。她就预备了十分钟，就去看她了，看她第一次以后，就在广州见面谈话。

梁：先在北京后在广州。

艾：对，先在北京后在广州。先是在北京，她说是旁边有一个人做笔记，不，还是录，有录音机。她的中国话不太好，翻译员说的，她都写下来，做自己的笔记。江青说，你回国以后，录下来的这个会翻译成英文寄给你。第一天第一次见面的记录，还是寄给她了，以后就没有了。我听说是中南海还是什么人发现了这一回事，禁止她……结果她就把自己做的笔记当作资料，四五年不做别的，就做这个，1977年、1978年的时候出了一本书，叫作《江青同志》，就是这么一回事。

梁：我们听说的江青她要做女皇。

艾：（笑）是。

梁：她像汉高祖的吕后，讲到唐朝的武则天（笑）。她把一个军事方面的测量局的局长，从海南到广州，把许多中国军事上的秘密都告诉那个美国的（笑）……

艾：这个我倒是不敢保证，她刚回到美国以后，我约她谈谈这件事情，她说的很多的都是关于江青个人的事情，小的时候怎么样怎么样啊，怎么在上海做电影明星啊，怎么受什么人压迫啊，怎么认识毛主席啊，军事方面的事她所告诉我的好像没有。

梁：许多军事上的，从国家的立场上应当保密的，她统统告诉那个……

艾：这个我就不知道了。

梁：后来因为是隔了几年了，江青不是被关起来了？说他们的事情，他们在一起的不是有个姚文元？"四人帮"嘛，里面有姚文元、张春桥，有些个他们的文件。那个时候北京的《红旗》杂志也是掌握在姚文元手里头，有许多的东西，有些文卷啊，姚文元怎么样子改，改的原迹都发给我们大家看了。因为那个时候好像斯里兰卡什么夫人（班达拉奈克夫人。——编者），一位女政治家，印度就是什么甘地（英迪拉·甘地。——编者），好像还有南美有个什么人（艾：对，……阿根廷的。），所以江青就说，我们女人应该出来当家嘛，管理国家事情嘛，她就是那样。

艾：那这是怎么影响到您的生活？

梁：没有，没有影响。

艾："四人帮"影响您生活的是……

梁：也可以说是"四人帮"影响我们，影响我们是什么呢？他要辟谣，有一种谣言，弄得……我现在说不太清楚了。有一种谣言，什么谣言呢？关于江青的，问我们政协委员，还有旁的各民主党派，你们听到这些个谣言没有，你们能不能够对这些个谣言，有一个批评的看法，还是相信呢还是怎么样。第一就是问你们听到没听到，第二是你们对这个是什么态度，每一个人都要写。

艾：哦，每个人都要写？

梁：嗯，每个人都要写。写什么呢，就是我听到了，或者说我没有听到，我听到了什么，我没有听到什么，我的态度是什么。我记得那个时候我都写了，交到统战部。后来他们"四人帮"倒了，统战部把我们写的东西，原件发还每一个人，我就收到了我当初写的，他发还给我。

艾：我不懂啊，当时为什么江青要人写对谣言的态度？

梁：对，江青要问的。

艾：这真奇怪啊。

梁：江青要问的，由统战部传达给政协委员、各民主党派。她既然要问了，那我们只好写了。她问的，有些个谣言你们听到没听到，那么你可以说我听到了，有的人就否认我没听到什么。我写的呢，既然要我写，我就老实说话了，我说我听到一些谣言，我听到了什么什么。

艾：那就是每一个人都写？

梁：嗯，每一个人都写。

艾：那就好多人啊，问不完啊。

梁：就是啊，好多人，好几百人。写了以后密封，要写"统战部长亲启"，不许旁人看。那我就照办。可是"四人帮"倒了之后，原件发还，谁写的还还给谁。

艾："四人帮"当权的时候，他们所实行的政策什么的，有没有影响到您的正常生活？

梁：也可以说有影响，也可以说没什么特殊的影响。当时就是一种混乱无秩序的状态，不知道要变化到哪里（笑）。好像也没有直接影响到我们的正常生活。

艾：那您的生活方式也没有什么大的变动吗？

梁：就刚才说的，朋友、亲戚都彼此不敢往来。

艾：近十年呢，从1966年到1976年，都不敢来往吗？

梁：开头是那样，后来慢慢好一点嘛，感觉到不知道这个事情要演变到怎么样，不知道。

艾："文化大革命"的反面的，大家都喊了，那您看"文化大革命"有没有好的、正面的？

梁：说不上来。

艾：说不上来？

梁：说不上来。因为它破坏性很大，没有正面的建设性。

艾：那"文化大革命"的目的之一，人和人的社会上的地位要拉平……

梁：它们之间彼此的因果关系说不上来。那个时候，刚好是广东中山大学有一个叫杨荣国的教授，写了批孔的文章，毛主席就大加欣赏，称赞，那么一时间就搞起来一个批孔运动。冯友兰也就迎合这个，他就写了批孔运动。在北京市一时间都不能再说孔子，说是"孔老二"（笑）。有一种叫《人民画报》，画很多画儿，都是嘲笑孔子的，不是《庄子》上说有一个"盗跖"，盗跖骂孔子，把这个画出来，有那么一阵。

1970年党中央开会，通过一个文件，是一个什么文件呢？是一个宪法草案，准备要提到人民代表大会去通过的一个草案，这个草案规定了林彪是毛主席的亲密战友,是第一副统帅,毛主席是统帅,他是第一副统帅,是亲密接班人,亲密战友,主席的接班人。1970年党内中央委员会通过的文件还是这样子,9月通过的,这个文件在我这里都有。转过年来,还是9月,1971年的9月,就是林彪,要谋害毛主席(笑)。头一年9月还说是亲密战友,可转过来还是9月就要谋害毛主席。由于事情爆发了,结果林彪自己飞机上坠落死了。这个时候他批林,他还说"谁上了海盗的船"——就是谁跟着林彪走了。

艾:是,是。

梁:所以他到晚年呢……照我的算的,七十三岁以后就不行了。先批林,接着才批孔。因为是搜查林彪住的房间的时候,发现有一条写着"克己复礼"(笑),大概林彪用"克己复礼"可能是一种暗语,暗含着什么一个意思,不过这个话是孔子的话了,以后就批林,接着就批孔了。刚好刚才我说的杨荣国,他写了批孔的文章,毛主席很欣赏,夸奖他。毛主席一说,冯友兰也写批孔的文章,那么一时大家不再叫孔子,都叫孔老二(笑),一时的风气可以说是可笑得很。

艾:嗯。这个到底跟孔夫子,实际的孔夫子有没有关系?

梁:批林已经就是好笑了,因为林是你抬起来的,批什么林呢?由批林引起的批孔,中间差几个月,先是批林,过了几个月就是批孔。

艾:我看到的一些文章,历史上的……

…………

梁:其实很没有什么。

艾:您看到那个局面,心里面有没有很担心、很怕中国的前途,以后中国就这样下去了,今后怎么办啦?有没有这种……

梁:我记得我当时写信给毛,写信给周,恐怕也许是达不到,毕竟我们都听说这个事情是毛主席发动的,可是……

(1980年8月17日)

七 发展总是好的

我的期望

…………

梁：当时不是说么，毛主席批林之后，不过三四个月，接着就又批孔。刚才不是说过，冯友兰都还跟着写批孔的文章。那么我们在政协，每个礼拜有两次的学习会，学习小组，小组多则三十个人，少则十几二十个人，举行一个小组会，小组会称为学习小组。领导上、中央发表了什么文件，或者毛主席有什么讲话，在这里要大家谈一谈。先传达了批林，后边传达了批孔。在小组会上大家都要说话，我也不能不说话，那么我就这样说：我说是毛主席自己还说我亲自领导批孔运动，这个也许在政治上有一种必要，才这样做，可是我对政治上怎么样一个必要，我不清楚，也不懂。在毛主席也许认为是必要，可是我既然不懂呢，我也不能随着大家，随着毛主席去批孔，我不懂。并且他说了，容许有不同意见的保留，既然允许有不同意见的保留，那么我要保留。我不说，我既然保留了意见，我不说，当然我也不说反对的话。可是就是这样，他们随着大潮流走的人，他觉得我这样做好像单独立意跟旁人不一样，还是想法子引诱我说话，批评我，反对我。刚才说的二三十人一个小组，开一个五个组的联席会来批判我，在五组连续有好几百人的会上批判我，我坐在那里听，不讲什么话，他们也没有要我讲话，我不讲话。五个组联席的大会、好几百人的会开过了，还是各小组自己的会了，他们有人就问我：你在大会上听了大家对你的批判，你怎么样？你有什么意见、感想？我就引用《论语》上的话，旧话，古书上的话，这个话是说什么呢？说是"三军可夺帅也"——一二三的三，军队的军——元帅可以把他关起来，"匹夫不可夺志"——匹夫不过随便一个人了，可是他的志向、他的意志没法夺。我就作这个表示。可是后来杨荣国失败，杨荣国失败的原因是他恭维江青，跟着江青走；冯友兰也是跟着江青走，写诗恭维江青，赞扬江青，所以冯友兰本来是一个很有名的教授，也不行了，大家很看不起他。有这样一个经过。

艾：您想告诉后代什么话？就是说您想留下的您的智慧、经验的精华。

梁：我的思想、主张，都在那一本书里头——《人心与人生》。

艾：……请您给欧美的青年一些启示。

梁：要紧的，应当是，比如对美国青年说话，应当是知道美国的青年的风气，他们的情况，然后说话才好。可是我不够了解，对美国如此，对日本、对欧洲，应当了解之后针对着问题说话才得当，才比较合适，我实在是很隔膜，离得远，不那么清楚，所以我说不出来什么，如果说一种笼笼统统的话，也不好，也没有什么用。我倒是很愿意去欧洲，我觉着如果我能够去欧洲、去美国，我将会增加一些实际的见识，不光是听人家说。因为个人有个人的眼光，所以我相信如果我能去欧洲、去美国，会有许多现在我所没有的见解、主张提出来，但是可惜我没能去。

艾：其实说起来，我说不定还会安排美国的访问了，不过您年纪还是很大了，也许要有人陪着您去了。

梁：一定，如果我去，一定要人陪着。

艾：这个我回国以后看看情况吧。您能不能给下一代中国青年一些启示，启示他们如何才能获得一个更有希望的将来或是……

梁：我对国内的青年，我虽然不像对外边一样，我可以知道一些情况，我可以说我想说的话，大概是两样的话：一样的话是就国内大局情况说，包含了政治上的情况，现在正是在一个很平稳而求进步的时候，很有可能、很有机会求进步的时候，比往常都好。现在算是三十年、三十一年了，比过去都好。所以有些人都是羡慕美国，或者是羡慕欧洲，好像是不满足中国国内的情况，这个我觉得是有点盲目性，盲目地羡慕外边，盲目地想学外边。这不对、不好。当然出国去看一看，去学习也好，不过要胸中有主，要知道中国在共产党领导下，要往社会主义里头去，这个大方向是对的。现在的名词，叫"四个现代化"，还是为了中国走社会主义这个大道路而要四个现代化，不能离开走社会主义道路的现代化。特别是要知道，现在是一个比过去更好机会的时候。现在政局很稳定。一方面呢，像邓小平他又很开明，不久的这个8月份听说要宣布政府改组，听说是这样。所以现在正好是一个有希望的时候，那么，在这个有希望的时候，在这个走一个正确的道路上，来各自就自己所能的、所方便的，来尽一份力量，应当是现代的中国青年的道路。

艾：这个问题跟我刚问的有点类似，您愿不愿意给现在中国文化领域中的一些学者一些什么劝告？

梁：现在就思想界来说，就学术界来说，我的意思就是说，不是各自的专门的科学——各自专门的科学我是知道得很少，没有哪一个是我的专门，我没有一种专长，不过我有一点意见，就是中国现在好像比较出名的，很露头角的都是几个数学家，几个数学家都被请到外国去讲学。数学这个东西是一个跟其他的实验的科学不同，实验的科学是一定要试验，一定要实验室，一定要出来考察，要做许多的实践，数学是关起门来也能做。现在有一种风气，就是出头露角的都是数学家，如果太偏于这面了，而那一方面不够，好像是不好，缺欠。怎么样风气不要偏到这面来，不要偏到讲抽象的这种科学，这种科学好像是叫抽象的，abstract，还有一种科学好像叫 concrete，好像是应当注意那边。

艾：就是运用科学。

梁：应用的，应用科学。应当是不要太讲抽象的，应该是注意实际的。可是我又觉得中国从来有一个偏处，偏处就是爱讲实用，对不实用的、根本的学问常常是不够注意，应当是，还是重点要从应用转回到根本上。我可以说的话就是这样。

艾：这个问题牵扯到哲学。在这个多变的世界上，什么才是永恒的真理？就是获得一些普遍的、永恒真理是可能的吗？您认为作为一个知识分子应该……

梁：大概一种学问往深里去探讨，去追究，它都要走入普遍性，走入根本。我以为任何一门科学，往深里追求，越追求，越追求，它就会到哲学里头去，所以留心一下哲学，是对搞科学有帮助的。我有这么一个意思。

艾：就是说，每一个社会有每一个社会的意识形态，每一个时代有每一个时代的意识形态。（梁：对。）连科学也是在一个时代里发生的一种意识形态。有的人说，不能超越，连科学也不能超脱它的时代性（梁：地方。）、地方性。永恒的真理到底可能吗？

梁：恐怕是一个相对比较的话吧。我不大能够懂这个爱因斯坦的学问，因为他的学问基础是在自然科学，在数学，在力学。可是他的宇宙观，他讲相对论也就谈到了哲学了，跑到了哲学里头去了。他那个相对论我倒是很喜欢，觉得我所对宇宙的了解，可以从他那里找到一种印证。更具体地说，说得明白一点，对宇宙的认识或看法，普通总是觉得横的是空间，纵的是上下古今，普通都是这样分开来说。可是我觉得这是一个世俗之见，没有得到宇宙的真理。

人类怎样才能减少斗争

梁：横的是空间，纵的一个是时间，不是这样的，时空是合起来的，而且是空在时之内，空间在时间内。宇宙就是一个变化流行，一点也不能停住，凡是对人生、对生命真有体会，他就会感觉到宇宙是一个变化流行，自己也是在变化流行之中，自己跟这个变化流行不可分。天地上下，天地万物——按中国老话说，天地万物一体，是一回事。这个一回事呢，它是一个变化流行的，也就是刚才说的不要把空间跟时间分开，空间是在时间之内，空间、时间不是两回事。《论语》那个书不是记载着孔子的很多话吗，《论语》上有那么一章："子在川上"——孔子在河边上，说"逝者如斯夫，不舍昼夜"——逝就是水流，他看见水流，"逝者如斯夫，不舍昼夜"，昼夜不停地这么样流，这样一个叹息，这个叹息不是就是说他眼前看见的水，而是说整个的宇宙，整个的人生，整个的人类历史。这个话意义很深，可是人都忙于眼前的事情，忙于生活上的事情，没有时间啊，太忙啦，终日忙着应付，应付环境，缺乏深的体会。

  我的意思，我的随便的一个看法吧，我觉得爱因斯坦他从物理，他对广大的宇宙还是有所悟，有所了解，他不把时空分开，空时是一回事，空在时中。整个宇宙的变化是如此，我们自己一个人也是在变化中，不要看得太短，不要看得太近，要放眼来看，放眼来看心胸就可以开大，什么事情不用着急（笑），不要常常颠倒在喜怒哀乐之中。好像古

七 发展总是好的

人有那么一句话，叫作"昂首天外，放眼……"什么东西我忘记了。昨天不是我写了八个字："廓然大公，物来顺应"，我觉得是要那个样子，不要颠倒于喜怒哀乐之中，超过这些，不要执着。

艾：人类是不是可以过没有争执、斗争的生活？您认为怎样才能减少争执、斗争？

梁：争执、斗争是事实，是生物界有的，不单是人类如此。生存竞争，不是有"大鱼吃小鱼"这话吗？弱肉强食，所以这个是一个不可否认的事实，生物界处处可以看出来这种彼此之间的斗争啊，残杀啊，你死我活。不过人类应当高于动物，事实上人类也已经高于这个东西，这是一面。还有一面，就是还是在这个里头，还是在竞争啊，斗争啊，彼此残杀里头，已经能够彼此照顾，帮助弱小，这一面也有，已经有。社会发展史越往前去，这种要减少，彼此的隔阂、歧视要减少，心胸要开阔，照顾旁人。这方面恐怕是要发展，应当是越来越发展，它的趋势是如此。

当人类还没有什么文化的时候，都是集体生活，可是集体不大，慢慢地集体要扩大。起初小集体与小集体彼此斗争，彼此很大的隔阂，不了解，越进步，越进化，越文明，人彼此情感上容易相通，容易增进彼此的了解。将来在资本主义之后出现了社会主义，恐怕更是这样。所以往人类的前途看，应当是乐观的。刚才是我们想谈一个什么问题来的？

艾：刚才我问的是没有争执、没有斗争的生活，您认为怎么样才能减少争执和斗争？

梁：我认为这个事情是一个自然的发展，人有这方面的要求，自然的发展也是往这个方向去，自然前途就是往这方面走。就眼前说，战争还是不可避免，然而这是眼前，远的未来，资本主义社会一定要成为过去，资本主义之后的社会呢，就是社会主义，应当是社会主义。资本主义社会人的眼光注意在生产上，追求生产，可是转为社会主义社会之后，生产还是要随时进步，可是人的注意，在怎么样生活，注意生活，注意彼此相安共处，也可以说小集团、集团与集团的斗争，那个情况要变，集团的范围也要放大，同时集团与集团之间也不是那样子仇视、隔阂，恐怕也要变了，过去了。好像有那么一句话，叫"one world, one man"，一个世界，或者没有，大家和平共处，未来一定是那样，因为杀人的武器（笑），大家都不敢用了，大家彼此还是相安共处吧。慢慢地地球上，不同的种族之间，不同的洲土之间，那种成见、分别、仇视，都退后了，不敢有毁灭性的战争了。

艾：我这本书的重要的一点，是您和毛主席的比较，有类似的地方，你们之间最大的区别就是斗争，毛主席喜欢斗争，他觉得是好事，矛盾是好事，政治是好事；而您呢，起码依我所看，就是想避免政治斗争、矛盾的。比如阶级斗争这个问题，毛主席一直都觉得越剧烈越好，越斗越好，那么您的乡村建设理论、计划，总想避免直接的矛盾、斗争。我这个话您觉得怎么样？

梁：差不多，差不多。毛主席是强调阶级斗争，就因为强调阶级的存在，阶级存在，就强调阶级斗争，过去曾经是成为国内的一种主要的思潮，可是现在慢慢地过去了，就国内说慢慢地过去了。现在中国的领导方面，对世界的看法一方面也是希望和平，不要打仗，一方面讲战争不可避免。一方面苏联是头号敌人了，所以跟日本、美国就比较亲近。最近阿富汗的问题现在算是一个大家都注意的问题，世界各国、各方面都在注意这个问题，看这个问题前途怎么样变化。这个问题的发生、发展，都是苏联在那里起攻势，美国以及其他各方面都是取守势。好像（笑）中国领导方面那句话，说战争不可避免，好像有那个样子。因为苏联它总在那里前进……

艾：是，事实就是如此。假如真的打起核子武器的战争来，我想一下怎么说……苏联处处都侵略，阿富汗也是最近的一个例子。美国十多年前的一个错误，应该早一点从越南撤出来。美国人在越南战争以后，就是不想在国外多插手，结果我们对苏联处处都让步，非洲的事情、拉丁美洲的、亚洲的，都是如此。您认为今日世界所需要的是什么？今日的世界有希望吗？而中国在世界舞台上必须做哪一种努力？

我是一个乐天派

梁：……不少的惨事，我们所不愿意看见的事情，它还是要来，还是要有。不过就我自己说，我是认为人类历史都是在不断发展，它自然地要发展，不会停步的。既然它自然会发展，停不住，拦不住，同时呢，发展就是好，在发展中不可避免地有破坏，不可避免地有些重大的破坏。不可避免是一面，我们求着避免又是一面，总还是要求着避免的，不可避免我们至少力求减少吧、缩小吧，这还是应当努力的。但是不必悲观，对前途不必悲观，既然事实发展要如此，你悲观有什么用呢？事实要发展，发展总是好的，我认为发展总是好的。

艾："发展总是好的"，这样的话您真是跟保守主义者相反。您"发展总是好的"，跟保守的很多观点正好恰恰相反。

梁：不是有个名词叫"乐天派"？

艾：是啊，乐天派。

梁：我好像是一个乐天派。

艾：这个问题就是，历史上的人物，请您具体说说，越详细越好，您和历史上人物有过什么关系，有过什么接触？请您评价他们历史上的角色。

梁：这个人物是什么时候的人物？

艾：什么时候的人物都可以。比如彭诒孙，跟您有过什么……

梁：关系很密切。他跟我的父亲是很好的朋友，按中国人旧的习俗，算是结这个世界会好吗？

彭诒孙

盟的兄弟，本来他姓彭，我们姓梁，是两家，可是两个朋友很要好，就结为兄弟。同时他又是我的大哥的岳父，他的大女儿是我的长嫂，同时我从小读书，就是在他那儿住，读书。那个时候中国还没有学外国建立一个学制，他办了一个等于是小学的学堂，叫作启蒙学堂，我就在那个地方读小学。所以他跟我有三种关系，一种关系就是亲戚之关系，他是我兄长的岳父；一种是跟我父亲是兄弟交，第二种关系；我算他的学生，他算我的老师，第三种关系，所以有三种关系。这个人他是很有创造力，他当时是维新派，爱国维新，他因为做这个运动得罪不少人，主要是得罪了袁世凯，袁世凯把他充到新疆。

艾：大概的情形我知道，请您仔细地说他为人怎么样，或者是评价他历史上的角色怎么样？

梁：跟他在一起的，也可以说帮助他的，是他的一个妹丈——他妹妹的男人，那一位先生姓杭，叫杭心斋，那一位是有革命意识，有推翻清朝的意识。可彭先生没有，彭先生就是一个爱国维新运动者，在旧社会里头很能够前进，不守旧，创造维新，不顾旁人的威胁、破产，把自己家财都投进去办报,是这样一个人。所以他给我的印象,有相当深的印象。

艾:彭先生是1924年去世的吧?他办的报纸啊(梁:《京话日报》),《京话日报》有没有一阵子……

梁:在他死了,他故去了,我曾经接过手来办一阵子。因为赔本,当他充新疆之后,《京话日报》就停了。停了有一个姓丁的,是个回族人,办了一个外国白话报,他这个报也是小张的报,这个报就取代了《京话日报》。等他从新疆回来嘛,再恢复《京话日报》,就不能够恢复原来的市场,这个市场已经被姓丁的外国报占据了,所以赔本,后来就不行。我跟彭先生很有关系,再说的就是我也提到过的,跟梁任公的关系,我好像已经说过了。

艾:说过一部分,不知道您讲的是不是完整。

梁:跟梁先生的关系,时间不是太长,他在北方,后来我去了广东,在李济

《启蒙画报》与《京话日报》书影。梁漱溟小学时代前后经过两度家塾、四个小学。自学的习惯始自小学,主要读物是父执彭翼仲所办的《启蒙画报》和《京话日报》。

深那个地方。我在广东的时候,我三十六岁,梁任公刚好长我二十岁,我在广东的时候,他就在北京死了,故去了,民国十八年(1929)故去的。跟他往来比较多的时候是在北京,他主持清华大学的国学研究院。当时清华大学国学研究院有四个导师,梁任公先生是一个,还一个有名的叫王静安先生——王国维,再一个姓陈的,叫陈寅恪,第四个呢是赵元任,赵元任现在还在,在美国。

艾:他的女儿当过我的中文老师(笑),我见过他,见过几次。

梁:大概现在八十多了。

艾:我看到已经……可能您比他年轻一点吧,可能现在已经九十。

梁:可能,可能大概是这样。当时他是这个清华国学院四个导师之一,他的知识很丰富。听说他有这样一个本事,一般的他跟我们一样讲北京普通话,但是如果他到一个新鲜的地方,比如到了福建,到了广东,就那么一天两天,他就能讲那个地方的方言。

艾:(笑)是啊,我也听说过。

梁:听说是这样。因为他懂得那个地方人讲的话,从音韵上,从运用口齿上,住上一两天,他就晓得怎么样子,所以他能讲当地的话。人家告诉我是这样。

艾:是。这位大师在伯克利的时候,我去请教过他,也就是这本书的时候,是关于罗素,因为他是陪着罗素先生……

梁:有一段本来可以翻成英文,后来不行,罗素讲的东西,那个翻译不了,还得请赵先生去翻译。

艾:我也听说别的关于他的本事的故事,说是他可以把一个什么话倒讲,就是说把后面的几个音先讲,讲了一大段话后,录音带倒着放才是正常话(笑),赵先生有语言的天才。您刚才讲的是与梁任公先生——梁启超先生和您的关系,说他在清华大学国学研究院……

梁:我那个时候也住在清华,算是借住,我没有在清华工作。不过梁任公先生主持那个国学研究院,他也请我在国学研究院做过一个短期的讲演,短期讲学,大概就是讲一个月,临时给他讲。那个时候我同他比较有往来。那个时候我同王静安先生——王国维认识往来，王国维先生在颐和园投水，几个小时后我就听说了，我还跑去到颐和园去看。我跟陈寅恪也认识，有过接触，他也是学问很丰富，很多，我没有怎么样向他请教。至于赵先生，没有谈过话。过去的人物里头算是我跟梁任公先生——梁启超曾经有一段很亲近。有一个人跟我朋友关系很好，不知道你听说过这个人没有，一个山东人，叫王鸿一①。

艾：是，这个书里也有，关于他跟您的思想有关系的，差不多十页。他的著作我拜读过，我都看过。

梁：哦？

艾：您是哪个时候认识他的？他是先在山东办了个学校，后来五四运动开始，他到北京来，跟胡适请教（梁：向胡适、蔡先生求教。），您是那个时候认识他的吧？

梁：嗯。因为他是在山东地方上很有势力的一个人，他是山东曹州府——曹州人。曹州有一个中学，叫省立第六中学，第六中学他办起来的，他同那个做过山东主席、省政府主席的，后来做国务总理的叫靳云鹏，跟靳云鹏很熟，很相好。《东西文化及其哲学》就是他在山东——他在山东教育界很有势力，他主张要欢迎我去暑期讲演，讲《东西文化及其哲学》，在民国十年（1921）。后来他还要同靳云鹏，他们想要组织一个鲁大公司——鲁就是山东的鲁，大就是大小的大，鲁大公司的款，是日本退回来的博山煤矿、胶济铁路，把铁路矿山的收入，取一部分办一个大学，办一个什么大学呢？办一个叫作曲阜大学，孔子的家乡，办一个曲阜大学。他们搞这个活动，要我来办。我说不行啊，我说我就三十多

---

① 王鸿一（1874—1930），名朝俊，字鸿一，民主革命时期革新派，教育家。曾留学日本并加入同盟会，归国后在菏泽创办多所学堂，辛亥革命后，任山东提学使。1917年，王鸿一应选山东省议会议长兼省立第一中学校长。1921年，梁漱溟来山东讲演东西文化和哲学，两人结为好友，并在曹州开办重华书院，后在北平办《中华日报》、《村治月刊》等。1930年春，任国民政府内政代次长，奉劝阎锡山、冯玉祥等合力反蒋。同年7月病故于北京。

岁，那个时候刚刚三十岁，不行。办一个大学哪里是那么容易的事情，哪里这么年轻的人，刚刚在学术界……这个不行。

艾：您离开北大的时候，您就是去山东……（梁：去了。）这个我弄不清楚了。我猜的是，结果您还是与创立大学的人意见不同，结果不去。

梁：他们要我办曲阜大学，我说不能就这么样子把它看成可以随便办起来的事情，你们要交给我办，我们应当做一段预备阶段的工作。预备阶段的工作做两种预备，两方面吧，一个是预备将来主持这个大学的教员，一个是这个大学的学生，就这个预备。他们说好，你就去办，去办就是办高级中学，一方面办一个高级中学，一方面办一个叫作书院，重华书院。

艾：重华书院还在曹州吗？

梁：曹州。这两个机关在一起，在同一个地方，同一个城市。学生呢，不是单吸收山东的学生，虽然学校办在山东曹州这个地方，可是招生在北京招生，招去的学生——因为我事先发布一个文件，叫《办学意见述略》，讲我预备怎么办学校，提出一个口号，就是要跟青年做朋友，不是像学校里头老师讲一些东西，学生就是来接受一些知识，好像是一个贩卖知识的教员，不要这样，要跟青年在人生道路上做朋友，领导着青年大家共同在人生道路上走。发表了这样一个《办学意见述略》，在北京招生。因为这个文件发表出去，很多人看到了，招生又不是在山东，在北京招生，所以招的学生，后来的学生，细心地数起来，包含十三个省市的人（笑），有绥远的、山西的、陕西的、云南的、广东的、四川的、浙江的……十三个省市的学生。因为在北京招到的，都带去到山东。不过可惜呢，就我自己说，我就是在那边停留了半年，我带去几个朋友，就是教职员，在那里搞了一年。

对历史人物的评价

………

梁：……当时的军阀里头算是直隶派，直系，还有皖系，就是安徽的，所以他们都有矛盾啊，有矛盾了，军事活动就影响了，我那个学校办不下去（艾：哦，这样子。），所以我就退出来了，我带去的一班人满了一学年之后，也退出来了。退出来之后，也有一些学生跟着我们，跟着我们都退出来了。因为刚才说过，我们是要跟青年做朋友，所以许多学生跟我们感情、关系很密切，所以有些学生都随着我们撤退出来。就在北京嘛，大家在一起住。这个时候熊十力先生也跟我一块儿住，我去曹州，他也跟着我一块儿去，一同退回来。第二个就是有这么两年，时期并不很短，那么我什么事情不做还有一些学生……一个是李济深，一个是陈铭枢，每个月给我们几百块钱维持。维持了这么一两年，他们就来信，说你们不要在北京关着门在那儿谈学问——因为这个时候广州正是国民革命，革命的潮流正在很盛——你们不要关着门谈学问了，你们来，我们一道参加革命。我也感觉到他们广东的这种国民革命好像是中国的一个生机，不是旧军阀，旧军阀那个时代过去了，他们好像是一个新的力量起来了。那个时候正是孙先生受俄国的影响，联俄联共，三大政策。我也想去看一看。去看之前我先让三个朋友去，然后自己也去，去的时候我只是想看，不敢自己投入到里边去，可是因为李济深是个老朋友，他没有先跟我说，他就让南京国民政府发表我为广东省政府委员，我不肯就，过去说过一下。

艾：您在清华那边的时候，您在《朝话》那本书里提到您孩子生病这回事。当然这个让您在那时候更难过了，可不可以算是您一辈子精神最低的时候？

梁：那个孩子生病就是你看到的，我那个大孩子，培宽。这个时候也还就是我昨天说过的卫西琴，我们一同住着，住在西郊，离颐和园不远的地方，一同住着的时候。后来不久就去南方了，去广东，去李济深那里。刚才说了，去的时候只是想看一看，因为觉得好像是中国的一个生机，一个新的生机。可是也不敢参加、不敢投身到里边，还想看一看。后来就碰上变乱，就是现在的叶剑英，他们在广州搞"赤色恐怖"，打开监狱，放出来很多罪犯，包含政治罪犯。"赤色恐怖"三天，可是又被打出去了，他们就走了。有这么一个经过。

艾：您在河南，也在山东工作的时候，有一位孙则让①。

梁：对。我在山东不是搞乡村建设研究院，乡村建设研究院院长是梁仲华，副院长是孙则让，我是研究部主任，不过后来梁仲华辞职了，我就接任院长。孙则让先是副院长，后来因为在菏泽开辟了第二个实验区，有乡村建设一个分院，孙则让就到那儿主持那个事情。但是他后来死了，死在四川。

艾：他是什么样的人呢？什么来历？

梁：他进过一个农业专门学校，但是很有胆子，很有才干。他是王鸿一的学生（艾：王鸿一的学生啊？山东人？），山东人，曹州人。他先做我们的副院长，后来就到他本地，他是菏泽那儿的人，曹州人，到那个地方设分院，先做县长，后来又成立专区，他做专员，管十多个县。抗日战争起来，他带着许多的武装势力、武装壮丁，差不多有两千人，从山东

---

① 孙则让，字廉泉，"村治派"成员。1920年代为冯玉祥的部下，从事平民教育工作。1931年起担任山东省乡村建设研究院副院长，后被任命为山东菏泽的专员。1937年冬，统领菏泽的地方武装山东补充第一旅。1940年代中期在四川巴县任行政督察专员。

七　发展总是好的

1933年9月，梁漱溟继任山东乡村建设研究院院长时，在院长办公室前留影。

撤退，先到武汉，从武汉，到湖南，到四川。到湖南、四川的时候，当时的政府要他做专员——专员是可以管十多个县的，有一个专区——先在湖南做专员，后来在四川做专员。这个人很有才，很有胆子。

艾：他对乡村建设的看法和您的有没有分别？

梁：很有不同。我想要搞的乡村建设，我把它的意义是从一个很深远的方面来看。我所要办的村学、乡学，那里边的一些办法、设计有用意很深的地方。可是他不是这样，他就是着眼于当时的需要，当时的需要是什么呢？就是日本人要侵略中国，所以他着意训练壮丁，准备抗日，他着眼这个。

艾：书里也有，菏泽市（梁：菏泽县。）和邹平是两种式样的乡村建设，菏泽市就是孙的。是有这件事。

梁：是那样的事。

艾：他在四川死了是打仗死的，还是病死的？

梁：投水死的。

艾：投水死的？自杀的？

梁：嗯。他在四川的时候还是做专员，管辖十几个县，他跟着晏阳初[①]合作，晏阳初知道吗？（艾：知道啊。）晏阳初在四川，在北碚，地名叫歇马场，办了一个乡村建设学院。乡村建设学院也要划个实验区，做实验工作，这个实验区的工作，主持这个工作的也就是孙来主持。孙又算是地方长官，在长官的指导下、领导下，做地方工作，做乡村建设的工作，跟乡村建设学院联合，合在一起的。

可是等到共产党的军队一来，国民党的势力就没有了，都改变了。他不是跟乡村建设学院有关系吗？乡村建设学院原来是晏阳初办的，晏阳初这个时候不在，在美国，美国回到上海，不敢来四川了，他就去了台湾。因为他在美国，资本家帮助他一些款项，可是嘱咐他你要站在蒋一边。美国怕共产党，讨厌共产党，帮助晏阳初的都是美国的有钱的人，所以他不敢来了，虽然乡村建设学院是他办起来的，他不敢回来了，他就只好去台湾了，去蒋介石那里了。

那么这边呢，共产党就接收了乡村建设学院。接收的时候教员、学生管接收了，图书接收了，一些财产接收了。接收财产的时候，负责交代的，替晏阳初负责的，叫瞿菊农[②]。（艾：哦，瞿菊农知道。）他是一

---

① 晏阳初（1893—1990），著名教育家，曾就读于美国耶鲁大学和普林斯顿大学，归国后任中华平民教育促进会总干事。1926年在定县开展平民教育与乡村改造运动的实验。1940年在重庆北碚创立乡村建设育才院，任院长。1947年任中国农村复兴委员会委员。主张教育救国而倡导平民教育运动，先教识字，再实施生计、文艺、卫生和公民"四大教育"。1950年定居美国，任国际平民教育委员会主席。

② 瞿菊农（1900—1976），即瞿世英，近现代教育家。1918年入燕京大学哲学系，五四运动中为北京学生联合会代表。1921年，与郑振铎、茅盾、叶圣陶等发起成立"文学研究会"。1926年获美国哈佛大学哲学博士学位，曾任清华大学、北京大学等校教授，中华平民教育促进会研究部主任，重庆乡村建设育才院院长，联合国教科文组织中国代表团顾问兼秘书长等职。

个留学生，会说英文的。所以解放军就把孙则让、瞿菊农抓住了。……放回来之后，解放军就看守着瞿菊农，看那个人很害怕，怕他自杀，对孙则让没留意，就放松他，没注意看守他，他就走了，走了就跳水，跳到长江淹死了。

…………

梁：……之后，在北京解放的时候。

艾：我知道他对乡村问题也有看法。30年代他写的东西，都是比较专门人类学的著作，不过40年代抗战以后，他写的很多文章，在报纸上登的，以后翻成英文的，我觉得有好多地方和您的关于乡村建设的著作类似。

梁：对。

艾：这次我去找他，他相当忙。

梁：很忙，刚刚从美国回来。

艾：好像是专门招待外国客人，每次来华的一些友客……

梁：由他出面招待。

艾：大前天到北大去，听说冯友兰的身体并不怎么好，在校园里走路也很有困难，一定要有个人陪着他。

梁：有人扶着他，他眼睛也不行了（艾：眼睛也不行，身体好像也很差了。），身体也不行了。

艾：身体过分的胖，整个身体没有力量。我们昨天谈论过孙则让，我这个名单上下边一位是陶行知①先生。陶行知先生您也认识了很久了，20年代，1928、1929年就认识他了吧？参观了晓庄乡村师范，您写了很多关于那个地方的文章，《北游》……

---

① 陶行知（1891—1946），中国教育家，曾在美国哥伦比亚大学留学，回国后任教于南京高等师范学校、国立东南大学等。1920年任中华教育改进社总干事，推动平民教育运动。1926年起发表了《中华教育改进社改造全国乡村教育宣言》，次年创办晓庄学校。提出"生活教育"思想体系，先后创办过育才学校和社会大学。

梁：《所见记略》(《北游所见记略》。——整理者)。我的第二个儿子算是他的学生。

艾：是在什么地方？

梁：在四川。还在他八九岁的时候，他是陶先生的学生。陶先生这个人好得很啊，好得很，了不起。

艾：您说好，是哪一方面？

梁：人太好了。

艾：噢，是为人？

梁：人太好了。他本来是留美的，中国从前的叫作留洋学生，都是穿西装，穿革履。他也穿西装也穿革履，都脱了，穿中国农民的衣裳，穿草鞋，创办晓庄师范。在南京城外空地，他领着一班学生，自己盖房子，了不起，那个人太好了，太好了，在留洋学生中没有看见那样的人。

艾：您除了那次参观晓庄师范以外，跟他有什么……

梁：日本人来了，我们都退到四川去了。退到四川去了，他做一个什么工作呢？陶先生他把逃难的——在武汉，在铁道旁边有些个没家可归的孩子，男孩子、女孩子，他都收了。（艾：噢，这个不知道啊。）收了之后带到四川去，他培养他们，教他们。我那个时候把我第二个儿子也送去给他，所以他算是陶先生的学生。那人太好了！

艾：您从现在的眼光来看他、评价他历史上的角色，您会怎么说？

梁：应当算是一个教育家。我要说一下他的死。他怎么死的呢？就是国民党南京政府，认为他是共产党，把他看作共产党。

艾：这是什么时候？

梁：就是他死之前，就是在南京搞和谈的时候，两党和谈的时候。在国民党蒋方特务黑名单一定要杀的人里头，把他的名字列在内，特务去刺杀他。这个名单透露出来之后，他自己很有点害怕，死在上海。不是病死，好像是在大便的时候，坐在上面就虚脱了。我们都在南京，周恩来还特别到上海去送，看他一下，他故去了。他在武汉收了许多逃难的、无家可归的孩子，那个时候，他办了一个儿童学校（名为"育才学校"。——整理者)，在四川重庆嘉陵江的上游，北碚往上一点儿，地名叫草街子——街就是街道的街,我就把我第二个儿子送去给他做学生。

艾:他跟您有很多相同的地方。他也是喜欢王阳明,王阳明的哲学。他也很欣赏杜威。他也是比较注重乡村的教学……

(1980年8月18日)

八 我的社会交往(上)

与晏阳初等人的交往

艾：……就是因为这个，我听说蒋介石派了一些军队占领了那个地方（梁：占领了晓庄。），您的学生宋……（梁：宋乐颜。）他写了一个报告，学生嘛也没有办法了，有一些逃到乡下去，和农民一起住。蒋介石对乡村的教育、乡村建设的各种办法，他很奇怪啊，一方面他好像觉得是应该办的，一方面他怕。

梁：在民国十三年，就是1924年，本来孙中山先生的政策是"联俄容共"，到蒋介石手里头就"清共"，把共产党从国民党里头清除出去。经过这么一个过程。

艾：是，关于陶行知先生有没有别的评论，或者……

梁：没有，我就常常告诉我第二个孩子培恕，我说你不要忘记你是陶先生的学生。

艾：丁文江①先生您和他有什么接触吗？

梁：见过面，不熟。

艾：您文章里也提到他的名字。

---

① 丁文江（1887—1936），地质学家，中国地质学奠基人之一。早年留学日本、英国，曾任北京大学教授、中央研究院总干事、中国地质学会会长等。他还曾参与创立《独立评论》，是著名的"玄学与科学"论战的发起者。

梁：提到他。

艾：那您觉得他怎么样呢？

梁：他是很有才，他虽然好像是一个科学家，可是他很有才，所以蒋介石想用他，他好像在上海做一个什么事情。

艾：……调查，或者……

梁：他好像是参与了上海的市政。

艾：噢，是是。您看他有什么代表性的……就是说他这种……

梁：他跟我的一个朋友——叫作张君劢①，他们两个人本来是很好的朋友，都是跟梁启超有关系，都算是梁启超的派系里头的人，都是梁启超的后辈了、学生了，在政治上属于梁启超的那个派系。虽然同是属于梁启超先生的那个派系，可是两个人为了科学的问题论战（笑），有那个事情。

艾：那您觉得他算不算是民初的一个代表什么科学派啊，或者什么派的……

梁：他算代表科学派，张君劢代表哲学派。

艾：晏阳初，我不知道您对他有没有……（梁：很熟悉。）您对他有什么评论、评价？

梁：他人很好，听说现在在菲律宾。

艾：最近几年我不知道。我在哈佛有一个比我早一点的博士班的同学，他的博士论文就是晏阳初。他研究论文的时候跑到菲律宾跟晏谈谈，没有出版了，他写得不够好还是怎么样吧，反正是没有出版。……他是在菲律宾搞乡村建设。

梁：对，晏阳初的大儿子在北京，来看我，告诉我他父亲、母亲都在菲律宾。

艾：您看，把您自己对乡村问题的看法和晏阳初对乡村的看法比一比，最大的区别在哪里啊？

梁：（笑）晏阳初在头脑、思想方面，缺乏哲学的头脑。他原来是一个"识字

---

① 张君劢（1887—1969），政治家、哲学家，曾留学日本、德国，学习政治、经济与哲学。回国后曾任北京大学、燕京大学教授，1923年演讲人生观问题，引起学术界"玄学与科学"的论战，1932年参与组建中国国家社会党。1949年离开中国，后病故于美国旧金山。

运动"家,他这个"识字运动"跟他的宗教有关系。宗教家总是要做慈善工作,帮助穷苦人,所以他最初是在第一次欧战,第一次欧战法国人就去打仗了,就到中国来招募华工去工厂做工,那么中国农民当然很高兴去做工,可以有好收入,比在农村生活好。可中国农民不识字,远隔了家庭,家庭里也常常要通信给他,他也想通信给自己家里,可是不会写字,这样子晏阳初就是帮助工人写字、认识字,好可以看信,好可以写信。开头就是对法国华工做识字运动,这样子开头的。事情后来变了,法国不大需要做工作,他就回中国,回中国他还是想做识字运动,起初到了北京,可是有人告诉他,你要做识字运动,帮助穷苦人,那么主要的还是农民,人数最多的是农民,不识字的也是农民,你与其到北京不如下乡,他这样子才去了定县。在定县他就把他的——他原来号称"平民教育"——他就把"平民教育"说作"四大教育",他说中国农民有四个毛病,"贫愚弱私",针对"贫愚弱私"搞"四大教育"。他是这个样子。

艾:您自己来评价他的工作或者他的思想,您觉得怎么样?

梁:我觉得他缺乏哲学头脑,"贫愚弱私"这个看法不高明。比如说"贫愚弱私"的"贫",当时的中国的问题,不是"贫"的问题。那么是什么问题?怎么会不是贫的问题,农民很贫了?我认为真实的问题是"贫而越来越贫"的问题。人一生下来、一个小孩子生下来,什么也没有啊,没有不要紧,创造、发展就行了,所以不是"贫"的问题,而是"贫而越来越贫"的问题,就是说中国的社会在那个时候是向下沉沦的问题,向下沉沦,走下坡路,一定要把中国广大社会从走下坡路扭转为走上坡路才行。可是晏先生他缺乏这种看法。

艾:那他算不算是看得太浅?

梁:就是,看得浅。

艾:他和胡适关于乡村问题、关于中国的问题,有很多类似的地方。

梁:对,胡适也是浅。

艾:书里面常常提到胡适,比较批评他的就是这一点。是不是就是这样,晏阳初、胡适原来都是留美的,会不会跟他们留美有关系?

梁：那不一定。我刚才想起来，上一次我说的，我忘记了人名了，后来我想起来了，叫作金岳霖。他是留美的，本来是去学政治的，但是他喜欢逻辑。在协和医院开会，胡适刚好发表一篇文章，他们两个碰上了，胡就问金先生："我有一篇文章，你看见了吗？"金说："看见了，很好很好。"胡很高兴。他（金岳霖。——编者）说："可惜啊，少说一句话。""什么话啊？""我是哲学的外行。"就是这个故事。因为胡那个话是很不高明的了，他说："什么叫哲学？哲学就是坏的科学。"（笑）就是一种不成熟的科学，不高明的科学。

艾：我也想问，您也觉得杜威①的思想是很有价值的，胡适的思想好像没有自己创造的，都是跟着杜威，您和胡适意见不同，您两位都是对杜威好像有……

梁：他算是杜威的学生，杜威到中国……

艾：就是说你们两位，虽然思想上有很多不同的地方，但是您还是对杜威这个……

梁：当然，杜威有他的价值，他好像是叫作"民本教育"。他的思想并不浅薄，很活，他的头脑活动得很，活动，能够深入。他的书就是相当深的，粗浅的人也能看，看了也好。高明的人、深刻的人能够看出来杜威的长处优点，可是胡适没有能够。一个人与一个人的头脑不相同，胡适的头脑是粗浅的。

艾：您有过一个学生，徐名鸿②？

---

① 杜威（John Dewey，1859—1952），美国哲学家、社会学家、教育学家，实用主义芝加哥学派创始人。曾任芝加哥大学、哥伦比亚大学教授。1919—1921年间曾来中国讲学。自称其哲学为经验自然主义和工具主义，把自然（客观世界）归结为经验，认为一切科学理论只是人们整理经验、适应环境的手段或工具。认为教育即生活、学校即社会，应让儿童"从做中学"。

② 徐名鸿（1897—1934），1919年毕业于北京高师国文系，五四运动后曾主办平民教育社和出版社刊《平民教育》。毕业后，在附中任教并兼师大国文系助教。1926年南下参加北伐，1927年参加"八一"南昌起义。1928年受广东省立一中（广雅中学）校长梁漱溟聘请，任该校校务委员会主任及语文教师。1932年任十九路军秘书长。1934年2月被国民党杀害。

梁：对。

艾：可不可以比较详细地讲他的事啊，或者您对他的评价？香港的王绍商（音同）先生就是写的他的传（梁：《徐名鸿传》？），可是稿子没有出版，他给我看了，我才知道他比较详细的情形，不过您知道的比王先生多得多了。

梁：可能多一些。我现在手里还有徐名鸿写来的信，他亲笔的信。我有一个跟随我最亲密的学生叫黄艮庸[①]，黄艮庸是广东人，徐名鸿也是广东人，徐名鸿与我的关系还是黄介绍的。徐这个人，也是经我介绍吧，一个徐名鸿、一个黄艮庸、一个王平叔，三个人去南方广东，后来他们参加国民革命军。国民革命军北伐的时候，这三个人都随北伐军到了武汉，到武汉的时候三个人就不相同，怎么不相同呢？徐名鸿就参加了共产党，到武汉去了。王平叔对共产党的思想、哲学、理论还欣赏，特别是关于唯物史观。可是黄呢，没有参加共产党，也说不上是欣赏共产党的理论，三个人就不相同了。简单地说嘛，后来李济深、陈铭枢在福建搞起了人民政府，这个时候徐名鸿在人民政府里算是个比较重要的人。黄艮庸也去了。徐名鸿还代表福建的人民政府去跟江西的共产党接洽。

艾：这个我也在书里提到了。以后也是被杀的。

梁：被刺。他是被广东方面的陈济棠杀的，在汕头，就是徐的家乡。福建的事情失败了，他从福建逃回家乡，那个时候牺牲的。

艾：您觉得他有什么贡献，对中国革命？

梁：他为革命而死，为革命而牺牲了。不过对福建的事情我曾经表示不赞成，怎么表示不赞成？曾经拦阻黄艮庸，我说："你不要去。本来李济深跟蒋介石都是老国民党，都是追随孙中山先生的。你可以反对蒋，但

[①] 黄艮庸，广东番禺县人，梁漱溟在北大的学生，终其一生作为梁的亲密门生。从1920年代起一直追随梁奔走各地，1942年参加中国民主同盟，曾任民盟中央委员。1949年曾任教中山大学。"文革"时期被红卫兵赶回番禺县，在农村被"监督劳动"七年。1972年平反后回京。

是你不要自己站在国民党外头反对他，你应当是说：你违背了孙先生当初创造的国民党，我是国民党，你是背叛了国民党。现在你离开国民党、自己站在国民党外边，反而把正统让给蒋介石，这个是错误的。"往后呢，一直到李济深死，他还是作为北京的民革委员会的主任，还是承认自己是国民党，为什么要跑到国民党外面来？那次的失败，我听说，他们本来要徐名鸿去跟江西的共产党联系，可是被共产党拒绝。当时如果是毛主席做主张的时候，他是会赞成联合的。当时是陈绍禹、秦邦宪他们做主，他们夺了毛主席的权，他们在上海站不住了，跑到井冈山去。他们就说福建这一派是小资产阶级（笑），不够革命，所以没有帮助福建。其实如果共产党跟福建联系，共同对付蒋，策略上才是对的，那么让蒋消灭了福建，共产党策略上不对。

艾：周恩来您也……

梁：很熟了。

艾：您和他有过什么来往、接触？

梁：就是在政治上嘛。先是在重庆了，因为中国华北、华东都沦陷了，我们大家都在重庆，那个时候来往了，来往得很密。后来日本失败了，大家都去到南京了，中共的办事处在梅园新村，我们民盟在兰家庄，这个时候两党和谈我们彼此是配合的。那本书你没有带回来？

艾：噢，您说昨天的笔记？我没有啊。

梁：一个小本，一个稍微大一点。

艾：噢，那两个。因为我没看过的、我认为很有价值的那几部分，我是抄啊，我抄得不怎么快。不过您放心了，没有什么……

梁：我意思就是，如果带来我可以指出来。

艾：噢，我想您写的东西以外，您对周恩来总理有什么别的评价、看法啦……

梁：在两大党和谈的时候，美国来的是马歇尔元帅，他是很想促成两党的和谈的。我是作为民盟的秘书长，我也是做这个工作，想求得国内的和平、建设新中国，所以那个时候周公先在重庆后在南京，我们是最密切的，往来最多的。最后要组织一个过渡的政府，国民政府委员四十名，国民党占二十名，剩下的二十名国民党以外的大家分，我刚才提到的那个书里讲到这个问题，讲到什么呢？讲到国民党许给共产党跟民盟十三名，是十三名嘛还是十四名嘛，还在那里争论……

我的部分社会活动

梁：……中国民盟不是个单一的团体，是个联合的，所以它做出这样的一个表示。这样一个表示呢，国民党的《中央日报》，还有上海的报纸就嘲笑民盟，说民盟是共产党的尾巴（笑），跟着共产党跑的。我就有一个声明，对新闻记者的谈话，我说是共产党随着民盟走的，而不是我们随着共产党走。怎么样子说这个话呢？因为共产党不是宪政国家的政党，是革命党，他是有武装的，他要夺取整个的中国的，我们是劝他放弃武力，跟国民党在建设新中国上可以合作。是我们劝他放弃武力的，他同意了，所以是他同意了我的话，走民盟的这个路子，并不是我跟着共产党走（笑），那个本子上都讲了这个话。（艾：是。）但是一个很清楚的事情就是，当时民盟跟共产党是合作的，国民党完全是这样来看待我们的。

艾：周总理政治方面以外，是个什么样的人啊？

梁：我同周总理算是很熟悉了，我自信我很了解他。中国古话说最好的人叫作"完人"，完全，我看周公是一个完人，无论是在公德方面、私德方面，都没有可以挑剔的。比如他同邓颖超没有孩子，邓好像说是你可以结合另外一个女人，他就不要。在这种男女夫妇的关系上——这算是一个私人的事情，他很干净。在工作方面他帮助毛主席，无论是国内应付各方面、国际上应付各方面，全是他啊，没有周那不行的。新中国，可以说从建国前夕,特别是建国后,没有周总理应付内、应付外,那毛一个人办不了,成不了事情,都是靠周啊。周是拼命地,最辛苦了。大家都知道,他常常是没有法子吃饭,没有空吃饭,跑到汽车上人家给他送来饭,吃几口,马上就开走了。夜里头都办公啊。许多外国人,他会客,一直到深夜啊,睡眠很少,吃东西也很不讲究,勉勉强强,可以说是把自己一切全贡献给国家了。中国过去的几十年没有周是不行的,国际上、国内都是靠周。周呢,最能懂得毛的意思,我对他的评价:他是天生的第二把手。他是几乎随时、任何一件事情他都请示毛,毛一点,他就明白了,不要多说。可是他自己很少自己的明确的主张,他完全跟着毛走,可说是毛的最好最好的助手了。他是第二把手,不是第一。中国古话有叫作"圣君贤相",他是个贤相。他故去了,各方面的人啊,

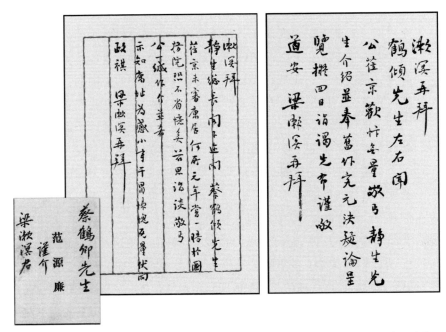

1917年1月4日,蔡元培正式到北大视事,当晚梁漱溟拜访,图为梁漱溟致范源濂、蔡元培信以及范源濂介绍梁漱溟见蔡元培的名片。

乃至老百姓，没有人不想他的，没有人不佩服他的、追念他的。毛故去都没有这个情况。他们三个人周是最先故去的，在天安门前头多少人纪念他啊。

艾：也许将来的历史学家，会把周总理的贡献评价得更高。我也这么想。

梁：无论公德私德，都是最完全的，你指不出来他坏的、有毛病的地方。

艾：蔡元培先生您已经跟我讲过一些，就是怎么认识您、怎么请您到北大去教书。您对他有什么评价、有什么评论呢？

梁：大家都有一个共同的评价了，都是说蔡先生能够"兼容并包"（艾：兼容并包。），把不同的各派，各色各派他都能归拉在一起，所以陈独秀、李大钊都为他用，中国许多老学问家，黄侃——黄季刚，陈汉章，马叙伦、马裕藻，都愿意为他用。

艾：他对您的著作也好像有很深的印象，我记得他提到您《东西文化及其哲学》这本书，说梁先生在这本书讨论的问题，是我们现在人类的最重要的问题了，就是说他也很看得上您。那您在一篇文章——蔡元培先生去世了的时候，您在广西的一个报纸或者杂志上发了一篇文章，我看了，您提到就是民国十年（1921）、十一年（1922）、十二年（1923）、十三年（1924），您都想离开北大，而他劝您不要走，可不可以详细地讲那件事情啊？

梁：我那个时候有病，病是头脑的病，失眠、头疼。

艾：头会疼啊？（梁：疼。）噢，这个我不知道，您有头疼啊？

梁：那么我就想离开北大，想不同知识分子见面。愿意到乡间去，跟那个头脑简单的（笑）农民生活在一起，也不带书，也不看书，曾经有这样一个想法。

艾：您以为这个样子，您……（梁：脑筋可以休息。）是因为您过分用脑筋的关系才有这种头疼的，那这个时候您有没有看大夫啊，或者……

梁：当然也看大夫了（艾：没有用？），吃安眠药，我们也不大懂西医的药，有一次吃那个力量最大的安眠药，吃过那么一次，好像很影响头脑，好像头脑受伤的那个味道。（艾：噢。）我也不知道是什么药，是西药，让人不兴奋吧,免于兴奋吧。

艾:不过假如主要的问题是头疼呢,还不是要吃一个……阿司匹林,这个东西是镇疼的那种药,不过您吃的是安眠药啊?那蔡先生怎么说呢,您要……

梁:蔡先生说你可以休息,你不一定要辞职。所以我就只好请假了。两次请假,一次请假还是没有离开北京,但是到野外,到一个破庙里头,那个庙只有一个和尚,那个庙大殿的顶子都看见天了(笑),到破庙里头去休息。

艾:有没有用啊,就是说您这个头疼?

梁:当然不用脑筋了,什么事情也不看书,也不想,当然得到休息了,这是一次。还有一次就是下乡,到乡村去,我看见的都是不识字的农民(笑),很简单的,在乡下生活,也不带书、也不看报什么的,也做过那么一次。不过后来都放弃了。特别到乡村那儿一看,中国的农民生活太苦,我们在那儿心里不安,看那种苦样子心里不安。他们照顾我都特别优待我了,我在那里受他们的招待,心里不安,还是离开了。

艾:就是您离开了北大以后,还有一些跟蔡元培先生的接触吗?

梁:有,那都是在政治上。举一个例说吧,蒋介石他要消除异己,他要消除异己呢,对象有三个:第一个是桂系,第二个是冯玉祥①,第三是阎锡山②。刚好这个时候桂系好像是势力很大,两广固然是桂系的地盘了,刚好那时候有个武汉政治分会,武汉政治分会是李宗仁主持,武汉也是桂系啊,白崇禧并且领着军队到达北京,所以好像桂系力量很盛、很大,所以他第一个就想消灭桂系、破坏桂系。这个时候刚好桂系也做事不谨慎,在武汉政治分会把湖南的主席——叫鲁涤平,撤职。湖南刚好

---

① 冯玉祥(1882—1948),国民党高级将领,1924年发动北京政变,将所部改组为国民军,将清废帝溥仪逐出北京城。1926年宣布脱离北洋军阀,响应北伐。1930年,联同阎锡山、李宗仁等与蒋介石对抗,引发中原大战。抗日战争爆发后,积极从事抗日救国活动。1946年出国考察水利,1948年回国途中不幸在黑海罹难。

② 阎锡山(1883—1960),辛亥革命后执政山西达38年之久,历任山西都督、省长。1930年联合冯玉祥发动反蒋的中原大战。1949年去台湾,任"总统府"资政。

是在两广的北边、武汉的南边，撤了湖南的主席，安上一个桂系的人，那不是打通了(笑)？这个事情，一撤鲁涤平，蒋介石不答应了，就要查办这个事情。派什么人查办呢？这个时候刚好是，李宗仁虽然主持武汉的事情，但是人不在武汉，人在上海，所以李宗仁就推卸：这个事情我不知道，他们武汉我的部下搞的。那么以后国民政府的命令呢，就是派蔡元培、李宗仁查办这件事情。这个时候我正好从广东出来，路过上海。那么蔡元培先生跟我是很熟了，我是同他一起在北大的了。他说："你留下来帮助我。"我说："我没什么可帮助的，因为我所知道的两广，他们完全没有一点想抗蒋的意思。"我说我从广东出来的时候，他们已经决定倾家而出，就是所有他们的重要的人，李济深、黄绍竑①、陈铭枢、陈济棠②、冯祝万——冯祝万是管他们两广财政的，都到上海来，都到南京来，表示完全听蒋的意思，不是跟蒋对抗的，所以蔡先生要我帮他，我说不需要我帮助，他们的态度拥护中央。蔡先生说那么很好。可是就在这样子，蒋是很厉害。李从上海进京，到南京见蒋，蒋马上扣起来，软禁，在汤山软禁，并不因为你好像是表示完全听命、很服从就放宽，而是扣起来，扣起来让你不能动，手段是厉害得很。这是说到后来我路过上海，碰到蔡先生，蔡先生跟我的一个接触了。

还有就是当时有一个人叫邵元冲③，蔡先生就对我说，邵元冲这个

---

① 黄绍竑（1895—1966），保定军校第三期毕业。曾任国民政府内政部长，浙江省、湖南省政府主席等职，1949年为国民政府和平谈判代表团成员。后去香港，和43名国民党知名人士联名通电起义。新中国成立后任政务院政务委员、全国人大常委等职。

② 陈济棠（1890—1954），1908年加入同盟会，曾任国民革命军第四军军长。1936年曾参与发动两广事变，失败后赴欧洲考察，1937年回国，后任国民政府农林部长、国防最高委员会委员等。1950年去台湾。

③ 邵元冲（1888—1936），早年加入同盟会，1913年参加湖口反袁起义，后曾任孙中山大元帅府秘书。1924年冬随孙中山北上。1925年参加西山会议。1928年任广州政治分会秘书长。后任国民党中央执委会青年部长、立法院副院长、代理院长等职。1936年应蒋介石电召入陕，西安事变中受枪伤，死于医院。

人卑鄙，很不好，现在在广州算是李济深的秘书长。李济深当时有两个秘书长，因为在他的军事机关里头有一个秘书长，在他的政治分会也有个秘书长，所以就两个秘书长，邵元冲是一个。蔡先生就告诉我：邵元冲这个人卑鄙，要不得，你最好对李济深说不要用他。我补充一下邵元冲，邵元冲这个人呢，的确就是很卑鄙，很不好。蒋介石好像就是民国十九年（1930）吧，民国十九年有一回在南京跟胡汉民①语言冲突，蒋介石就使用武力了，扣起了胡汉民，也是扣在汤山。不是李济深扣在汤山吗？扣胡汉民还在前，扣李济深还是后面。扣胡汉民的时候，就是邵元冲啊，他扶着胡汉民出去。这个人是很卑鄙的，可是在广州他占了一个秘书长的名义，不是省政府秘书长，是政治分会秘书长。可以说当时李济深在广东有三个秘书长，一个是在他的军事机关里头一个秘书长，他的省政府一个秘书长，政治分会一个秘书长，邵元冲是政治分会的秘书长。那么蔡先生告诉我，最好不要用邵元冲。那么我说不用邵元冲用一个什么人呢？你看什么人呢？蔡先生告诉我用金湘帆（写给艾），湘帆是号，名字叫金曾澄。那么后来我就对李济深说了，李济深就照办了，就不延聘邵元冲，用金湘帆做政治分会秘书长。如此……

---

① 胡汉民（1879—1936），1902年留学日本，1905年参加同盟会，曾参加黄花岗起义，辛亥革命时被推为广东都督。1913年被袁世凯免职。1914年追随孙中山组织中华革命党。1924年国民党改组，成为右派首领。孙中山北上后代理大元帅兼广东省省长。1927年与蒋介石发动"四一二"反革命政变。1931年被蒋介石囚禁，"九一八"后获释。1936年于广州病逝。

对蒋介石的印象

…………

梁：你不是想去什么镇平啊，是吧？可以同我那个学生孟，可以同他谈一谈，他熟悉那边的事情。他也是彭禹廷的学生。

艾：好啊，您说现在啊？

梁：嗯，你看。

艾：孟先生是今天，看您的意思了，假如您现在累啊，那……

梁：我没有什么，我没有关系。

艾：我还想听您再谈一谈，越多越好。今天假如孟先生可以下午啊，我住的地方那边比较安静的地方谈，我觉得那个样子比较好，我们到外边去也不打扰您做别的，早上假如您还不累的话，我想再……

梁：还可以，可以谈。孟先生也在这里，他是正在看我的书，我就是那个……

艾：他有没有……的书？

梁：他恐怕有。

艾：也有？那么他也许是……

艾：……政治家蒋介石，您和他也有很多来往，尤其是在抗战的时候、抗战以后啊。抗战以前，就没有见过面吧？

梁：因为我始终是不参加政治（艾：是。），我始终在社会方面做事情。

艾：我知道在 30 年代，抗战以前，您对蒋介石也没有什么好的印象了。我记得您那个《中国民族自救运动之最后觉悟》书里面说，蒋介石是跟袁世凯差不多了，是军阀，就是比较成功的军阀了。也知道抗战以后，和谈、谈判的那个时候，也印象很不好，就是觉得因为他内战。另外呢，有没有什么别的……

梁：谈到我跟蒋，我要从头说起了。从头说起呢，还比较早的时候，我在山东做我的乡村建设工作。刚好啊，蒋本人住在武汉，他叫作"剿匪总司令部"。因为他自己驻军在武汉，他就把武汉省政府改组，原来的省政府他认为不大满意，他就改组。改组嘛，他就用一个姓朱的，叫作朱经农[①]，也是留美的。

艾：朱经农？那还不知道了。

梁：（写给艾）朱经农，他是留美的，学教育的。他就改组湖北省政府，湖北省政府里头有教育厅了，他就用这个朱经农做湖北教育厅厅长。可是朱呢，原来是在山东济南做齐鲁大学的校长，齐鲁大学是个教会办的学校，所以他需要辞齐鲁大学校长，来接任湖北教育厅长，所以他就从武汉回济南。回济南的时候，蒋就对朱经农说："你认不认识那个梁某某人呢？"朱说："认识呀。"他说："你替我说一句话，希望梁到武汉来跟我见面。"那么这个朱经农他回去，到济南交卸齐鲁大学校长，看到我，在济南看到我，他就把蒋的话传达给我。我说："好，我知道了。"但是我不去，我不能够因为他派人传这么一句话，我就自己去呀？我不去。这是头一次。

后来，刚好在南京开第二届内政会议，讨论全国的内政，这个是归南京的内政部召集的内政会议。这个时候内政会议的部长，是广西人叫黄绍竑。那么他很想办一件新的，采取新的方针、新的政策，他就要搞在乡村

[①] 朱经农（1887—1951），著名教育家、学者。1904 年赴日本留学。1905 年加入同盟会。1916 年又赴美留学。1921 年任北京大学教育系教授。后历任上海商务印书馆编辑、教育部常务次长等职。1932 年任湖南教育厅厅长。1943 年任中央大学教育长。抗战胜利后转任商务印书馆总经理。1948 年后留居美国。

建设之上的而又包含乡村建设的，他叫作县政建设，一个县，县以下是乡村了，所以是县政建设。县政建设是包含乡村建设的，所以他开这个内政会议要提出这个方案来，就把我们搞乡村建设的人——也包含了我，包含了我们山东的朋友，还包含了晏阳初，都找到南京来，作为是一种专家，参加他那个内政会议，来把县政建设的计划搞好。这个时候我到了南京了，为这个事情到了南京了。到了南京呢，这个时候的南京市的市长是我一个老朋友，这个人我也可以写一下（写给艾）。这个人（指石瑛。——整理者）是老资格，他跟孙中山是朋友，岁数很大，比我们都大，他是一个在清朝已经中了举人的，念那个老书啊，中了举人的。中了举人呢，年纪还很轻，他只有十九岁，他又到英国去留学，到英国去留学学化学，学化学回来之后，蔡元培蔡先生请他在北京大学做教授，做理科化学教授。他在国外很帮助孙中山，跟孙中山是一辈的老朋友，这个时候做南京市的市长，跟我也是朋友，我们在北京大学在一起。他到中央饭店旅馆来看我，他说，你既然到了南京了，以前蒋介石想跟你见面你不去，那你到了南京了，你不可以不跟他见面了。我说好，那么这个样子他作为市长跟蒋的秘书副官通电话，约好了时间，某一天的晚上，事先是坐着汽车接我一同到"委员长官邸"，去跟蒋见面。这个时候是我第一次跟蒋见面，以前没见，这个时候开始见面。

可一见面我印象就不好。怎么样不好呢？就是他虚假。他不是以前因为我有名，要和我见面，要我去我又不去（笑），这次嘛石先生陪着我来看他了，约好了见面了，他怎么样子虚假呢？他就手里拿一个笔，也是自来水笔，手里拿个本子，谈话的时候……当然随便谈了。我不知道我怎么样子提起来，那个时候啊江北——江苏北部，包括安徽，有水灾，灾情很重，我一个朋友就在那儿做救灾工作，不知道怎样提到这个事情。提到这个事情，我就提到负责救灾工作的那个人的名字了，他就说："哦？很好，你这个朋友叫什么名字啊？"他把那个本子、笔递给我，"你写下来"。我当然给他写下来了。他这个人就看出来有一种虚假，虚假就是"谦恭下士"，很谦恭的样子，你的话我很注意（笑），你说那个人名，你写给我看。自己拿着本子、自己拿着笔，好像听不清楚，你再写一下，其实他另外有个秘书啊，坐的稍微远一点，也记了，不一定他再记。大体上说这次是头一次见面，头一次见面就是我感觉他虚假。

以后就见面机会很多，因为这个时候日本人还没有来中国、侵略中国，后来不是抗日了，抗日一起来，北方就是"卢沟桥七七事变"，南方是"八一三"，这个时候蒋被逼迫着不得不抗战了。不是有个"西安事变"？他决定放弃内战，抗日。那么"八一三"打起来了，国民政府感觉到需要广大社会支持政府，不能单单是政府抗日啊，需要广大社会的支持啊，所以就在"国防最高会议"之内成立一个"参议会"，请社会方面的人，能够代表社会的、在社会上有资望的，来做参议会的参议员，那么我就被聘当参议。这个时候可以说一句话，就是我跟周恩来第一次见面就在这个地方，因为这个时候算是国共合作、一同抗日。本来是中共要求抗日嘛，不要打内战，共同抗日，可是中共方面并没有参加国民政府，怎么样子两党能够携手抗战？就是在这个参议会，在国防最高会议里头参与抗日的事情。这个时候名单上发表的有毛泽东，而毛没有来，周来，所以我跟周公第一次见面是在这个地方见的面。那么参议会里头找来的还有些个什么人呢？有黄炎培[①]，在上海一带很有名的；有刚刚放出来的沈钧儒[②]，沈钧儒是救国会了，救国会就是主张赶紧抗日、不要打内战的，本来他都是把沈钧儒扣在苏州监狱里边，他认为你

[①] 黄炎培（1878—1965），民主革命家，教育家。清末举人，1905 年加入同盟会，辛亥革命后任江苏省教育司司长等职。1917 年在上海创办中华职业教育社。抗战期间，任国民参政会参政员，参与筹组中国民主政团同盟。1945 年访问延安，同年发起中国民主建国会。1949 年出席全国政协第一届全体会议，后任中央人民政府委员、政务院副总理等职。

[②] 沈钧儒（1875—1963），清末进士，早年留学日本法政大学，1912 年参加同盟会。曾任国会议员等职。1928 年起任上海法科大学教务长，并执律师业。1933 年参加中国民权保障同盟。1936 年参与发起成立全国各界救国联合会，11 月与邹韬奋、李公朴等被国民党政府逮捕，为"救国会七君子"之一。1941 年倡议组织中国民主政团同盟。1946 年代表民盟参加政治协商会议。1949 年后任中央人民政府委员、最高人民法院院长等职。

们是跟共产党跑的,可是这个时候两党合作都要抗日了,所以把沈钧儒"七君子"都放出来,放出来也参加这个参议会;还有社会有名的人,胡适,天津的张伯苓①——南开大学的张伯苓,还有一个有名的军事学家叫蒋方震,还有北大学生里头很出名的傅斯年②,如此之类。他还找一些通习外交的人,这个时候抗日根据国际形势要采取联系,所以他就把颜惠庆③,还有一个施肇基④都请来。国民党的老辈,久已跟南京政府很疏远了,可是国民党的老辈,像是那个马君武,广西人,都请来,这个就叫作"国防最高会议参议会"。这个时候是我跟蒋接触稍微多一点的时候,从这儿来的。我现在就是在这个会议上,蒋嘛因为他要指挥军事了,军事上忙得很,所以这个会是汪(指汪精卫。——整理者)做主席。我们开会都是在夜间开会,为什么呢?因为日本的飞机都来轰炸了。因为汪主持这个会,蒋自己忙军事,很忙,就在我们开会的时候,蒋派

---

① 张伯苓(1876—1951),著名教育家。北洋水师学堂毕业,甲午战争之后,主张教育救国。1904年与严修等创办敬业中学堂,1917年留学美国哥伦比亚大学。归国后先后筹办南开学校大学部、南开女中部和南开小学部。制定"允公允能"校训,主张德、智、体三育并重,尤重德育。提倡科学,重视体育运动。1938年任西南联合大学校务委员会常委,同年加入中国国民党。1948年任国民政府考试院院长,不久辞职。1950年到北京。

② 傅斯年(1896—1950),1916年入北京大学国文门,1918年参与创办《新潮》月刊。1919年参加五四运动,任学生游行队伍总指挥。曾先后留学于爱丁堡大学、伦敦大学、柏林大学。归国后任中山大学教授,1928年参与筹建中央研究院历史语言研究所。1936年后,曾任中央研究院总干事、北京大学代理校长、国民政府立法委员等职。1948年当选为中央研究院院士。1949年任台湾大学校长。

③ 颜惠庆(1877—1950),同文馆毕业,后留学于弗吉尼亚大学。1912年起任北洋政府外交部次长、总长,内务总长,国务总理并曾摄行总统职权。南京国民政府成立后,先后任驻美公使、中国红十字会会长、上海圣约翰大学董事长、国民参政会参政员等职。1949年2月任上海和平代表团团长,北上与中国共产党代表商谈国共和谈问题。

④ 施肇基(1877—1958),美国康奈尔大学哲学博士。1902年回国,入张之洞幕,任湖广总督署文案。1905年随端方等五大臣出洋考察。民国后,历任北洋政府交通总长、外交总长、驻英公使等职。1919年任出席巴黎和会中国代表,1921年调任驻美公使。抗战时期任第一、第二届国民参政员。晚年寓居美国。

一个人，派一个他的秘书吧，在我们散会的时候来看我，说蒋委员长请梁先生明天早晨几点钟，比如八点钟，到官邸见面。那么我当然答应了。这个时候我刚好从会里跟蒋方震一起出来，蒋方震当然就知道我明天要见蒋了，蒋方震就对我说，明天你去跟蒋见面的时候，你替我说，我愿意去山东，去山东看一看山东的防务、国防，我愿意去看一看。我说好，所以等到我跟蒋见面的时候，我就替蒋方震说了这个话。他说很好，就请你——就请我啊，你陪着蒋百里先生——蒋方震去山东视察。那么很好了，我就要陪着蒋百里先生去山东了，蒋百里先生就问我，说有一个人呢，想同你见面，你可以不可以见他啊？我说是谁啊？他说是蒋介石的一个大将，叫胡宗南①。（艾：噢，胡宗南。）我说是什么人都可以见，特别这个时候要共同抗日嘛，那么大家越能够联合、越能够团结越好嘛。他说那么样子，我明天从南京坐火车路过徐州——胡宗南正驻在徐州，我们在徐州下车，同他见面谈一谈。后来果然我们一同坐火车路过徐州的时候，胡宗南带着他的参谋长、带着旁的什么秘书长，很多人，在车站等候，接我们。我跟蒋百里就一同到他的司令部，住一夜，谈话。然后第二天，火车在同一个钟点再过来的时候，我们上车去山东。后来我跟胡宗南还有一些接触，后来在陕西西安有些接触。胡宗南他是一个在政治上有野心的人，他并不是想单做一个军人，所以他愿意同我们交朋友（笑）。

跟蒋的部下、蒋的很信任的人，比如陈诚，陈诚也同我有往来，那是退守武汉的时候了。退守武汉的时候陈诚他住在武汉大学里头，武汉大学那个地名叫珞珈山，他自己住在珞珈山武汉大学里边，他请我到他家里头吃饭、谈话，他算是蒋下面很有力量的一个人。

---

① 胡宗南（1896—1962），黄埔军校第一期毕业，后任国民革命军第一军军长，是蒋介石最为重视的军事将领之一。抗战时期，任第三十四集团军总司令等职。屯兵西北，封锁陕甘宁边区。抗战胜利后，任西北军政长官公署副长官兼西安绥靖公署主任。1950年去台湾。

蒋介石最大的贡献

梁：车来接我们，我当然就坐车去了。到他住的地方珞珈山武汉大学里边——学校是停了，他没回来，可是坐了有刚刚几分钟他就回来了。回来了他就谈话了，他老是谈话，老是说他的话，老是骂人，批评人，特别批评那个内政部长黄绍竑，他说那是个草包（笑），这个样子。他老说、老说、老说，几乎没有空让我说话，我插不上话去，因为他老说、老说，话说得很乱，气很盛。后来伺候的人来报告，说是要开晚饭了，请进去吃饭，吃饭的时候嘛不能多说话了，他也还不闲着，吃完饭后还是说话，我想跟他说的话，几乎没有空说。当然我还是勉强趁着一个机会，他话稍微慢一点了，我马上说一句话跟他，因为我是要介绍我这方面的人的情况，我们从山东带出来一批人，并且都是带着枪的，武装的，八百多人，有八百多条枪，还带着十几万块钱，因为我们在山东做专员，做县长有现款、有壮丁，都带出来了。后来嘛跟他说，说我们要回去，我们从山东出来的人要打回老家去，为了跟他说这个事情。仅仅是末了当他话稍微停下来的时候（笑），我才能把我的话跟他说。这样看起来，这个人不是十分有能力的人，太浅，太粗浅。这也是蒋方的人我接触的一个例子。后来不是到台湾他还是做"副总统"吗？

马歇尔元帅不是来中国吗？极力要促成中国国内的和平。我跟马帅有多次见面，他还到我住的地方来过一次，我住南京兰家庄的时候，民盟的总部，来过一次。当然我其他那个时候……我不会讲英语了，都由一个朋友姓叶的——叶笃义，替我做翻译。我对于马帅，我觉得他这个人是很好。他是一个信仰宗教信得很真的人。他很为蒋介石所苦，蒋介石他躲到庐山上去，天气并不一定很热，庐山固然凉快，可是他不是为凉快去庐山，他是躲人，他要躲马帅。那么这个样子马帅就辛苦了，他一趟上庐山，再一趟上庐山（笑）（艾：对，您这个我的书里边没有，就是描写……），他九上庐山。

艾：说到蒋介石躲人啊，依您看哪，他是抗战结束以后啊，他好像……现在看他当年这个行为，好像很笨啊，是自己找自己的麻烦而终于下场也很惨（笑）。依您看呢，是因为他估计共产党的力量估计得太低的关系呢，还是因为他人就是很笨呢？

梁：笨是不笨，如果说笨呢，他就是太自私。

艾：自私？基本的问题是他自私？

梁：他不信任人，从来说话……

艾：都不算话。

梁：对啊。他自己以为（笑）这样最得计，其实是弄得众叛亲离。

艾：那您看他是，就是说抗战结束以后，假如他比较认真地和共产党、和第三方面的人讲理，那说不定会组成一个联合政府。那么会不会就是因为他要保存他这个独裁的权力啊？而结果……可以说是拒绝讲理（笑）。（梁：对。）因为他想，我这个军队多啊，武装也好啊（梁：有美国做后盾。），空军是有的，他们没有空军，无论怎么样，我们比他们强得多（梁：很多的条件都强啊。），就是因为这个，他就拒绝……（梁：轻视共产党。）轻视共产党，比如到了民国二十七年（1938），共产党尤其在华北、在东北很明显的是力量不小，他为什么不看情况不妙而让步，或者起码比较认真地和谈呢？

梁：他在和谈上采取的方针、策略，就是他多占一分便宜就多占一分便宜。有一次，周恩来代表共产党让步了，让步了以为可以满足他了，他说还有一个问题，在这个问题上又让步了，还有一点，如此，就是这样。他就是老是逼人，共产党也知道自己没有他那样大的力量了，没有像他还有国际的……国际承认他是中国，美国的帮助啊，所以中国这个老话，老话讲军事上啊，"哀兵"——"悲哀"的"哀"，"哀兵必胜，骄兵必败"，你骄傲，刚好就是共产党是哀兵，受逼迫的。

艾：那这个谈判过程中，您也许有机会很诚恳地劝蒋介石，要他认真一点吧？

梁：我们很难见到他呀。

艾：很难见到他？

梁：很难见他。不但我们很难见到他，就是国民党的政府负责的人，见他都不容易。马帅很头疼，很恨他，回到美国之后不是担任国务卿吗？（艾：是。）那个时候（笑），他完全不想帮助蒋介石。

艾：有很多住中国住得久的人，例如谢伟思，他是在重庆，他也看了我这个，就是因为他看了这个稿子，他劝我就不要再改啊，立刻出版，在这里写了几个字，就说这本书不错什么的。谢伟思是一位，还有戴维斯，中文名字我不记得，姓戴维斯，连费正清啊（梁：费正清。），他们都说蒋介石是错的，而且政府是腐败的，没有用处。美国很怕共产党，尤其怕的是苏联，以为中国共产党就是苏联的这个走狗啊，或者它的猫手，猫爪。您觉得蒋介石对中国、对中国革命有没有什么贡献呢？我们已经谈到了他，尤其在抗战以后啊，实在不行，不过就是说他的整个的事业了，会不会对中国有什么贡献？

梁：他最大的贡献哪（笑），最大的贡献是给机会让共产党……他造成了共产党的成功（艾笑）。如果他这个人还有一点信用，人格还好一点，共产党打不过他啊。所以他最大的贡献（笑），就是造成共产党的成功（艾笑）。

艾：这个也有道理。陈铭枢，您算是他的老朋友了，很早就认识了，有很多接触了。我所看的资料有很多关于他的。那么您最早的时候、第一次认识他是怎么认识的？

梁：第一次认识他是他到北京来访我，那是民国十二年。就是1923年，他到北京来，到我家里来访我，我不在家。我到哪里去了？我去了山东曲阜，那个时候要筹备一个在曲阜办学的事情，等我回来才看到。他跟熊十力他们在南京算是同学，学佛的时候。（艾：学佛的时候啊，噢，是这样的，他先认识熊先生以后才认识您。）他从南京来北京看我。

艾：他探访您的原因是跟佛教有关系的呢，还是……

梁：他认为好像是一个可以交的朋友吧。

艾：关于佛教的要向您请教啊，还是……

梁：就是想做朋友。

艾：就是想做朋友？您这么好的朋友、这么多年的朋友，第一次见面是不是一见如故的？

梁：虽然是第一次见面，精神上并不生疏，至今他写的东西，他写的信哪，都是写给我跟熊两个人的，因为熊先生常常跟我在一起住嘛，他写信写给我们两个人。这种信现在还有，现在还存着有不少。他这个人跟李济深不相同，李济深这个人呢，中国古话叫作"厚重少文"，刚好这个陈呢，陈就有点浮，浮动，浮动善变。

艾：那他对佛学有这么大的兴趣啊，我以为他是比较……

梁：一个人生来的禀性啊、才质啊，一个人与一个人不一样了，他这个人刚好跟李不同，李是"厚重少文"，而他是"下笔千言"，写信快得很。尤其是浮动，浮动善变。

艾：抗战的时候，您也跟他很有来往吧？

梁：因为彼此都是老朋友，熟人了。

艾：解放以后有来往吗？

梁：很多，解放他在北京了。他的部下不是一个蒋光鼐、蔡廷锴？

艾：我是听说，1953年9月份和毛主席有冲突的时候，他也是站起来替您讲话，辩护。有没有这回事啊？

梁：那次他好像是插进来说话来着，插进来说话好像是说，他问毛主席，说梁某人的现在的问题啊，是一个政治问题呢，还是一个思想问题？毛就说是思想问题。如果是一个政治问题就严重了，思想问题就轻了。

艾：周鲸文到了香港之后写了一本书，那里面就是这么写的。

梁：周鲸文他是一个东北人，他跟张学良他们……他在北京住了有一个时间，他很不痛快共产党，他走了。

艾：他的书里也写着关于那天您跟毛主席的情形。他所写的跟《毛主席选集》的第五本那篇字词稍有不同。他当时写得比较厉害，可能有些话也不是在第五本字词里的。他所记下来的，周先生所记下来的，第一句啊，毛主席骂您是什么臭……不好闻的那个臭啊，臭的……臭骨头啊这类的骂，比在第五本里边的好像是比较厉害的，第五本有骂的，不过没有那么粗的样子。

梁：实际上我都有记录，我都有笔记（艾：是。），实际上是在周总理受命，他要周总理批判我，中间他插话，主要是周讲话，周讲到某一个地方，他就插进来说话，周是站在讲台上讲话。

艾：那我是写错了，我以为他插话是您在讲话的时候。

梁：不是，是周站在讲台上讲话，讲台是一个小桌，扶着那个小桌，站在小桌后头，小桌后头一个长的桌子，毛主席还有其他的副主席在后头那排，离前头很近。周讲话的时候……

韩复榘[①]

梁：我刚才谈到一下，蒋要解决三个人，第一是解决桂系，第二解决冯，第三解决阎锡山。这个时候，冯呢受蒋的压迫，冯不想跟蒋打，冯就是把自己军队向西撤，放弃山东、河南，本来山东他也占了，河南他也占了，山东、河南他都放弃，从潼关往西北走。进了潼关之后，开军事会议，在会议席上，韩就说话了，发言，发言就是说，我们不应该向西撤，我们军队这么多人，好像二十万人吧，往西撤陕西、甘肃这个地方是苦地方，不像山东那样。我们到那里，到这个苦地方这么多军队啊，于军队也不好，于地方也不好，地方也受苦。冯就发怒，说："你懂什么？你不要说话！"跟他说："你出去！"从这个会议室出去，到外面一个屋子，到门外面，外面还是一个屋子，"罚跪！"跪下，冯对他自己的部下，他向来就是有这样一个威严，好像是对自己的孩子一样。韩就（笑）只好在门口外头——还是个屋子，跪着了。这个会议开完了，冯散会，冯出去的时候，打韩一个耳光，说："起来吧！"打完了，说"起来吧"，就走了。韩呢，他已经又是总指挥，又是什么主席，他自己

---

① 韩复榘（1890—1938），1910年入冯玉祥部当兵，曾任河南省政府主席。1929年投靠蒋介石，长期任山东省政府主席。抗战爆发后，任国民党第五战区副司令长官兼第三集团军总司令。因不战而放弃山东，并与刘湘等密谋倒蒋，被蒋介石诱捕，处决于汉口。

有很多部下嘛，他就受不了。他起来之后，他就把他比较能够最亲信的将领，最亲信的部队，就带出来了。他就不往西去，回河南，从潼关又回来了。这个时候呢，蒋介石知道了这个韩从冯脱离，他非常高兴，他是要分化，他马上发表韩的山东主席，韩就到山东了。韩到山东，做山东主席正好十年（笑），韩的势力发展在山东。

　　我本来在民国十八年（1929），没有想到留在北方，可是结果留在北方了，因为广东局面变了，李济深被扣了，我不想回广东了。刚好河南有朋友，就办起来河南村治学院，院长就是彭禹廷，副院长是梁仲华，他们就欢迎我参加这个工作，我就担任教务长。这个时候他们刚刚开始，一切的内容，怎么一个办法，都还没定，都是我给他出主意，定了许多的章则、办法。坐在那儿一个姓孟的，那里的学生，河南学生。刚才不是说韩奉蒋的命令就调到山东了吗？这个时候是蒋的军队有一个大将，叫刘峙——姓刘，峙是一个山字（艾：噢，我知道。），一个寺庙的寺——刘峙驻开封，到了河南。刚才说的，原来村治学院的副院长，姓梁——梁仲华，就结束了河南的事情，河南的村治学院不能办了。他就跑到济南去向韩报告，韩说："不要紧，我请你们都在山东好了。"所以，我们就到了山东。本来村治学院的一批人，很多人都还没有散，那么就转移到山东去了。转移到山东去，大家商量不用那个"村治学院"，不用那个名称，用这个名称是"乡村建设研究院"。这样子，我们就在山东邹平……

艾：就是说这个韩复榘，他是好像觉得乡村建设、这个村治啊工作是要紧的，对不对？

梁：他很信任我们。

艾：那么您个人跟他的关系……

梁：也就是这样一个关系。开头在河南的时候，还是要开办村治学院，村治学院在筹备期间的时候，那个院长是彭禹廷，彭么就从北京迎接我到河南，到郑州，从郑州再去开封，当时省政府还在开封。我刚刚下了火车，在开封下火车，住在旅馆里的时候，韩就来看我，很谦虚。他告诉我说:"我听过你的讲,在北京南苑的时候。"这是在河南。刚才不是说他已经调山东了吗?所以到山东已经算是早已认识了,早已相熟了。相熟么就是我们选择了邹平这个县,这个县刚好离胶济铁路不远,离济南也不算很远,我们就选择这个地方做一个实验区。在这个实验区,研究院就主要是三个部分:一个部分是研究部,一个部分叫训练部,一个部分叫试验区。

艾:是,这些倒是有很多资料啊。就是说韩复榘自己的态度怎么样呢?您看他维持着你们的动机在哪里呀?他是……

梁:他的意思是很好的。他很放手给我们,让我们工作,他就把这个邹平县交给我们。这个研究院设在这个县里头,而县呢属于研究院。县长由我们提名,省政府来任命、发表。后来我们就对县政府改组,一些事情

邹平改革县政,裁局设科,各科合署办公场景。1932年12月,全国内政会议召开,通过《县政改革案》、《地方自治改革案》等。1933年3月,山东省政府正式确立邹平、菏泽为县政改革实验县,隶属山东乡村建设研究院。

都采取一个试验的性质,看看怎么样好,怎么样办法好。比如说,原来县政府之外是四个局,什么教育局、建设局,什么公安局、财政局,我们就把这些局都不要,统统归并到县政府里头,在县政府里头合署办公,合在一起办公,如此之类。韩在无意中得罪了蒋,所以蒋把他枪毙了。怎么样得罪蒋呢?就是西安事变,不是蒋被扣吗?蒋被扣的时候,陕北的中共方面,周恩来到了西安了,蒋被扣起来,好像要商量对蒋怎么样。这个时候,各省的军阀,互相派代表商量——得到这个消息了,得到蒋被扣的消息了——商量怎么样子……韩答复一个电报到西安,他就提议说,怎么样处分蒋,我们大家开会商量。这样一个主张并不利于蒋——共同商量对蒋如何嘛。可是这个电报出去之后,蒋已经出来了,蒋看见这个电报,"我一向对你很好嘛(笑),你怎么还要这样子?"所以他心里头恨这个韩。韩这个电报去晚了,韩去电报,他已经出来了,蒋已经出来了,所以后来是韩被蒋枪毙的。

艾:不过我也听说、了解,韩被蒋枪毙是因为日本人侵略到山东,韩没有抗日。

梁:这个我在我那个本子上也说了。

艾:对对,说得很清楚了,就是说每一件事情您都很仔细地说。

梁:哪一天怎么样都说了。韩有一种自私的心,他没有能够在山东这个地方尽力地抗日。他自己保存实力,保存他自己的实力,撤出山东,他预备到铁路西边去。

与李宗仁的相识

艾：……腐败的情形也离不开的，太多了。那您觉得怎么样？

梁：大体上是这样。

艾：也有人批评他，说他是个老粗，他什么都不懂、很笨啊，好像有几个故事，什么……

梁：那个故事都是笑话，不真实。

艾：不真实？

梁：不真实。

艾：那您觉得他并不是这样的？

梁：不过他人还是……不能说不是粗人，粗中也有细嘛，那样一个人。他用的人、他依靠的人，像他的参谋长，参谋长叫刘书香，他的民政厅长叫李树春，财政厅长叫王向荣，建设厅长是张鸿烈，教育厅长是何思源——何思源现在人还在，都算是比较……很想做好，很想做好是他好的一面，但是他有私心，这是他不好的一面。私心是怎么样子？就是刚才我说的，他想保存实力，他想把山东的财物都带走，把山东的壮丁他也要带走，他是预备到铁路的西边。

艾：为什么他要把壮丁、民团带走啊？他的军队已经很多了。菏泽专员区所有的民团，孙则让……

梁：带走。那个倒是还跟他不是一事，他想带走，当然孙也算是这里头的一部分，孙则让带走的一部分也算是一部分，孙带走的差不多有两千人，孙带走的两千人后来都交给了何应钦，都交给军政部。他的计划没完成，韩的计划没完成。

艾：说到这点啊，我也想问另外一个问题。有些资料啊，这些资料我那本书也讲了，就是一个组织，好像是原来乡村建设的人员组织起来的一个叫作"第三十二……"

梁："第三政治大队"。

艾：第三，不是三十二？噢，我弄错了。我写错了，我写"第三十二政治大队"。

梁：第三政治大队队长是秦亦文[①]，我不知道你写了没有。

艾：秦亦文？有有有。可不可以仔细地讲，第三政治大队是怎么组织的？

梁：它就是原来我们从山东撤出来，撤出来的有我们的教员、学生、干部，以至还有一部分壮丁，好像是有八百条枪，十几万的款。这个时候我们就跟陈诚接头，陈诚是政治部的部长，在武汉的时候，从政治部取得一个名义，没给我们钱，也没有给我们枪支，就给我们一个名义，名义就是直属的第三政治大队，让我们回山东。

艾：那算是游击队？

梁：（中有电话打断）我忘记刚才我们说的是……

艾：讲的是第三……

梁：第三政治大队回山东。

艾：我问的是算不算是打游击战？

梁：就是在打游击战，这个时候山东已经沦陷了，已经在敌人手里了。我们回去的人呢，分到东、西、南、北四区，就是山东分成东、西、南、北四区，把我们去的人，都分别为四个支队长，带着人去四个区，去发动

---

① 秦亦文（1900—1963），山东新泰县人。毕业于北京高等师范学校。历任山东省立第三中学校长、青岛大学、江苏、四川教育学院教授等职。1931年5月，任国民会议代表、中国合作事业协会理事。抗日战争时期任国民政府军委会政治部所属第三政治大队队长，抗日于山东敌后。1949年去台湾。

民众抗日,打游击。

艾:其他的我比较清楚,因为根据的资料是有很多啊,这方面没错。第三政治大队的大多数的人,是您的学生吗?……
………………

艾:李宗仁?(梁:李宗仁,广西人。)您是怎么认识他的?原来是在什么地方?

梁:李宗仁同白崇禧,这两个人都是广西的桂林人(艾:噢,这个关系了,您也是……),我也算是桂林人,所以在他们统治广西的时候,他们提倡所谓"三自政策","三自"好像是自治,地方自治;自卫,自己保卫;自给,"给"就是经济上自给自足。搞这个"三自政策"。

艾:是原来的政策,还是您……

梁:不,当然是他们的。

艾:就是跟镇平那一带的、彭禹廷也有个"三自政策"。

梁:相似吧,相类似,不过不是互相影响的。他们在广西这个地方,他们不高兴蒋介石的统治,他是一个半独立性,他也收一些个文人或者有思想的人,一同搞,那么就有"三自"的提出来。这个时候呢,他就希望我回广西,去看、去讲演,那么我回去讲演来着,这个时候好像是1935年吧(艾:民国十四年?),民国二十四年,好像是那样。那是我第一次回广西。李、白都是桂林人,白呢是回族,回教的。我第一次回去。后来嘛就是,跟李相熟得多一点,抗日战争起来,李就算是第五战区司令长官,驻徐州,最后他请我去徐州。

艾:这个我书里有的,他跟您商量怎么动员群众啊……

梁:对。在徐州我停留了有一个月,我住啊,是住在徐州北郊一个农场里头,可是午饭呢,到李宗仁那个总司令部去吃饭,在他那儿坐,随便谈。天天如此,有一个月的样子。

艾:那您讲计划呢,还是讲什么?

梁:没有讲什么。当时算是有个机关吧,叫作"战地党政委员会",我算是战地党政委员会的委员。战地党政委员会呢,是每一个战区都有一个战地党政委员会，委员呢是中央任命的，我是作为第五战区战地党政委员会的委员，住在徐州，住了有一个月，后来就从那儿回武汉。在那儿对我有一个方便，有一个方便就是山东的我的学生、我的干部，可以到徐州来见我，我可以指示他们怎么样办。那个小册子上后边有。

艾：是，关于这一点是有的。就是您和李宗仁从那个时候关系比较密切啊。

梁：原来是我……（艾：是。）他约我去了广西了。

艾：那个月，就是在徐州的那个月，每天见面啊……

梁：对，刚才我说了，住嘛没有住在他的司令部，可是天天午饭在他那儿吃。

艾：以后呢好像关系比较密切的……

梁：很熟啊，很熟。

艾：怎么说呢，以后呢，他和您都到西部去了、大后方去了，还是有来往吧？

梁：他没有到四川。

艾：他没有到四川？在广西吗？

梁：我的记忆他没有到四川。

艾：一直都是在前线？

梁：第五战区是在徐州了，徐州台儿庄外打一次胜仗（艾：是啊。），后来嘛当然站不住了，站不住了他好像是回广西啊，或者驻广东，他常常驻广州，广州有个他住的地方叫马棚岗，他好像在那个马棚岗，广州市内有一个地方。白崇禧比较在广西多。他在外头，他事情都是交给白。广西省政府主席姓黄，黄旭初（艾：是），黄旭初这人很好。

艾：是啊，他也有一些著作，就是关于乡村的工作，……上有一些书啊，是他写的，我看到了，他也当时受了您的影响了。

梁：那个说不上来。

艾：李宗仁这个……共产党已经打到长江的时候，蒋介石辞职了，而李宗仁做总统的时候，依我看到一些资料啊，他想要请您做……

梁：要我出来，要我出来奔走和平。

艾：您拒绝了他的请求？

梁：嗯。

艾：在四川，那个时候到 1965 年，您就是没有跟李宗仁，没有……

梁：他不是他本人去了美国了吗？

艾：就是去美国了，1965 年才回来。报上登的接待会——刚回来的时候，您名字也……（梁：嗯。）那么回来以后啊就没有……

梁：回来之后有时候见面啦。

艾：那您对他有什么评价？

梁：他这个人呢是一个……

（1980 年 8 月 19 日）

九 我的社会交往（下）

跟冯玉祥的接触

…………

梁：……讲过了，有的是对我很生疏，就是我知道的很少，刘师培是一个。刘师培他是一个中国的经学家，有名的经学家，也是北京大学的教授，但是我大概没有跟他谈过话。

艾：噢，没有谈过话。那王怡柯①先生呢？

梁：这个是熟人。

艾：您是怎么第一次认识他，我们也不太清楚，我知道您在河南的时候，是跟他在一起（梁：对。），以后他也是在别的地方做乡村建设工作了（梁：他就在邹平。），您第一次跟他见面是什么时候？

梁：跟王啊，主要是那个人介绍的，那个名字你没写，叫作梁仲华。

艾：梁仲华是另一个卡片上。

梁：介绍他的是梁仲华。因为梁仲华、王怡柯、彭禹廷他们三个人是最好的朋友。彭的岁数大，王次之，小的是梁仲华。他们三个人是从前中国的

---

① 王怡柯，又名王炳程，"村治派"成员。河南大学经济科首任领导人，曾编译《货币学》。1929年他与彭禹廷、梁仲华等人于河南辉县创立村治学院。他善于理财，1920年代初为河南省的教师管理经费，不仅为教师们谋得了一笔可观的利益，还积累了一笔余款用来资助村治学院的创办。后加入梁漱溟的邹平实验县和乡村建设研究院等工作，还曾担任过济宁县县长。1935年因病逝世。

叫作"把兄弟",结盟的(笑)。彭、梁跟我认识比跟他认识早一点,后来他到邹平同我们一块儿搞乡村建设,他做邹平县长,王怡柯做过邹平县长。

艾:您有一本书,我听说,这是孟先生昨天跟我讲的,有一本书叫作《农村自卫研究》。

梁:这是他做的,王先生做的。

艾:不过孟……哦,这本书我看过,孟先生说您、彭、梁仲华,那本书里都有你们三个人的一些……就是说合著的。

梁:不是合著的,主要是王,也许梁仲华给他作过一篇序,我记不清楚了。主要是王,但那个思想呢,是王、彭、梁他们三个人的,那个书可以代表他们三个人的思想。

艾:那您和王先生有什么样的关系?他在邹平工作的时候常常……

梁:就是我们拉他去邹平做县长。

艾:哦,是专门拉他去做县长啊?不是别的,就是要他做县长。

梁:做县长是比较后来的事情,因为我们的河南村治学院在前,邹平的事情在后,在河南就认识了。

艾:他村治学院也有……好像是在那边工作了。

梁:哪个?

艾:村治学院啊,王先生也是在那边教书的吧?

梁:可以说村治学院没有他,没有村治学院。为什么?村治学院,你要办村治学院需要经费,这个经费都是王给筹的。王是北京的法政学堂毕业的,但是学的是经济,实际上他这个人最会搞经营商业、经济这些个事情。应当不算是商业,应当算是什么呢?算是一种合作社,比如他在河南教育界,他就搞起来一个叫作……那个名词我忘掉了,意思是信用合作社,就是说我们在教育界教书啊,工资啊、补助啊,不过你还是应该每个月节省很小一点,合起来组织信用合作社——对了,他叫因利社,"因"就是"因果"的"因"——在教育界他就办这个因利社。大家节省一点钱,可以互相帮助,谁有特别需要的时候,可以在这借什么的,有很薄的利息，搞得很好。这时候刚好教育界同省政府有一种矛盾、有一种冲突，什么冲突呢？就是教育界各学校的经费啊，本来都是由省政府发经费，省政府有时候没有钱，就欠学校的经费，许多教员老师没有经费怎么生活啊？所以就跟省政府冲突，冲突得要和平解决，和平解决就决定了一个办法，就是把某一些个省政府的收入的来源，某些税收，把这个划出来，交给教育界，你们自己去经营、经管，够也是它，不够也是它，你经营得好，你们就多，经营得不好，你们就少。大家就很愿意接受这个办法。教育界得推举一个人主管这个事情啊，推了王怡柯，这个王怡柯他经管这些，他是最长于这个本事的人，最会算计、最会管理的人。接过这个事情来之后就搞得很好很好，保证了各学校教员的生活经费，都满足，一点不欠，并且还有多余。他把这个多余的钱存起来了，办的村治学院。

艾：噢，是这样啊，村治学院跟……当年不是韩复榘做省长吗？

梁：创办村治学院跟韩没有什么关系。

艾：我不知道，我弄错了。

梁：时代是冯玉祥在河南的那个时代，不过跟他们没有关系（艾：跟他们没有关系啊？），跟省政府都没有关系（笑）。就是因为王这个人他会经营，存起来这笔款，他主张来办这个事情。他已经满足教育界校长、学生要求，它是多余出来的一笔款嘛，省政府也管不着他，就创办了村治学院。所以村治学院的成功，他是第一个有力量的人物，没有他不能成功。

艾：那这么说冯玉祥、韩复榘根本不……

梁：他们答应了。

艾：答应是答应，不是他们积极地要……

梁：他答应这个事情，帮助这个事情成功倒是跟这个人有关系。

艾：王鸿一……

梁：王鸿一是山东人，但是冯玉祥当他一个客人那样地待他，一个朋友那样，很尊敬他，很听他的话。

艾：那他们怎么认识的啊？

梁：谁啊？

艾：冯玉祥跟王鸿一。

梁：（笑）怎么样认识我不清楚，不过我跟冯玉祥的认识，还是王鸿一介绍的，就是民国十三年（1924）。

艾：民国十三年，冯玉祥在北京。

梁：冯玉祥叫作陆军检阅使（写给艾），他官的名叫作陆军检阅使。他的部队大概有五万人，他自己也是兼一个师长，一个师有两个旅，另外还有三个独立旅，一共五个旅。一共五个旅……没有五万人，大概有三万五千人的样子，地点驻在北京的南苑。我跟冯玉祥的开头见面，就是王鸿一介绍的。

艾：因为王鸿一在北京吗？

梁：在北京，王鸿一介绍，就是王鸿一替冯玉祥、代表冯玉祥，说冯玉祥请我去到南苑——他驻军的地方，给他军队讲演，这样子我开头去的。这个时间是民国十三年，旧历正月，这个时候我到南苑跟冯玉祥才见面。讲了五次。

艾：都是给什么军队啊？

梁：就是他的军队。

艾：是所有的军队，还是给一部分？

梁：分开，分开。他不是有五个旅吗？给一个旅的官兵讲一次——没有兵，兵的人太多了，他叫官佐。有军官，有那个……"佐"就是单人旁，一个左右的左。每一个旅有它的官佐，今天给这个旅的官佐讲，明天给那个官佐讲。讲五次，内容可以相同也可以不相同，听讲的人是换的。每一次讲的时候冯陪着听讲，冯嘛是人家称他为"基督将军"，他是信教，基督教里头有青年会，他也在他的军队里头办青年会。

艾：这里有一本书，美国人写的，就是这个冯玉祥的这个传啊……基督教的。

梁：替他办青年会的叫余心清（写给艾），替冯玉祥在军队里头办青年会。后来不是冯玉祥结婚了，结婚的那个叫作李德全，那个就是一个教会里头的人,是在通州教会学校里的一个女教员,叫李德全。

艾:那您跟冯玉祥见面的时候,谈到什么样的事情啊?

梁:跟他个人没怎么多谈,就算是王鸿一先生介绍,冯的军队有一个习惯,不是他办青年会吗?他有习惯请人讲演。比如那个中国有名的军事学家蒋方震,他就先请蒋方震讲。冯玉祥给他的军官发个小本子,小本子上有一些好像是语录,就是人家讲的话,两句、三句,或者稍微多一点也就是五句,不多。他就写个某某人曰,比如"曾国藩曰"(笑),从前诸葛亮,"诸葛亮曰"(笑),他也将蒋方震蒋先生列为"蒋方震曰"。他有这么一本小本子,他给他的官佐看。冯玉祥对所谓带兵、管兵、教育兵他很有办法,他的兵非常地爱戴他,也非常地怕他。他那么多兵啊,他有时候(笑)在许多兵里头"你,出来,你不是谁谁吗?"他能叫出来那个兵的名字——当然他也是不能全记的了,所以他的兵都又怕他又爱他。

艾:好像他对乡村工作也很感兴趣,对不对?

梁:对、对。

《村治月刊》书影。该刊创刊于1929年3月,是民国时期村治派的主要刊物,创刊人为王鸿一,经费由阎锡山捐助,初期主编为吕振羽,1930年6月起,梁漱溟继任《村治月刊》主编。

艾：他跟陶行知算是朋友吧？

梁：他到陶先生的那个晓庄师范去参观。

艾：有人说，为什么蒋介石把这个晓庄也取缔啊，就是因为陶行知跟冯玉祥的关系很密切，所以蒋介石就要取缔。说到村治学院的王先生、梁仲华先生，您认识冯玉祥，那么梁仲华、王怡柯、王鸿一还有彭禹廷，都已经认识冯玉祥了——彭禹廷也是在那边工作。

梁：他们怎么样发生关系，我不大清楚。我跟冯的关系，开头就是民国十三年，旧历的正月，这样开头的，介绍人是王鸿一。刚才你问的什么？

艾：就是问王怡柯的村治学院呢，不是冯玉祥、韩复榘好像做村治学院的靠山哪，或者……

梁：他是那样，他是在冯玉祥统治河南的时候，成立的这个村治学院，但是村治学院的成立，不是冯玉祥主动的，是河南本省人，比如王怡柯是河南人，彭禹廷是河南人，梁仲华也是河南人，本省人建议给冯，冯采纳，才同意，又不需要冯出钱，这么样成立的。

艾：有些资料说有个"村治派"，您参加以前已经有一些……（梁：对，村治派。）就是王鸿一、王怡柯、梁仲华，还有一些别人啊？

梁：还有一些别人。因为河南的，在河南就成立了村治学院，北京呢，成立了《村治月刊》社，出版刊物，一本杂志，都是用村治的名字。这个背后呢，《村治月刊》社出版东西是需要钱的，这个钱谁出的呢？阎锡山。

艾：噢，那阎锡山和村治派怎么有关系？

梁：（笑）都是那个王鸿一。王鸿一好像是一种座上客（笑）。冯玉祥是一个大军阀，阎锡山是一个大军阀，他是大军阀的座上客，一个客人（笑）。他们都很尊敬他，他可以向他们说话，是他们的顾问。后来不是我也被请为阎锡山的顾问？也都是王鸿一介绍的。

艾：还有一点呢，阎锡山有个顾问，姓……

梁：这个第三个字可能不对（艾：这没有关系。），音还对，徐松堪这个堪字可能不太对（应为徐松龛。——整理者）。这个徐松龛先生是讲阳明学的，是

由阎锡山担任社长、赵戴文亲自主持社务的"洗心社"欢迎梁漱溟（右三）合影。

有名的人。这个赵先生，就是赵戴文，字次陇，他好像是徐先生这一派的，他是讲阳明学的。赵先生非常好，我很佩服他，比如在民国十年，就是1921了，民国十年年底就是12月，请我到山西去讲演——实际上是赵请我去的，名义上是阎请我去——那么我在太原讲学讲一个月，到那个时候的他的什么山西大学了、中等学校了、师范学校了去讲演。组织这个事情的是赵。他在学校的（名）字上都有一点他的主张、办法，比如他这个师范学校吧，他呢特别叫作"国民师范学校"，国民师范学校就是培养的不是年纪小的中等学生，不是这样，都是年纪大一点的，他要推行国民教育。他都有新的想法，新的主张。赵这人很好，岁数大，岁数比阎锡山大。

艾：就是因为他们是同乡，都是五台的人，再说呢，都是留日的，所以他们……

梁：都是留日的。差不多旁人都是这样看，好像……

乡村自治的时候

………

艾：……定县的……

梁：定县，他做过定县县长，孙宝贤（音同）做县长。

艾：他也是在很早以前您出来……不，清末啊，已经有了一些自治的计划，就是在……

梁：定县有一个翟城村，翟城村举行的，翟城村村里的人，有很多人姓米，我们吃饭、米饭的米，……他自己把那个翟城村搞得很好，很有名。

艾：这个算不算是中国最早的地方自治啊？

梁：至少在那个时候他应当算领先的吧。

艾：也算是乡村建设一类的工作了。

梁：那个时候还没有"乡村建设"这个名词，事实上就是乡村自治。

艾：孙宝贤本来是在定县（梁：在定县做县长。），以后他到山西去呀，我以为他到了以后阎锡山才开始注意到乡村……

梁：这个我们就不清楚，我们从表面上看，知道是孙嘛被请去山西。

艾：王鸿一和冯玉祥也认识，阎锡山也认识啊。

梁：他们都是对他很尊敬，当一个顾问，高等顾问。

艾：好，说过一段话，王怡柯，王怡柯的事。民国十三年（1924）旧历正月和冯玉祥见面，也是王鸿一介绍的，那个时候王怡柯啊……

梁：还不认得。

艾：还不认得？那是从广东回来以后才认识？

梁：对。从广东回来以后，民国十八年（1929）了，刚才到南苑去讲是民国十三年，一个民国十三年，一个民国十八年。

艾：就是说办村治学院才认识王怡柯？

梁：对。

艾：梁仲华是什么时候认识的？

梁：都是王鸿一介绍的。

艾：都是王鸿一介绍的？就是说您从广东回来以后才认识？

梁：嗯，才认识。

艾：好。你们四个人，彭禹廷也是那个时候认识的？

梁：嗯。

艾：在辉县（梁：辉县。），在辉县办那个村治学院。那还有这个冯玉祥、蒋介石打仗，韩复榘到山东去（笑），原班人马都到……（梁：都到山东。）就是彭禹廷……

梁：他也去山东。

艾：王怡柯他……邹平的工作，抗战开始以后啊，王怡柯先生到哪去了？

梁：刚才不是说有一个时间他在邹平做县长？后来他就到了济宁，山东的济宁。为什么到济宁呢？济宁管大概有十个县吧，济宁在县之上有专员公署，梁仲华担任专员，济宁专员管这十多个县，王怡柯去帮助他，王怡柯给梁仲华做秘书主任，后边他就入故在济宁。

艾：梁仲华，我们可不可以谈谈您跟他的关系啊？

梁：介绍认识的是王鸿一，他们三个人呢是彭、王、梁，三个人呢是中国所谓"盟兄弟"。彭呢，是穷苦的，王也是穷苦的，但是梁呢有钱，他们三个人本来是同学，不是有个美国人叫司徒雷登？司徒雷登不是办燕京大学？（艾：是的。）燕京大学之前呢，那个叫一个什么大学……

艾：汇文。

梁：噢，汇文，他们是汇文的同学，他们三个人，就是彭、王、梁，都是汇

邹平乡学学长会议合影,二排右一为梁漱溟。

  文的同学,彭跟王都是穷苦的,梁呢是家里有钱的,梁就在经济上帮助他们两个人,他们三个人的关系都是很好的朋友,后来做事情他们三个人都是在一起。

艾:村治学院停办了以后,您就到山东,梁仲华也是在那边,他担任……

梁:他是院长,乡村建设研究院院长是梁仲华,副院长孙则让,我担任研究部主任,开头是这样。经过了三年多吧,梁离开这个学院,我才接任这个院长,我本来是研究部主任。

艾:这我清楚了,一直到抗战爆发,梁仲华就是在学院,他没离开。

梁:在抗战前他已经离开了。

艾:噢,他到哪儿去了?

梁:他不是先担任专员,济宁的专员。

艾:噢,济宁的专员,是。

梁:管辖着有十个县呢,是有十一二个县。

艾:他还是在山东?

梁:还在山东。

艾：抗战开始以后呢，他是到哪儿去了？

梁：我们都撤退了，日本人从北京下来了，要到山东了，我们就只能撤退了。撤退第一步是到河南漯河、信阳那一带，然后再往西走，到了镇平。到了镇平的时候梁仲华就病了，我就替代他，替代他去跟南京撤退的蒋介石接头。南京是撤退到武汉，我去跟蒋接头，跟蒋的部下——就是陈诚，跟陈诚接头。那个时候在蒋的军事委员会里边新设一个部，叫作政治部，陈诚是政治部长。跟陈诚去接头，告诉他，我们在山东的一大批人，包含着我们的教员、学生、干部，还带着一些壮丁，还带着……壮丁不是空手的壮丁，都拿着枪的，有八百条枪，我们还带着钱，有十几万块钱的款。我们都是暂时停留在镇平，镇平城外有个大庙，我们停留在那个地方，我们还是要准备返回山东去抗日。跟政治部陈诚接头，政治部给我们一个名义，这个名义就是叫作"政治部直属"——直接管的，"直属第三政治大队"。这个大队的队长就是我们派的一个人，叫秦亦文，做队长，让他领着这八百多人回山东。

艾：那梁仲华呢，他是到四川呢还是……

梁：有一段他就病了，我就替代他的……

艾：是是是，那以后呢？

梁：以后他是去四川，四川有一个县叫灌县，他后来就住家在灌县，他就在灌县休养来着。后来他就参加了成都的华西大学，成都有一个教会学校，叫华西大学。他在华西大学工作，华西大学后来改组为四川大学，在四川大学工作。后来他就死在成都了，就是在做四川大学教授的时候死的。

艾：那您和镇平、和豫西那个地区的关系，主要的是彭禹廷的关系？

梁：就是朋友的关系。

艾：我说彭禹廷，就是说村治学院结束了以后啊，您和彭禹廷回到他的故乡（梁：他回到……），那您抗战以前有没有去过镇平、南阳那一带？

梁：去过一次。

艾：那是什么时候的事？

梁：就是我不是说我们的人都住在镇平城外的大庙里（笑）……

艾：是啊，那是抗战开始以后的，抗战开始以前……

梁：没去过。

艾：那是您第一次去？

梁：嗯。

艾：那个时候当然彭禹廷已经去世了，已经……他是1933年被杀的，被暗杀的。关于豫西就是别廷芳、陈宗黄那一带自治的情形，您有没有别的经验啊？

梁：就是听人说。

艾：彭禹廷除了您在村治学院在一起的那个时期以外，没有别的来往了？

梁：没有。后来他就回到他的本乡工作，我们就去了山东，后来没有见面。

艾：那别廷芳呢，有没有见面？

梁：别廷芳好像我在镇平的时候碰着过一次吧。

艾：您在镇平一共多久？就是那次住在城外的庙里。

梁：大概也就有二十天。

艾：那依您当年所看的镇平的情形，您觉得怎么样啊？就是说他们那里的工作搞得怎么样啊？

梁：那个时候正好是我去的二十天，或者二十多天，我是陪着一个姓季的，叫季纲，这个人已经死了。

艾：季纲本来是那个地方的人吗？豫西的？

梁：不是。现在在北京的有季纲的老兄，叫季方，北京的各党派啊，有一个党派叫农工民主党，农工民主党的首领就是季方，而季纲是他的弟弟，季纲小，季方大。季方人还在，季纲已经死了。陈诚派季纲去到镇平，去检阅我们驻在镇平的那些队伍，那么我陪着季纲去，去镇平，大概有二十天，二十多天，陪着季纲去。

艾：那您有什么感想啊，在那边？

梁：不清楚，主要就是陪着季纲对我们山东来的这些个干部、学生、壮丁讲话，季纲代表陈诚的政治部去讲话。

艾：卫西琴已经讲过了，张御汉（音）呢也不要讲了，因为关于他的资料已经有很多了，是您的堂兄吧？（梁：不是。）表兄？张耀曾？

梁：张耀曾，他做司法部的总长，我给他做秘书。

艾：是，那后来有没有关系啊？就是说……

梁：以后关系不多了（笑）。以后的关系是这样一种关系了，他算是民国初年政治上的一个重要的人物，社会科学院近代史研究所认为他是一个民国初年的重要人物，要给他作传记（艾：噢。），就把这个任务交给我，我就写了他的传记，这个传记写得很长，关于张公他的学历，他的经历，怎么样……

艾：那您写了很多人的传啊，他以外呢，您不是说有个兄弟，姓梁，梁……

梁：这个传还没写完。

艾：您现在也是做历史学家了（笑）。

梁：我写过的，可以说是给张公写过他的历史，再就是给这个彭先生，这是已经写好的，现在正在写的是我一家的一个老兄，那个湖南人的，正在写，还没写完。

艾：陈序经是留美的，也是写了很多文章批评您，批评乡村建设（梁：对。），您跟他有没有……

梁：见过面，他后来在……先在广东，后来在天津，后来好像在天津南开大学吧。见过面。

艾：千家驹也是……

梁：千家驹比陈序经要多熟一点。陈序经现在这个人还在不在，不清楚了。千家驹还在，千家驹还在北京。

艾：您对他们有没有什么看法？

梁：对千家驹啊？

艾：是啊。

梁：千家驹啊他是……他本来是党员，有一阵呢，好像在党内受排斥，现在又恢复了。他也是从前写文章批评我的，后来在香港还熟，现在他人还在京。

225

艾：冯友兰已经讲过了，黄炎培怎么样呢？

梁：黄炎培更是熟人了，不过黄炎培岁数比我大，大我十五岁。他这个人呢是一个，也算是社会名流，所以毛主席北京建国的时候，他是做副总理，周总理是总理了，他是副总理兼轻工业部部长。

艾：您是什么时候认识他的？

梁：比在香港早，我们还在山东搞乡村建设的时候，就认识。

艾：也就是因为他……

梁：他也搞一个……

艾：搞那个……这个地方好像在江苏。

梁：江苏啊一个地名叫徐公桥，昆山县徐公桥，他搞了也是一个乡村建设试验区。

艾：对。我刚想起来，也有一位，是浙江人，也是在他的故乡做一些乡村建设工作，也可以说是自治，沈定一，您……

梁：没有见过面。

艾：跟黄炎培 30 年代来往最多了还是……

梁：对。

艾：您当年对他或者他的团体所办的乡村工作也发表了一些评论，现在来看有没有什么不同的意见，还是……

梁：他的出发点，他是考虑一个叫作"中华职业教育社"。他是在江苏省，他是江苏人了，他就算是上海人也一样，本乡叫作川沙县，川沙是跟上海连着、挨着的一个县。他又是清朝的举人，很早有功名的。他是到美国参观之后，他就创办职业教育。他就觉得中国办学啊，新学校啊，学生毕业出来之后没有出路，只能够想法子做官，所以他就倡办职业教育，组织一个团体叫"职业教育社"，他一直到死都是搞职业教育，以职业教育来号召。他在职业教育社里头，办的那个徐公桥，那个乡村的试验区。

艾：李宗黄是见过面的吧？

梁：嗯。

山东乡建院的工作引起广泛的关注,国内外同行相继前来参观访问。1934年1月,梁漱溟(前排左一)等人接待来访的丹麦客人马烈克(前排左二,Peter Manniche,丹麦民众高等学校校长)、卡尔森(前排左三,Carson,时任齐鲁大学教授)合影。前排左起:梁漱溟、马烈克、卡尔森、孙廉泉(乡建院副院长)、张勋人(译员);后排左起:董渭川(山东省民众教育馆馆长)、卢广绵(农业合作专家)、徐树人(邹平县长)。

艾:他是参观了邹平的工作……他怕是现在已经去世了。

梁:恐怕早去了。

艾:这么早啊?我看啊……就是……时候我跟他谈了(梁:噢?),谈了很久啊,那他说,我有他的一段记录啊,他参观邹平、定县的时候写的一些记录啊。他说那一天他也跟您交换意见、讨论……他对自治、地方自治啊,算是国民党的专家,对这个很感兴趣了,一直到他死,就是搞这个。他有一个什么地方自治学院或者研究院在台湾,一直不断出版书。那么也许您对他的印象不怎么深啊。

梁:很少。

艾：那次、就是他参观的那次，二十二三年那个时候，所以您也没有看过他的什么著作，关于地方自治的？

梁：没有。

艾：那鲁迅有没有见过面？

梁：没有。

艾：罗素在北大的时候有没有见过面啊？

张东荪和张君劢

梁：中国请他来讲学，讲学的时候我听过，但我不能跟他交谈。

艾：……（此处声音模糊）

梁：哎，不行。

艾：我知道您对他的思想啊……

梁：没见过面。

艾：吴稚晖[①]有没有……

梁：吴稚晖见过。有一段时间还很熟。

艾：那是什么时候？

梁：那时候我还很年轻，他是老前辈了。我记得我同他两个人，还有一个姓陆的，我们三个人……

艾：姓陆的？

梁：一个江苏人，他也是江苏人，吴稚晖也是江苏人，我们三个人一同去逛长城。

---

① 吴稚晖（1865—1953），清光绪举人，1901年留学日本，1905年加入同盟会。后去法国，1915年与蔡元培、吴玉章、李石曾等发起组织勤工俭学会，1921年任里昂中法大学校长。1924年起任国民党中央监察委员、中央研究院院士、国防最高会议常委等职。1949年去台湾，任"总统府"资政、国民党中央评议委员。

艾：噢（笑）。

梁：有那么一次。

艾：是您在北大的时候？

梁：嗯，北大的时候。这个老先生是很有趣的。从前北京的交通有一种人力车，他绝对不坐人力车，也不坐从前的抬轿。

艾：因为他觉得是……

梁：不好，不对，不能拿人当牛马那样，他总是自己走路。他对于青年很亲热，很愿意帮助青年。比如我有一个朋友，也算是我的学生，朱谦之（艾：朱谦之？），后来也很有名的，北京大学的一级教授。

艾：对对对。

梁：朱谦之还是在北京大学做学生的时候，他同一个女朋友结合了，两个人搞饭吃。两个人在一起搞饭吃烧一个煤油炉，比烧煤炭要省事一点，快一点（笑），吴老先生说你们不会搞那个东西，我教给你。他对青年很好，很帮忙。偶然的一次，同一个姓陆的，一个江苏人，跟吴老先生一起我们去逛南口，八达岭，他都是自己背一个包，好像相当沉重的一个包。坐火车，坐火车坐三等车。他在共产党（口误，应为国民党。——整理者）内，他是元老、老前辈。蒋介石就任国府主席，要有一个监誓，请吴老来监誓。他们很尊重他，但他不参加政治。

艾：那您觉得就是他的思想怎么样呢？他这个……您对他的……

梁：他吃素。

艾：他吃素，啊。

梁：他在欧洲留学，英国、法国他都去过。

艾：您对他有什么评价？

梁：也没有什么新鲜的、特别的评价，我觉得在国民党内有这么一个老前辈也很好嘛。

艾：那么张东荪①先生，您对他有……抗战的时候您跟他一起民主同盟，以前您是认识呢，还是……

梁：很早就认识。他喜欢谈哲学，这个人本来在学术界也很有名誉的，他同张君劢两个人，二张啊，他们在一起，在哲学上、在政治上，他们两个始终在一起。张君劢这个人很忠厚老实，可是张东荪呢，很巧，乃至油滑，最后几乎闯祸，几乎闯祸，几乎不得了，为什么几乎不得了？就是在共产党毛主席定都北京了，开初的政府叫中央人民政府，中央人民政府有六十个委员，他同那个龙云——云南的那个龙云，六十名委员里最后两名委员。因为毛主席军队入京，他在北京的时候，为了和平入北京奔走，那时北京的国民党的势力是傅作义，傅作义的军队守北京，共产党要进北京，在两军之间奔走和平，不要破坏北京。好几个人在奔走，他也是奔走的一个人。所以进了北京之后嘛，共产党对他也很尊重，中央人民政府六十个委员，他是末两个，他和云南的龙云在六十个人里头是居末的两个。不过他这个人呢，就是有缺点吧，有毛病吧，刚才我说了油滑，不是那么很忠诚老实。他那时在燕京大学，燕京大学有很多美国人，他是燕京大学的教授，他是很觉得美国是一个非常有力量，看共产党是不是能够统一全国，稳定、安定下去，不敢判断。刚好有一个，也算是坏人吧，一个骗子，这个骗子大概是三十岁多，在日本人统治北京的时候，刚好跟张东荪在一个监狱里头，日本人把他扣起来了，骗子在监狱里跟他熟了，以后共产党军队进入北京了，这个骗子还跟他有往来，还是有时候去燕京大学看他，张东荪呢，觉得美国是最富强的、有力量的，共产党的统治中国是不是能稳定下去呢？好像不一定吧。而那个骗子对东荪说，他同美国国务院都有联系，他自己夸张说。他就信

---

① 张东荪（1886—1973），学者，辛亥革命后参加袁世凯的进步党，是研究系的重要成员，与梁启超等皆宣扬基尔特社会主义。曾任光华大学、北京大学等校教授，《时事新报》总编辑。1934年与张君劢等组织中国国家社会党。1949年后，任中央人民政府委员、民盟中央常委。哲学上提出"架构论"和"多元认识论"。

了,张东荪就信了这个骗子的话,信了这个骗子的话啊,他就把一些个参加人民政府会议的文件,他都给这个人看,这个人都给运走了,给送到美国。这个人后来在北京,被北京市市长彭真抓住了,抓住了就问他你还有什么同谋的人,他就把张东荪说出来了(笑)。这个时候刚好还是我跟毛主席有往来的时候,他常常派车子接我到中南海去谈。毛主席就对我讲起来张东荪的事情。他说:彭真说要把他抓起来,我对彭真说,这种文人秀才造不起反来,不值得重视(笑),但是呢,他也再不能够跟我们坐在一起开会了。现在应该警告他,要惩罚他,要他自己检讨,自己写文章检讨。我听说,第一次写了检讨,毛主席看了不通过,不行,不够,再一次。再写还是没有通过。到第三次检讨,一次、二次我没有看,第三次好像我还看过了一下,第三次嘛,毛主席批准了。当他的问题发觉的时候,他是很恐慌的。他的夫人,张东荪的夫人认识我,在我跟毛主席见面之前呢,他夫人还来托我,说是你看到毛主席的时候替我探探口气,究竟这个问题严重到什么程度。我也就说了,我也去跟毛说了,毛答复的话就是,就是说那个话:就是彭真来向我报告,说是如此如此,彭真抓住那个骗子了,如此如此,我告诉彭真,不用抓他,张东荪不需要抓,文人秀才造不起反来,不用管他,但是我们也不能饶恕他——这是毛主席亲口对我说的话。我又把这个话回答张东荪的夫人。我也看到张东荪,张东荪惊恐得很,他的罪名是"里通外国"(笑),那时中美之间是互相仇视的。他恐慌得很,差不多精神发病了,简直不能睡眠了,精神错乱了,简直恐慌得很,我看到这个情况。到了第三次他自己批评检讨的文章好像我还看到了,毛主席也看到了,通过,他自己批评检讨得还算深刻,还可以通过,不治他的罪,并且还要给他的生活费,每月一百元,不过,等于软禁这样子,他不能同外人往来,所以以后我也没看到他。

艾:您对他的哲学著作有没有印象呢?

梁:他还算是有思想有见解。好像我还有引用他的地方,好像有。

艾:您觉得他还算是个中国现代的……

梁：有思想的人。人呢，就是（笑）不够忠诚老实，有些取巧，想个人占便宜的这种思想。

艾：噢。

梁：这个他不如张君劢。二张是非常相好，可是君劢这个人就是忠厚老实，不像张东荪巧滑。

艾：那他们两位有没有政治的联系呢？

梁：政治上他们两个人始终站在一起，政治上始终站在一起。

艾：蒋介石要开国会的时候，张君劢离开了民主同盟去参加。

梁：张君劢这个人呢（笑），他的这个派系，是继承着梁任公的这个派系下来的，在这个派系里头大家推他为领袖、首领，其实他对他的派系领导不起来，特别是他自己的学生，都不听他的话。他自己的学生我认识的有两个人，一个叫蒋匀田，一个叫冯今白，这两个人就不听他的话，都是他的学生。他对他的党徒，领导不起来。那一次蒋跟这个……我代表民盟，跟中共是合起来的，联起来的，不是本来要组织一个联合内阁，有一个占名额多少的问题，在那个时候，包含着所谓参加国大和不参加国大，开国民大会。结果嘛，是中共、民盟不参加国大，国大选举总统之后，成立新的政府。成立新的政府，他的学生，像我说那个蒋匀田，就去参加了，可他自己不参加。

艾：噢，他自己还是不参加，我误解了。

梁：自己不参加。郭沫若曾经很怕他参加，曾经好像派人去劝他，试探他的意思。他回答我绝对不参加，但是我的部下、学生我管不了（笑）。为什么管不了？他说，他们跟着我很清苦，现在刚好有一个机会上台，可以……我挡不住（笑）。所以他的学生参加政府，他没有参加。

艾：我以为他是带着一些他的党徒啊……

梁：没有，他没有参加，他始终没有参加。他坦白地对我们说，我管不了（笑）。

艾：冯玉祥已经讲了一点了，您是怎么认识他的？对冯玉祥您有什么评价，或者别的接触来往，或者……

梁：评价很难说，不过可以说一点后来的来往。后来他不是脱离了军队了吗？他先在张家口那个地方抗日，也没有成功，他跟军队脱离了。他一个人住在泰山，泰山不太高的地方，往山上走不多路有一个庙，叫普照寺，他住在普照寺。这个时候韩复榘是山东主席，虽然跟他有结怨，可是韩还是照顾他了，每个月送四千块钱给他用，招待他，每月送四千块钱。他在普照寺那里住，一个庙里头住，当然也有几个卫队、有秘书。他请两位老先生给他讲书，一位叫王铁珊先生——王瑚，在清朝做过江苏巡抚的一个老先生（王瑚是在民国时任江苏省省长。——编者）。王瑚给他讲书，还有一个姓范的一个……这个王瑚是定县人，还有一位姓范的叫范铭枢先生，是山东人。好像一位是给他讲《左传》，中国老书《左传》，他请老先生给他讲。那么刚才说嘛，旁边有几个照顾他的人了，还有一位英文秘书，还用了一个英文秘书，大概是早用的，后来跟着他，这个人姓任——就是责任的那个任。那么我在邹平，有一次有点小病，就到济南的德国医院里头去就医，这个时候正是冯玉祥在泰山普照寺住的时候，他听说了，他就派一个韩多峰，也是他的旧部，带点礼物，到济南去看我，到医院看我。我从医院出来，好了之后，我就去回看他，到普照寺去回看他。在那个地方看见那个王瑚老先生给他讲书，看见这个情况。他留我在那里吃饭，我是准备还要回济南了，得看火车了，火车呢，从南京开来的火车经过泰安往济南去了。我算计这个游玩……

关于辜鸿铭

……………

梁：……透过云彩，光霞万道，颜色总是在变，红黄蓝绿橙种种颜色，一直在变，好看得很，看过那么一次，那是我最后跟冯玉祥的接触。

艾：您刚才说评价很难说，有没有别的意思，关于他为人，甚至他政治上的……

梁：他就是一个军人。在政治方面他没有什么高明的见解主张，头脑还是不够。所以他跟蒋介石，蒋喜欢跟人所谓要好，要好嘛，中国的老办法结为兄弟，那么他比蒋岁数大，蒋就叫他大哥（笑），蒋就是这一套。他对蒋毫无办法，他的头脑不够，他人比蒋人好。

艾：民国十九年（1930）在北京开了一个会，冯玉祥、阎锡山要组织一个新的政府，反对蒋介石。

梁：扩大会议。

艾：您也去了吧？

梁：我没有。

艾：真的？有些资料说您也去了。

梁：扩大会议之前，通过王鸿一，我接受阎锡山一个高级顾问的聘书，每个月送我五百块钱，顾问的工资。当时我就对阎谈了，他这样厚礼顾问，我要贡献我的意见。我说现在中国当前的问题，不在别人，就在你们几个巨头。中国问题就是，是不是还要再打内战，过去打了内战，今后是不是还要打内战。打内战是谁也没有好处，你们巨头之间谁也没有好处，老百姓、国家元气更受伤，再也不要打内战，宁可牺牲自己，我下台，不打内战。那么我给他建议，要尊重国民党内部的老前辈，就是吴稚晖、蔡元培、张静江①、李石曾②四大元老，尊重他们，成立一个枢密院，让他们来发挥一种监督作用，各军阀巨头要裁军，绝对不要内战。我贡献的意见是如此，可是后来汪精卫、陈公博来了，到了太原，他就没有再听我的话，他就搞起了扩大会议，对蒋，那么我就马上辞了这个顾问。以后就中原大战打起来了。

艾：阎锡山他怎么样，为人怎么样啊？

梁：人有他的长处了，很了不起了。他从辛亥革命推翻清朝的时候，起来掌握了山西的政权，一直掌握了几十年，在全国各省找不到第二个人掌握一省政权始终掌握几十年的，再没有别人。他有他的本事、有他的长处是没有疑问的，但是还是有私心。

艾：他在山西省所实行的各种计划，尤其是乡村的村治，有关系啊……

梁：我要说，有私心这个话，刚才只是点他一下，没有说。我想说，他就是说老想掌握大权，他要部下啊，好像是采取宗教的仪式，对着神灵发誓，发誓我要忠于阎先生，决不背叛。我发了这个誓，以后我要是不能忠于这个誓，怎么样罚我，天怎么样地降罚给我，他就搞这一套。所以要不我说他那个自私啊（笑），也就是他没有本事吧，也就是止于

---

① 张静江（1876—1950），国民党四大元老之一，出身巨商，早年在巴黎创办《新世纪》周报，宣扬无政府主义。1907年加入同盟会，1925年起任广东国民政府常委、国民党中央执行委员会代理主席、中央政治会议浙江分会主席等职。1930年被迫辞职，寓居上海，经办实业。抗日战争爆发后赴瑞士、美国。后病故于法国巴黎。

② 李石曾（1881—1973），即李煜瀛，民国时期著名教育家，故宫博物院创建人之一。国民党四大元老之一。1902年赴法求学，1906年加入同盟会。归国后曾任北京大学教授、中法大学董事长。1924年国民党改组，任中央监察委员。抗日战争期间从事外交活动。1949年去瑞士，1956年定居台北。

如此，没有更……他的品格、人格、本领也就止于如此，没有更高的。所以汪精卫、陈公博一到他那里，我劝他的话他都扔到一边，搞扩大会议，要对蒋，这样就有中原大战。阎、冯是一边，蒋是一边，在河南大战。河南大战失败了，怎么失败的呢？东北的张学良（笑）受蒋的贿赂，张学良从后边来了，当然他们就失败了。他是有私心，不高明。这时候我就想起来，你不是问过我，古人佩服谁，我就想起来诸葛亮。

艾：噢，诸葛亮。

梁：诸葛亮品格高啊。他有两句话，"开诚心，布公道"，他真是那样，好得很哪！他对部下说"勤攻吾过"，你看我哪里有不对的、有错处，你要勤着指出来。谦虚，谨慎，公道，那个品格，好得很。应当说对古人的佩服，我佩服他。我写了一张字，要送给你的，就是写了他的话，写了诸葛亮的话。

艾：您是从小就很佩服他，还是……

梁：一直很佩服他。我第一次入川的时候，到成都的时候，成都有他的庙，到他庙里头我就下拜，我说我心里总想拜你，现在到了你的庙里头，我一定要磕头，拜。庙里头有个本子，我就写上某年某月某日我来了，我拜了，我下拜。

艾：他的故乡还是豫西那个地区……

梁：对，他在那里出生的。他不是主持四川的……

艾：对。

梁：那个庙写着"诸葛武侯祠"，庙是以他为主，可是刘备的坟墓就在庙后边，可是现在庙大家都叫武侯祠，把刘备没有算上。就是大家都恭敬、爱戴诸葛亮。四川人都纪念他，四川人头上喜欢缠一个白布，为什么缠白布？他们说是"戴诸葛孝"，中国人有丧事要戴孝，戴诸葛孝。诸葛死了之后，乡间都要祭祀他。后主刘禅，不喜欢，可是不行，你不给诸葛立庙，民间的庙更多（笑），还是由政府来搞一个好的庙。

艾：中国的风俗啊……

梁：有祭孔子的庙，祭奠孔子。

艾：以前我讲过一门课叫"中国文化"，笼统地给对中国一点知识都没有的大学生介绍一下，特别喜欢介绍这种风俗，跟西方的不同。您跟辜鸿铭[①]认识吗？

梁：碰见过。

艾：是在北京吗？

梁：北京。

艾：您在北大的时候？

梁：北大。我不是说我从湖南撤退，他撤兵的时候我也随着出来了，写了本小册子《吾曹不出如苍生何》。那个时候我去北大，在教员休息室——就是说在上课堂教课之前，有个教员休息的地方，在教员休息室碰见辜先生。身体很高，穿旧的服装，清朝人的服装，穿长袍，穿马褂，蓝袍子，枣红的马褂，戴小帽，小帽上有一个红疙瘩，有辫子（笑），清朝人不是留辫子嘛，身体很高。我不是写了《吾曹不出如苍生何》那个小册子，我就在教员休息室的台上我也放了几本，随便给大家看。他也捡起来看，点点头，说一句话，"有心人"（艾笑）。他岁数比我大很多，恐怕要大五六十岁，那时我只有二十四。

艾：对。他的孙女，我认识她，在台湾，她现在已经在美国了，学中文的时候我认识她的。可惜她家的文件啊这类东西已经都没有了。你对他怎么看，感觉他好奇怪啊，他主张小脚、主张什么辫子（笑），他真是保守到家了。

梁：中国人有一个正太太，还有好几个妾。

艾：对，他也主张……

梁：人家表示反对，不同意，他就说一个笑话，他说一个茶壶可以有四个茶杯，你不能一个茶杯有四个茶壶（笑）。

---

① 辜鸿铭（1857—1928），清末民初翻译家、散文家。出生于马来亚槟榔屿，先后留学于英、法、德等国，精通数国文字。回国后入张之洞幕府任英文翻译，清末官至外务部左丞。入民国，任教于北京大学，推崇儒家学说，反对新文化运动。

艾：（笑）是。

梁：他这个人呢，是一个很古怪的人。他极力抬高中国，贬低外国。他说这样一句话：你们外国、欧洲人，以前离不开教会，宗教教训你们，管束你们，后来呢，宗教没有那么大势力了，国家的军队镇压、统治。中国不是这样，中国就是他自己喜欢和平、安静的老百姓。

艾：您的几本书《东西文化及其哲学》，也有这种意思。

梁：英国的罗素他对中国很欣赏。

艾：是。辜鸿铭刚才提到的那句话，西方人不是给教会控制着，就是给国家控制着，总是人外的一种力量，跟中国人不同了，中国孔子以后，为了伦理而伦理，纯粹的一种伦理，不是什么神啊，也不是什么法律，这是中西之间很大的不同的地方。

梁：中国的老百姓不是很散漫的（吗），散漫跟和平相连，越和平越散漫，越散漫越和平（笑），散散漫漫和平地各自过日子，除非到某一个时期，中国都说一治一乱，一个治的时代，或者有一百年或者多少年就要乱一次，乱了又治。什么叫作治呢？治就是大家都各自安身了，散漫和平。跟外国不同。

艾：对辜鸿铭有没有别的意见……

梁：这个人就是一个有见识，但是又是很偏的一个老前辈吧，思想主张很偏。

艾：您是有过一个学生，山东人，公竹川①吧，他就是抗战的时候被人暗杀的。我也看过他出版的一些文章，抗战以前，名字叫作《乡村运动》。在《乡村运动》有他的文章，《乡村建设》那个期刊也有他的文章。我也知道抗战的时候有很大贡献，我想知道您对他的……

梁：他是我最好的学生里的一个，我有好几个喜欢的学生，他是一个。可惜

---

① 公竹川（公懋淇），山东蒙阴人，1931年春考入山东乡村建设研究院，是研究部的学生，成为梁漱溟的忠实信徒。日军侵入山东后，他加入第三政治大队。1939年6月他伴随梁漱溟在蒙阴境内周旋行动于敌后。1939年8月25日他遭八路军以"托派"罪名错杀，弃尸无头。1987年6月12日中共临沂地委宣布：实属冤案，应予平反昭雪，恢复名誉。

他是被杀的。

艾：关于这个您有资料，《光明报》登了一些关于您离开了山东以后就发现……在重庆共产党总部盘问他们，是不是你们……干的事，结果他们说我们也不知道，你这么说我们也不能否认，不过……（此处录音模糊）

梁：公竹川在民国十七年，1928年，民国十七年的时候，国民革命军北伐，国民革命军是国共合作的时候，公竹川在他本乡蒙阴县，受这个的影响，他参加共产党。

艾：很早就参加共产党……

梁：参加共产党，他被杀恐怕还是党里头杀的。因为什么呢，因为他后来离开党，跟我做学生，跟我做学生的时候，他就算是没有站在党一起了。大概不止他一个人，还有一个姓赵的，赵继元（音同），还有一个黄孝方，都是曾经思想"左"倾，跟共产党有关系，后来因为跟着我，又离开党，所以公竹川、黄孝方、赵继元，三个人都被杀。

艾：都是抗战的时候被杀？

梁：都是。

艾：也都是在山东？

梁：都是在山东，在沦陷区的时候，山东已经被敌人占的时候。山东已经被敌人占的时候，我不是回山东一次？在鲁南转了很多时间，最后是公竹川送我出来，送我出来的时候分手了，他也想回去，我也说不必送了，分手的时候。我那时候虽然身体强壮，奔走活动，还是容易失眠，常常夜里睡不着，在月亮底下他送我，要分手了，他不再送了，他就问我，他说，"我有一种死的恐惧，心里头恐惧，害怕"，怕什么？怕死。他没有说出来被杀，说是有死的恐惧，问我，我说我没有这个经验。他分手了，我往西走，他往东回去了。这个时候我派一个人正在……他姓王，叫王靖波，去旁的一个地方，王回来他就说，公竹川已经被杀了。刚才说的，不是他一个人，也不是一次的事，除公竹川之外还……

（1980年8月19日）

十 从忙碌到清闲

前定与算命

梁：……陆军大学毕业的，我那个学生（口误，应为朋友。——整理者）有个名字叫伍观淇（艾：噢，我知道。），伍观淇先生给大家讲学，在那个场合上、集会上，我跟李济深开始认识了，他也到我家里来看过我。他本来跟伍观淇同样是陆军大学毕业，毕业之后在陆军部军学司做事情，可是那个时候北京政府特别穷，穷得开不出来工资——除了交通部管着铁路，京张铁路、京汉铁路，五路嘛，他们自己搞了交通银行，交通部他们能拿十足的工资——我在北京大学，乃至在旁的、刚才说在陆军部，只能拿三成，就是说本来你的工资是一百元，给你三十元，那个呢将来再补，实际上也没有清。大家很穷，李济深有家眷在北京，很穷苦了。刚好伍观淇先生介绍他回广东，参加了广东的第一师，先做副官长、做参谋长，后来做师长，就这样在广东成了军事方面的领袖，从军事方面的领袖就掌握广东的政权。我认识是在北京认识的。我去广东……

艾：您去广东以后的情形，在您的书里已经有比较……抗战以后30年代您还是跟李济深有来往？

梁：有来往。后来不是毛主席在北京建设新中国，他也来了吗？北京的各党派，民革、民盟、民进、民建，他是民革的主任。

艾：抗战的时候您还跟李济深有来往？

梁：抗战的时候两个时期，一个时期是还在重庆的时候，抗战国民政府不

十　从忙碌到清闲

北大职教员薪俸发放存根中1919年10月的梁漱溟薪俸发放记录。

是退到重庆去了吗，在重庆是一个时候。他在重庆主持一个叫作"战地党政委员会"，这是一个时期。后来从重庆他又到桂林，办公厅的主任，办公厅是说蒋委员长军委会的办公厅，军委会办公厅的主任，那又是一个时期。在桂林办公厅的时期我也在桂林，那个时候我已经从香港退回内地，在桂林住了有两三年，那时候在一起。

艾：您对李济深有什么评价？

梁：老朋友了，关系很深。他这个人嘛是，从前《史记》、《汉书》好像是说周勃吧，有四个字，我认为可以送给李济深。那四个字是什么呢？"厚重少文"。他不会写文章，也不会说话、长篇的议论，这个非其所长，但是很稳重，人也很好。我去广东就是因为他在广东。

艾：这个我是知道。其他的已经介绍过了，就是关于戴宗奇（音同）您已经提到了……那您自己想讲什么人呢？您过去一些经验的……

梁：说不上来什么了。过去的这种军阀巨头，接触了好几个。

艾：您这样说我想起来了，我不是说，台湾的一个报纸把我写的关于您的文章的一部分登出来了吗？

梁：我不清楚。

243

艾：这篇文章是介绍您的，当然这篇文章它只是把一部分出版了，不是整个的。

梁：登在什么刊物？

艾：是在报纸上，《中国时报》。里面我就是想说，梁先生，不是好像很多人把他看得很简单，什么保守派啊，我说不是啊，他是很复杂的，思想上复杂的，人也很复杂的，就举一个例子，他本来是研究佛学的，算是佛教徒，可是在《东西文化及其哲学》序里面提到，现在佛教的人对中国不好（梁：不合适。），很反对军事主义，不过还是跟军阀有比较密切的关系，做过顾问啊。他们翻得不怎么好，不切题。周先生——周绍贤，也是批评我，说……当然您和孔子一样，有教无类（笑），明天我会带来的。其实翻得不好，而且没有系统，一篇文章的一部分来翻的。整个的这篇文章，好像已经翻译成中文了，关于一些中国现代思想家，比如刘师培啦、章太炎啦。您关于中国古书的这种学问，是远不如章太炎这种人，您自己也是不搞那个，甚至于您说了一些关于《国故》杂志，那个时候刘师培办的，是不是叫《国故》啊？

梁：北京大学出版的。

艾：是。

梁：一种叫《新潮》，一种叫《国故》。

艾：您也批评了，您说，这些旧、滥的东西，不是现在最急的、最重要的事情。

梁：我对《国故》没有什么批评。

艾：我知道您的一句话，在《东西文化及其哲学》，后面的我忘了，反正是"就怕专门来研究旧的文学"，明天我带来，一起带来周先生批评我的那篇文章。我是（同）周先生在一起了，好多次向他请教山东建设的情形，关于您的情形，后来把他的地址弄丢了，所以这个书出版了没有办法寄给他。我想打听他的下落，把这本书寄给他，他是帮我很大的忙了。

梁：那个胡……

艾：胡应汉，我也不知道他的地址，我也想把书寄给他，不过……

梁：胡应汉和周他们都有联系。

艾：有联系啊？这样我还可以打听出来。我这本书出版以后应该寄给他们。

梁：我这里有一个胡应汉的地名，我可以开给你。

艾：谢谢您了，今天就讲到这吧。

梁：就讲到这儿。

………………

梁：人不是就是这一生，人是从很远的流传下来的，他的过去很长、很远。所谓定力，不是别的，就是他的过去，他的背景，他总是要受过去的背景的决定。

艾：那这是跟佛教有关系的观念啊？

梁：对。佛教它是看，就是……我说过一次了，它叫作"相似相续，非断非常"。"相似相续"，他是连续的，相似就是了，今天的我和昨天的我很相似，已经不同了，只是相似。严格地讲，前一个时间的我跟现在时间的我已经不同了，一个人从一个小孩长大，像我八十多岁，时时刻刻在变化，时时刻刻在不同。这个不同一方面简单地讲，他自己身体就不同了嘛，头脑不同了，外面给他的影响也早已不同了，所以都是在不同之中，但不同之中也有一定的相似，所以叫"相似相续"。"非断非常"，"非常"，就是不是常恒如故，中国人本来是"常"跟"恒"连着的，也可以说"恒常"，也可以说"常恒"。"非断非常"，不是常恒的，可又不断，"非常"就是现在的我跟刚才的我不是一回事了，可是也没有断，仍然还是相续的。"相似相续"不单是说我一岁的时候跟我两岁的时候还是相似相续、三岁的时候相似相续，不单是如此，是说死后也没有完。他说人死后有两种不同：一个是"死此生彼"，打这儿死了，打那儿生出来了，"死此生彼"；另一种是，有的人不是这里死、那里生，死了可以延续不去生，最长的可以拖延四十九天，佛教小乘的书里头有这个说法，可以最多延续四十九天不去投生，这个不是普通的，普通的是"死此生彼"，这里死了，那里马上就生了，那里一个小孩出世了。还有例外，例外的是有特殊修养的人，或者不一定是这一生的修养，可以是过去的修养，可以说是特殊伟大的人，在小乘书里讲到，这种伟大的人他不一定投生，他长期存在。佛典里头有三界——"界"就是世界的"界"——第一个叫欲界，欲就是有欲望，想要饮食男女，这个都是欲望；第二个是色界——颜色的"色"；第三个是无色界。佛典里这样说，好像不是佛典创立的说法，而是印度好像普遍有这个信仰，普遍地说有这个三界。饮食男女，在欲界才有，到了色界没有了，色界还有男女，没有饮食，没有男女的相交，到了无色界那就是什么都没有。佛典里头有这个说法。

艾：前定意思就是，譬如您活到这么大年纪，您也是出名的人，您也是思想家什么的，这都是前定的，您那次跟我讲，有人给您打八字，说到二十四岁就出名了，运气好了——我忘了您是怎么说的，意思就是一个人生的时候，与"业"有关系，有的人、有特别眼光的，打八字或者看相的，他们会了解这个"业"。您那次算命的时候有没有提到研究您的人，有没有提到这一点？就是说这本书以后也许有别的传记啊……

梁：我要说明啊，算八字的人，有的人高明，有的人不高明，有人算得准，有的人算得不很准，他说的话很难定。过去给我算命的人，有说我活六十几岁的，他写的那个批评我没有存留了，现在存有一篇是算我到七十四的，后来还有算的，算我可以到九十四，说我到九十四的有两个人，都是拿我的八字去算，两个人说我可以活到九十四（笑）。我也不晓得对不对，不过还没有说得更多的。

艾：这也很有意思，这两个人不同的时间，不同的……

梁：对，他们两个人也没有商量（笑）。

艾：您讲历史人物的时候，我们没有讲您的哥哥，我知道有一个人物词典，民国编的，我看过您哥哥的小小的一段，他是在什么铁路局。我知道他刚从日本留学回来，先在山西吧，或者在陕西。

梁：对，陕西西安教过书。

艾：以后呢？他是一辈子在铁路局工作呢，还是……

梁：他在铁路局做了很长时间，先地位不高，后来高一点，做得高一点的时候是哪个铁路呢？是北京到山海关去的铁路。后来他就离开铁路了。

艾：什么时候呢？

梁：他在铁路的时候还是民国了。

艾：抗战以前还是以后？

梁：抗战以前。抗战中，华北就被日本人占领了。他在日本人统治的时候，日本人还是扶植一个表面上中国人的政府，我们把它叫作"伪政府"，他在伪政府下做统税局局长，收税的（艾：噢，收税的。），统税局局长是很发财的，收税嘛，很发财他就比较有钱了。不过他还好，他走在了……

亲　戚

梁：……故去了，本来按中国的说法他算是汉奸，他给敌人做事了嘛。可是因为他死得早，敌人还没有失败他就退了，退了并且又死了，所以中国恢复了，华北也都被中国收回来了，就没有注意他，他作为一个汉奸没有被注意，因为他退得又早，死得又早。

艾：那您还在中国的西部，才知道这个消息？

梁：对对。我在四川。

艾：您在四川的时候，北京您哥哥以外，也有别的亲戚吧？所以他们还可以通知您。

梁：有，有往来。

艾：您哥哥有两个女儿吧？

梁：有好几个女儿，一个儿子。

艾：一个儿子？这个不错。那个儿子什么时候生的？您记不记得？

梁：他现在还在北京，我的孩子大的叫培宽，二的叫培恕。我这个侄子——就是我哥哥的孩子，叫培忠，"忠顺"的"忠"，"忠臣孝子"的"忠"，他叫培忠。他还好。他觉得他的父亲给敌人做官不好，挣了许多钱，买了许多房子，不好。所以等到光复了，北京共产党建立政府了，他把这些财产都献出来了，他这个财产是一种不义之财。所以这样子嘛他还好，给他工作，现在他还在北京，工作在劳动局，他还不错。

艾：我记得民国六年（1917），您的两个妹妹，一个是民国六年先生去世了，您陪着妹夫的棺材往南去，杭州啊……

梁：苏州。

艾：那是大的妹妹还是小的？

梁：大的妹妹。

艾：小的妹妹那个时候已经结婚了，还是……

梁：没有出嫁就死了。

艾：那是怎么一回事？

梁：因为她不喜欢出嫁，到三十多岁就死在家里。

艾：什么病啊，这么早就……

梁：恐怕是一种肺结核。

艾：大妹妹她有没有再成家？

梁：大妹妹出嫁了，有四个孩子，四个孩子里头两个男孩，两个女孩。大的女孩现在在湖南，大的男孩在北京，大的男孩我第一次去延安的时候他跟着我去的。

艾：噢，跟着您去的，这个我不知道，《光明报》那些文章里没有提到他。

梁：可能没有提。

艾：……

梁：挺老成的，他现在工作在广播事业局。

艾：还有一个儿子，就是你的侄子，你妹妹的……

梁：这个叫作我的外甥。

艾：外甥，对。另外的一个……

梁：另外一个死了。他有一个弟弟，很早死了。

艾：民国几年啊？

梁：恐怕死了有四十年了。

艾：噢，有四十年了。他有没有已经到社会上去工作，还是……

梁：他参加共产党（艾：他参加共产党？），他也参加共产党。

艾：他也参加共产党？你们去延安以前，还是以后参加共产党的？

梁：共产党有一种名字叫CP，有一种年轻人的叫CY（艾：是。），Y是young man吧，他们弟兄两个都是CY。

艾：就是说30年代已经是CY了？

梁：不，还要早。

艾：还要早啊。

梁：现在晓青大概有六十八岁了吧？

艾：他弟弟的名字……

梁：他弟弟死得太早了。

…………

梁：他有两个妹妹，有一个比晓青大，他有一个姐姐。有一个姐姐，有一个妹妹。他的姐姐是……

艾：姐姐是德惠（梁：一个是德馨。），她们两个是结婚了吗还是……

梁：都结婚了。德惠现在在湖南。

艾：噢，现在德惠在湖南。

梁：德馨现在在北京。

艾：……

梁：德惠最小的弟弟的名字想不起来了（笑），我记得他的小名，他小名叫宝宝，好东西不是叫宝贝吗。她最小的那个弟弟，一般我们都管他叫宝宝，他大名字叫什么想不起来了。

艾：他参加共产党是在北京这里呢，还是别的地方……

梁：北京啊。

艾：是在北伐的时候吧？

梁：北伐前。

艾：北伐前？那可真的是元老。

梁：很早的时候。

艾：民国二十年（应该是民国十年，1921年。——整理者）共产党才成立啊。

梁：他参加共产党，被捕，被捕的时候好像张作霖的军队，奉军在北京的时候。

艾：您就在这个时候离开了，我记得。就是李大钊被张作霖的……

梁：我在山东，在邹平，我正在搞乡村建设。

艾：对对，不是张学良，张学良是张作霖的儿子……

梁：张作霖。

艾：您那个时候已经在……

梁：我在山东。

艾：是民国十六年（1927），张作霖来了，把很多知识分子逮捕了（梁：逮捕了李大钊。），李大钊死了。那时候很多知识分子都离开北京了，就是那个时候您的外甥……

梁：我记得是张作霖的部下，张作霖的部下北京人管他叫奉军，奉就是奉天。奉军统治北京，北京有宪兵司令，宪兵司令叫邵文凯，奉军有一个将领叫王以哲，他们两个人是从我家里捕去的，因为他母亲带着他们住在我家，住在崇文门。夜里头来人把他们两个捕去了，捕去了关在监狱里头。因为那个叫王以哲的，是奉军的将领，认识我，我认识他。我对他说，这两个都是孩子嘛，都是十几岁，是不是我可以把他们保出来，我管教他？他们同意，我就到监狱里签字作保，把他们两个保出来，保出来我就把他们带到邹平去了，连他们的母亲，母亲带着两个孩子，都到邹平。

艾：对，我想起来了，有一些香港或台湾的您的朋友、学生，说不仅是您在邹平，还有您的妹妹住在那里。小的外甥他怎么死的？病死的？

梁：病死的。他比他哥哥晓青胆子还大，态度还积极，要革命。我不是把他母亲和两个孩子都带到邹平去了吗？到了暑假的时候，我的学生，他们有几个人，暑假想去逛泰山。他们弟兄两个，说"我们也一同去逛泰山"，好吧，就让他们去逛泰山吧。逛泰山的时候，小的，就是宝宝啊，跟他母亲说，"我们出去，上火车，有个表看时间方便"，把他母亲的表要来了。把他母亲的表要来有深的用意（笑）。去泰山逛大概有一二十个人吧，有我的学生，有他们兄弟两个。在山上一转，找不着他了，他跑了。他拿那个表换了钱（笑），换了钱就坐火车去上海了，在上海找到共产党的关系，在上海做地下工作。做地下工作，得了肺病，很难工作了。工作上不能出力了，他就透露给他的哥哥，我的妹妹就到上海去把他找着，带回来。他不能工作了，肺痨病，带回来，后来死在青岛。晓青不也是在青岛吗？为什么跟青岛有关系呢？这是因为我的大哥在青岛工作，先在青岛铁路局，青岛铁路局是胶济铁路局，后来也在铁路局，可是不是胶济铁路局了，是在北京到奉天的铁路局。小的外甥死在青岛了，岁数不大，大概刚二十岁，或者顶多二十一岁。

艾：岁数这么小！您妹妹她回到邹平呢还是……

梁：在邹平，后来她去了湖南。

艾：在湖南也有亲戚呢还是……

梁：她的女婿。她的女儿德惠嫁给我的侄子（艾：德惠是嫁给您的侄子？），这个侄子可是远的侄子，不是很近的侄子。这个侄子的父亲还是我的一家人了，算是我的哥哥了，可是他是湖南人。

艾：噢，就是您以前提到的那位，您是在写他的……（梁：对。）可是您还没有告诉我他的名字，只知道他姓梁，他名字是什么？

梁：我们弟兄都是排"焕"字，他的名字叫梁焕奎，我原来的名字叫焕鼎。德惠就是给焕奎做儿媳妇，焕奎的儿子算我的侄子，我侄辈，德惠跟我的侄子结婚，现在还在湖南，在长沙。

艾：她在湖南住下去呢还是……

梁：我的曾祖，就是祖父的父亲，我的曾祖跟他的曾祖是亲兄弟（艾：噢。），算是同高祖——"高下"的"高"。高祖有两个儿子，一个留在湖南，一个到的别处。他后来在湖南搞锑矿——金字旁一个兄弟的"弟"（艾：我知道。），不是靠他，靠他的弟弟鼎甫，鼎甫在法国买到炼锑的专利权，回来在湖南开锑矿炼锑，炼锑的时候赶上第一次欧战，好像制造军火锑有用，锑价很贵，并且他出口不是锑砂而是炼好的锑，很赚钱，大发其财（笑），在伦敦、在纽约都设有庄，出售……不过他不会做买卖，也可以说是这样子吧，锑价落的时候，也许战争停了吧，他没有卖，他收了，哪里想锑价越来越低，最后还是不能够卖了，亏损了。

有一个时期很发财，发财之后呢就亏本。

艾：有没有别的亲戚，您有过比较密切关系的亲戚？

梁：密切关系的亲戚主要的就是我已经写过的张耀曾，写过一篇很长的文章，讲他的一生。

艾：他就是在您家长大的，可以这么说吧。他的年谱啊……

梁：对，不过他的弟弟、妹妹到我们家住在一起，依靠我父亲帮助，可是张耀曾本人十九岁就出国了，去留学日本了，后来政治上很出名。

艾：还有张耀曾的弟弟或哥哥是在苏格兰？

梁：对，还有弟弟，他弟弟年龄跟我相同，出去的时候只有十几岁。不是苏格兰吧？好像是爱丁堡。

艾：爱丁堡是在苏格兰，苏格兰是英国的一部分。

梁：到爱丁堡去留学，留学死在那里。

艾：也有一点相当重要的事情还没有请教过，就是1955年、1956年大批评梁漱溟的……（此处声音模糊）（梁：有这么一阵子。）这个书里当然有了，重要的我都看过了。我自己的看法是，那个批评也是乱七八糟的批评，不是很逻辑的批评，我的书里有这个结论，不过还不知道您当时心里的情况是怎么样的，是不是很伤心的……

梁：也没有什么。但是一方面是写文章，报纸、刊物上，另外也开了会。

艾：也开了会啊，有一两个资料提到开会的情景……

对我的公开批评

梁：……头一次，开始的时候嘛，郭沫若作为院长他出席，以后他就没出席，都是旁人主持，大概两礼拜开一次，邀请的人，来参加的人，大概有八十人多一点，不很多，比如八十二三个人吧，八十人多一点。这个内容就是，多半是跟我有关系的，一边是哲学界的人，哲学界的人占一部分，还有不一定就是哲学界的人，以前同我在一起工作的人。这样的，大概有八十人，八十多一点，这样的一个会上，每两个礼拜开一次，地点就在中国科学院，主持这个会议的就是刚才说的，第一次有郭沫若，他是院长，以后呢，就是潘梓年[①]；第二个，开过几次，比如说开过七次啊、八次啊，顶多这样，每两个礼拜开一次，开不了很多。

艾：您……

梁：啊，我，第一次我就请求发言，请求发言的时候，我大致表示希望大家多批评、多指教，就表示一下这样，后来就没有再说话，后来就是请大家讨论。

---

① 潘梓年（1893—1972），哲学家，早年从事教育工作，1927年加入中国共产党，曾主编《北新》、《洪荒》等进步刊物。1933年被国民党逮捕入狱，在狱中完成了《逻辑与逻辑学》，翻译有柏格森的《时间与意志自由》等书。1937年出狱后，任新华日报社社长近十年。1955年起任中科院哲学社会科学部副主任兼哲学研究所所长。"文化大革命"受迫害入狱，后于秦城监狱病逝。

艾：您就没有……

梁：没有什么。名单上有一个人，有一个千家驹。

艾：啊，是是是。

梁：千家驹这是当时在场的一个人，当时批评的一个人。

艾：最后很多人写批评文章的，很多。那您是当时，您觉得这个运动的原因何在啊？

梁：我曾经啊，找这个潘梓年，不是在开会的时候，我去访问潘梓年。我访问他的时候，我提一个问题，这个问题呢，因为潘梓年大概他懂得英法文，他翻译过柏格森的书，前边还有一个序，这个序呢，是译者的序了，对柏格森的哲学很赞扬、推崇，好，很了不起。我私自访他一下，不是在会场上，我去看他。

艾：是。

梁：我去看他，我说我的思想，我很喜欢柏格森，你也喜欢柏格森，好像现在你变了，改变了，不像你翻译柏格森的时候那样子推崇柏格森。我说你转变了，转变的那个怎么转法，那个理由，说给我听啊，可以让我多明白一点。他笑了，不回答，他好像就是说了这么一句话，好像是盖房子、建筑，建筑呢，打地基、基础，基础不同了。他好像是这么样答复，那么这话也有道理，也许是这样，不过他没有告诉我，这个基础的改变，怎么改变法，怎么样一个经过，是吧，也就是说把他思想根本怎么样转变过来的，他没有说，他没有跟我讲。后来我们也不晓得，他很受批判，不是因为我的事情，他好像是被打倒了，被打倒了，他就没有再起来。他有个弟弟，叫潘汉年[①]，在上海做市长啊，什么副市长的啊，那个人是很早失败了，很早失败了，很早，有严重的罪，那跟他不同。

---

① 潘汉年（1906—1977），1925年加入中国共产党，曾参加创造社。1934年参加长征。抗日战争和解放战争时期，在上海等地指导对敌隐蔽斗争和开展统一战线工作。新中国成立后，曾任上海市委第三书记、上海市副市长等职。1955年被错定为"内奸"，后被判刑。1982年中共中央予以平反昭雪。

那个潘汉年，那个人是有些乱来，潘梓年倒没有。可是他是怎么样子在他党内好像是失败了，倒台，不清楚。过了一阵，过了这个算是一种风潮吧，过了一阵子后，好像也就一阵风一样，也就过去了。

艾：那么为什么他们发动这么一种批评运动啊？

梁：我不是说过，我去看这个潘梓年吗？我并且问他，你这个思想是怎么改变的。他说了一下，他说对这个批判，你不必十分在意，不必十分介意，不是针对你一个人，好像拿你做一个榜样。

艾：是，……

梁：好像在批评我们之前哪，很严重地批评了那个叫胡风[①]的。

艾：对对，是。

梁：后来，胡风不是也关起来了？胡风的问题比较严重，批评胡，胡已经不在北京了，胡已经到外头去了。我虽然在……对我还没有什么，除了……批评、口头批评外没有别的。

艾：到底公开批评您有什么用处？

梁：潘梓年不是说了一下啊，他说好像你不必十分在意，拿你做一个榜样啊，或者什么的，不是针对你一个人，好像是说这个话。

艾：就是关于那次批评，有没有别的什么感想啊？

梁：没有什么。

艾：没有什么？

梁：没有。

艾：您是研究了医学吗？

梁：对对。

艾：……我是私人理解啊……

---

① 胡风（1902—1985），诗人、文艺理论家，曾留学日本，后从事革命活动被驱逐回国，先后任左联宣传部长及书记。抗日战争爆发后主编《七月》、《七月诗丛》等文艺刊物。1954年写"三十万言书"《关于解放以来的文艺实践情况的报告》阐述自己的文艺主张，次年被打成"胡风反革命集团"首领，被捕入狱。1980年获得平反。

梁漱溟独坐小铜井寓所门廊下,摄于1954年。1953年9月,因在全国政协常委扩大会议上的发言与毛泽东主席发生争执,招致批判,此后淡出政治圈,只与少数亲朋至交来往。

梁:好,嗯,好。

艾:就是医学,您在《东西文化及其哲学》也是提到了,中医、西医啊做了一个分析,可以说是象征着东方文化和西方文化的一个分别了,那您以后也是继续研究医学吗?就是到现在还是在……

梁:可以说是很留心,很留心对医学。

艾:那为什么呢?

梁:我这个留心哪我可以说,我不知道、我不记得我说过没说过,就是在政协呢,政协不是……

艾:啊,是,他们有一个组织,有一个小组,您参加了医学……

梁:叫医药卫生组。

艾:是,那是因为您对这个很感兴趣。为什么感兴趣呢?我知道很早以前,您感兴趣,就是到底为什么?

梁:它是以生命为研究对象,特别是中国的医学,从很古的时候传下来的,主要不是用药,是用针灸,更早的时候它叫针砭,更早的时候,那个

"砭"呢，它是石字旁，石头啊，石字旁，一个"乏"字，很早的时候中国古人治病啊，他就是用那个尖的石头。

艾：啊……

梁：那时还没有针，拿很坚硬的石头来，在你的不知道什么地方给你……

艾：这个是……

梁：这个是代表中国文化，代表中国学问，代表道教。中国的医学是出于道教。那么道家是怎么样呢？就是我常常说：西洋人呢总是向外看，这个中国人呢，是回到自己生命上，回到自己身体上，回到自己身体上他就知道经络，中医叫作经络、经脉，经络、经脉在人身上。中国笼统的话说，气血，气跟血，气血循环流转，经络或者经脉就是气血循环的路了，道路了。这个怎么能够认出来，特别怎么能够很清楚地懂得这个经络呢？是道教。底下就可以讲明一下，说明一下，就是这个气血在人身上的流通，因为道家做的功夫就是在气血流通上。我们一个人生活，气血本来都是在流通中，是不停止地流通，不停地流通，可是我们不知道它怎么流通，不自觉，因为我们的头脑、心思都用到外边，照顾到外面；道家呢，相反，它把那个向外的、总是在观察外边的，它回来，转回头来，把不自觉的变成自觉，有一分的自觉，他就有一分的自主性，他自己一方面知道了，一方面就能够左右变动它。道家就是这个，对自己的身体的气血的流行啊，从不自觉变到自觉、不自主变到自主……这个能够自主啊，能够自主之后，就是成仙了，仙人嘛。

艾：是。

梁：就跟我们普通人不同了，我们做不到的事情，他就能做到。比如我们普通人平时，平时我们要出汗，天太冷了之后，冻了，太冻了、冻僵了，他们都没有，没有这个问题。大概很早，在中国古代就有这种功夫吧。《庄子》这本书里……

艾：……

梁：他可以长寿，可以长寿。天气太冷，严寒，温度很低很低，我们冻坏了，他们没有这个问题。在他的生命生活上，有很高的自主的能力。道家，不必说远的，我们政协委员有个人，现在不在了，叫王葆真，北方人，河北省保定人，活到九十八，他自己说他要活到一百岁还多，结果么是九十八，没有活到他自己说的那么大岁数。他有一个本事，有能力，我们就看出来他有道家功夫。很热的水，煮的开了，高温哪，我们手下不去，手下去就要坏了，他可以（笑）。

艾：噢。

梁：他可以全身在里面躺着。

艾：这是您亲自看到的？

梁：也不算我亲自看到，但是也差不多，为什么差不多呢？因为在政协啊，现在没有了，那个有么几年，政协有些个福利设备，福利设备包含了些什么呢？包含了你去吃点心、吃饭、宴会、请客，都有，也包含了洗澡、剪发。这个就是刚才说的王葆真这个事啊，就是在那个洗澡，洗澡工人告诉我的。

艾：噢。

梁：洗澡工人就告诉我，他说，哎呀，这个王委员来洗澡，普通我总是两个水管，一个是热水的，一个是冷水的，放一点热水兑一点冷水，都是这样子。他不要，一点冷水都不要，他要滚热滚热的热水，我们说不行啊，这个手下不去啊，他不用，他躺在顶热的热水里头，这是那个工人告诉我的。我们也去那个地方洗澡，那工人告诉我，他说怪呀，王委员怎么那样子，就是因为他有个道家功夫，他自己跟我们说他会活一百岁，结果没有，九十八。

艾：他什么时候跟您说的？

梁：那个时候九十多岁。

中国农村的变化

………

梁：不是，有众议院、参议院。

艾：是是。

梁：他是那个时候的众议院议员。

艾：噢，是，那是。

梁：老资格，嗯，老资格。

艾：那么早，已经好像是成就了。

梁：他是保定人。

艾：那么他这个教育水平很高了吗？应该很高了吧？

梁：嗯，他旧书恐怕念得很多。

艾：这种事情在民间啊，这个宗教啊，还是有很多。

梁：嗯。

艾：尤其是城市的知识分子，很少吧。我在香港、新界啊，广东人，在台湾都是……亲自看见的，总之是和这个民间组织有关系的（笑），我也想不出来，他们怎么会这个……民间的很多这个跟宗教有关系的运动啊，义和团，这个各种各样跟白莲教有关系的，常常有这种功夫啊，也是跟民间的，应该是和中国民间独有的医学有关系的。

梁：嗯，有关系。

艾：好像是所有的医学啊、武术啊、风水啊都是有一个基础啊，算是《易经》的基础也好，总是有它们共同的基础，这是我自己的看法。那您觉得怎么样？是不是有一种共同的、基本的……

梁：我不大清楚，不大清楚。恐怕它是相通的吧。因为我对它没有深入的研究。这些研究不是从书上能知道的，你得实行、实践，得实践。

艾：那您觉得这二三十年来啊，新的发展，把针灸当作麻醉啊，这个基本发展啊，怎么样？

梁：这个发展很好啊！它现在叫作针麻，针麻。也是不用吃麻药，但是能够收到效果。可以一个病人躺着，很清楚，跟人说话还笑，但是，给他动手术（笑）。

艾：也是我亲自看过的，开刀啊，那是大的开刀啊，就是把人的……开出来，……什么都看得很清楚，那前头看哪，那还聊天哪。那还有些新的发展，就是中国的草药啊，西医也是在研究啊。……成分是什么，也是有一些是关于研究比如癌症、研究中国的草药有没有办法。那您觉得将来会不会有一个中医西医的融合或者结合，或者……

梁：有一定结合，好像周总理——周恩来他就说过，希望中西医结合。

艾：不过难的地方是什么，就是因为中国的东西，它自己的那套理论哪，什么武术什么东西传统的地方，与西医的出发点不同。我记得1978年我陪中国的医学家代表团到美国去，我也是遇到中医北京……他那个针麻以外以后就别的，那西方的西医啊，美国的一些问他……他没法回答，因为他所学的理论跟这个不同。

梁：对。

艾：那您对中医有没有别的见解？

梁：没有什么。我们实际上仅仅看看书本，同老中医去谈谈哪，听他们的研究啊。我所熟悉的一个老中医，现在还活着，八十多岁了。我的儿媳妇，不是这个儿媳妇，是大儿媳妇，培宽的媳妇。培宽的媳妇有肾脏病，肾脏炎。

艾：啊，是是是。

梁：那么常常请这个老中医去看。老中医他管我叫老师，其实不算是我的学生，不过他那么样尊重我吧。那么我这个大儿媳妇常常去看病啦，主要是看肾脏病。有一次啊，中医就是诊脉的，诊脉之后，他说你胃痛吧，我这个儿媳妇很惊讶，她说她刚才从学校里出来，来医院看病之前哪，经过一个操场，有人踢球，一个球一下子撞到她的这个……胃有一点疼。疼也不知道，等他一看脉，他就说怎么样子，你胃疼吧。其实她还是在沿袭着过去一直为看肾脏病来的，看肾脏炎的，他一看脉，他说你怎么样胃疼哪（笑）？

艾：肾脏炎在西方好像应该还是没有多少办法的，中医有没有办法啊？

梁：我不大清楚，肾脏炎啊好像也不是一种……

艾：……它这是比较难治的一种病。

梁：这个中医老大夫啊，八十岁了，他是1900年生人，今年1980年，按中国说法他八十一岁，是八十一岁。他会给人治病，可是他自己啊，病了。病是什么呢？大概是脑病吧，他这北京叫瘫痪，坐不起来了，旁人扶着才能走，不会走路了。人现在还在，还活着，还可给人讲医学，但身体不行了。他是给毛主席治病的。

艾：噢，是吗？

梁：嗯。毛主席不是住在中南海吗？他经常是、他也是住在中南海。

艾：这个中医啊，一定是很有名吧。

梁：很有名啊。

艾：嗯。他治毛主席的什么病呀？

梁：他就算是为了毛主席，现在叶剑英，叫作医药的顾问哪。

艾：噢。

梁：医药顾问么，还是西学多，好几个西医，加一个中医，就是加这个人。他姓岳，岳大夫（指岳美中。——整理者）。

艾：那您自己我看这个失眠症以外呀，你自己有没有闹过什么比较……

梁：没有什么病。

艾：那您是一辈子就没有生什么病？

梁：从前有过病，现在没有什么。

艾：那您自己有没有……

梁：没有，没有，嗯。

艾：最近三十年间，您最美满、最快乐的日子是什么？

梁：差不多。

艾：呵呵。

梁：差不多，差不多。

艾：一辈子最美满、最快乐的日子，最高兴的……

梁：嗯，差不多。就是有忙的时候，有比较清闲的时候，有这么一种分别。

艾：接下来都是关于这个农村的、乡村的事。您有没有觉得您当年的乡村建设的计划或者理论对中国现在所面临的问题还可以用，或者可以参考的地方，有没有被用过，或者参考的地方啊？

梁：当然已经大有变化了，中国的农村大有变化了。

艾：那是什么样的变化呢？跟四十年前的乡村的情况有什么不同？

梁：从前农民散漫得很哪，各自自顾身家，没有组织。现在是共产党来了、毛主席来了之后，先要组织互助组互助，初级社，初级合作社，高级合作社，最后人民公社。从前没有的呀。

艾：是，是。

梁：从前没有的呀，现在的确是组织起来了，过的生活是集体的生活。第一把土地——不是你有你的土地、我有我的土地，土地都合起来了。这个变化大了，变化太大了，跟从前农民生活不一样了。从前农民好像有那样的话，"三亩半地一头牛"，假定我自己啊，有三亩半的地还有一头牛，我坐在炕头上，很知足了。现在完全不是那样，完全组织起来了，经济政治都合起来了。这人民公社并不单纯是一个经济组织。

艾：但您以前的计划有很多类似的地方啊。

梁：就是，就是，我想做而做不到的。

艾：当年您觉得政权本身是坏的东西，一有政权、一有政府……乡下就受害而不会受益。您用一个比喻说是乡下农民像一块豆腐，那这个政府呢，……

梁：要帮豆腐的忙。

艾：中国共产党为什么成功呢？因为有个政权。您依靠的是逐渐的一套理性而又实行您的计划了。中国的共产党成立了这个政府，以后就可以用别的办法啦。

梁：我是觉着，帮助农民，我是希望……我讲过了，一方面呢组织起来，有团体组织，一方面呢，能够利用科学技术。现在已经实现，现在没有散漫的农民啦。又有了组织，农业改良也有了新的技术，都可施行了，都施行了。不过有一个缺点呢，以前啊，过去啊，上边领导方面干涉太过，命令行事。现在已经很校正这个，不要乱下命令，他们现在叫作瞎指挥，不要瞎指挥了，对啊，不要瞎指挥了。农民他自己还会走他自己的道路，他自己会求进步，一定要避免瞎指挥。

艾：那是不是说您以前的目的达到了！

梁：我想做的，现在已经……

艾：……

梁：我去厕所。

艾：噢，好。

…………

梁：……不大注意这方面了。

艾：可以说是没有什么大改变了。农业现代化的这个推行，农村这个人力，很多啊，人很多，那么，假如农村的农业机械化……不需要多少人力啊，那这么多人力啊，这个问题怎么办？您有没有看法？

梁：没有什么。因为现在我对这个很多实际问题，特别对社会基层的问题，我没多用心，所以就没有一定的主张见解。我觉得政府走的这个道路也还不错，中国政府也还虚心，还虚心。

举一个例说，我们昨天去开会，昨天午后去开会。开会嘛宣布啊，华主席啊，邓小平啊，这些个副总理啊，都从国务院退出去，退到党内里头的政治局，他们本来都在政治局，现在主要是在政治局，不直接管这个国务院。把这个国务院的事情呢，给个新人来担任国务总理，姓赵的，赵紫阳。这个赵紫阳嘛，比他们都年轻，在四川，是一个很大的省，在四川做一个主角，很有成绩，做得很好，那所以把他请来管全国。你像这都是很好，都是很好。他们党内大家都很合作，很实事求是，没有争权夺利，这都是很好，很好。

艾：……由山东乡村建设研究院到在四川、北平讲学，您是否从乡村建设转向文化建设？

梁：谈不到。在四川嘛，也是只好办一个中学了。中学之后又办了一个文学院，是一个高等学校，可是办了不够一年，就辞职了，也不过一年，全国解放，四川也解放。我到了北京跟毛主席见面，毛主席就讲，你那个文学院高级的，不必办了，停好了，里边的教员、学生分配到旁的学校，你那个中学嘛，还可以办一年，明年你把中学也交出来。毛主席他是要统治的，统治他也很有步骤，他是对全国的事情都要抓，都要统治，但是他一步一步来。比如在西藏，先你可以怎么样，你可以怎么样，有几点我要管，旁的我不管，过几年，我又怎么样，他都是分一步一步来走。

艾：对，说到这点啊，我也想起来了，恐怕是到了50年代，中国才是真正成立了，起码来说是从清朝太平天国一直到1950年中国才真正成立了。依我看哪，这是毛主席非常大的贡献，就是真正地统一国家，事实上是从没有，或者是名义上……您认为中国农民最盼望的是什么？

梁：他这个所盼望的，恐怕一时一时也不同吧。

艾：噢，那说到现在呢？

梁：他一时一时感受不同，环境给他的，他所感到的问题不同；他所感到的问题不同嘛，他的要求也不同。我现在已经同那个农村隔得比较远了。所以，我很难代表农民说话。

艾：先生当年在几个学校，在山东省立第六中学，在广东的第一中学，在四川省的北碚，也有勉仁文学院呢，实行过新的教育计划或者……那依您看呢，您当年……

（1980年8月20日）

十一 与圣人相比

我只是一个普通人

梁：……所以他看得高，看得远，所以他能够懂得中国古人的东西，就是说懂得儒家的东西，道家的东西。我有一个字数不太多的一本书，叫作《东方学术概观》，这本书就是讲东方的三家，一是印度的佛家，二是中国的儒家，三是中国的道家，三家之学。这个三家之学，每一家我都把它简单地说一下，很简明地说一下，也分出来三家的同和不同啊，通和不通啊。这本书叫《东方学术概观》，算是我的著作里一本字数不太多的书。我的话就是这个。

艾：梁先生，您提到这本书，我不知道。我的意思是可以看一下，您说不太长，字数不多。

梁：对对。

艾：也许在五六个钟头之内可以看完吗？

梁：我不知道，因为什么？就是你刚才说过的，你作为一个外国人懂中文，看中国书能看，但是不像我们中国人看书那样快。

艾：那比如我用今天下午，五六个钟头啊，可不可以看完吗？

梁：那我不敢说。

艾：不敢说？

梁：不敢说，但我可以把这个书借给你看。

艾：谢谢。您的大杰作，就是《人心与人生》，当然我也想看，不过我知道太长，没办法看完，希望以后还是有机会看，也希望今后有机会翻成英文。当然翻以前我还是要对佛学多作一点研究，因为我这些方面是最差的。好，谢谢您。昨天我给您看的周绍贤那篇文章，他提到三件事，就是说，意思就是我不对：一个是白话、文言文那个问题，一个是保守这个字的问题，一个是圣人的问题。第一个，白话、文言文可以说是当年的辩论啊，您一直都没有主张用文言吧？

梁：对。我觉得，胡适、陈独秀在北京发动一种白话文的运动，是给知识界、学术界一个大解放。解放是好的，所以如果还是拘守再用文言文表达思想、表达学问，那个太被动了，太被……青年，年纪小的力量……所以解放好。开展白话文运动，无论任何的学问都用白话文，现在就叫作语体文，言语的语，像是跟说话一样，用语体文来发表学问，这个我是非常赞成的，这个是一种进步，是一种解放。

艾：还有点问题，就是说假如您……

梁：嘿嘿，说一句话，有两个人反对白话文。一个就是林纾——林琴南，一个就是章士钊——章行严，嘿嘿，都不赞成白话文。他们的理由呀，就是说有一些学问深的地方，思想深的地方，白话文表达不出来。这话也有一点道理，那么怎么解决这个问题呢？就是我们写东西、发表东西还是白话文，要引用古书、文言文也可以引用，再用白话文来解释一下，还是可以介绍这种很简要的古书的文言文，还是应当介绍。

艾：不过，一般的年轻人现在根本看不懂文言了。

梁：对。

艾：那么中国的文化遗产的一大部分，就是以前的文学呀、史学什么的，一些著作啦，可以说是"五四"以前，除了这些白话小说以外的，所有的文学作品都跟现代的青年人之间有隔阂，有个语言隔阂，那这个怎么办啊？

梁：这个恐怕没有什么好办法。只能够搞某种学问，这种某一种学问是要看古书的，是要借这个文言文的，那就是成为一种专业，少数人专搞那个东西，多数人就不一定这样搞了，只好如此。

艾：当年，就是"五四"以后啊，有一些人，其实"五四"以前就有了，有梅第光（指梅光迪——编者），《学衡》这些人还是主张用文言。您对他们的那些说法或是论调啊，有没有什么看法？

梁：我觉得有点守旧了。在南京啊，当时南京大学又叫中央大学，有一位吴宓，知道那个字？

艾：不知道。吴泌，分泌？

梁：宓。

艾：就是那个在哈佛大学……教授那个做……什么第光啊？

梁：好像是梅光迪。

艾：把字颠倒了。

梁：是。

艾：有吴宓，有梅光迪，也有写别人的，不过主要是写他。

梁：对。

艾：那您说。

梁：他还是挡不住这个潮流，挡不住白话文、语体文。还是这个潮流迎合了多数人的要求，特别是年轻人的要求。

艾：那您刚提到的第二个问题，就是说学问好还可以算是保守（梁：对。），那保守这个词在有些时代很难下个定义，到底什么算是保守啊？那我这书里前面呢，也是讨论过这个问题。我主要的就是说，您对一些中国人、一些外国人，把保守主义者或者保守加在梁老师头上了，那您是甘心的承认呢，还是反对呀？

梁：我当然是（笑）……我不保守，从刚才的话里头可以看出来我不保守。

艾：是。依我看，您可以说是革命者。不过反正保守啊，除非你先去解释到底要保守什么东西，才能说是保守。我为什么要提这个，因为周绍贤先生那篇文章里，偏偏说您也不反对人叫您保守，或者保守主义者。

那第三个问题是比较难说的，我自己是看书面的资料，我自己关于您的信仰、您的性格的看法就是跟对历史上很多别的人物一样，就是一种好像西方人说是神圣的一个人，英文是说 Holy。那么，您无论是佛学

十一 与圣人相比

1950年10月,梁漱溟夫妇由政协安排入住颐和园西四所,图为住颐和园时期与同住之门人合影。左一至左五分别为孟宪光、黄艮庸、李渊庭、陈树棻、梁漱溟。1953年春迁入城内安家于新街口的小铜井7号。

或是儒学,圣人这个观念呀,有一些类似的地方,就是说要到一个超脱一切的一个领域,到那个领域以后还是会到民间、人间,给他们解释那个超脱一切的领域的知识。(梁:对对。)我说您灵魂深处也不一定是有意识的那一层,可能是无意识的那一层,是在觉得您是来救人类,就是圣人了。我的意思也并不是说,您是有意识地处处都说,"我是圣人",我不是这个意思了。不过我的这个说法呢,我想了很久,看了您的著作,看了很久,才想出来的,也不是随便的。您对这个问题有没有反应?

梁:哪个问题?

艾:就是说圣人,您算一个圣人吗?

梁:我所懂得的、我心里所想得的,圣人不是平常人。圣人他说话行事可以说跟其他人不大两样,可是实际上他那个人、他那个生命、他那个人格，已经完全超过普通人了。生命不同了，生命完全高过普通人。在从前，古时候就是孔子，后来我应当承认王阳明，他对生命已经透彻，完全高过我们。

艾：您自己和王阳明也有很多类似的地方。他也是好像先深入佛学，以后出来。他也是一个活动者，在社会上实行、实践，也不是专门写东西、讲学问的。所以我自己觉得您和他有很多类似的地方。

梁：可是就阳明的生命说，他不是普通人了，已经不是普通人了。可是我现在还是一个普通人。

艾：您觉得您还是一个普通人吗？

梁：普通人。我可能比其他的普通人不同的一点，就是我好像望见了，远远地看到了，看到了什么呢？看到了王阳明，看到了孔子。我是望到，远远地望到，并且还不能很清楚地看见，好像天有雾，在雾中远远地看见了孔子是怎么回事，王阳明是怎么回事，远远地看见。我的程度只是这么一个程度。

艾：不过假设王阳明就在我们面前，我们问他："守仁公，您是不是一个圣人？"那他也不会……

梁：他也不会承认。

艾：所以我问您呢，您也不承认。这也是您跟王阳明另外一个类似或相同的地方。

梁：王阳明一生的遭遇我还没有。他遭遇很严重啊，他好像有一句话"千灾百难"，灾难，比如要杀他，这个是一种将要被杀，这个事在我没有。他去贵州龙场那个蛮荒没人的地方，那种苦难，我也没有。

艾：您也有苦难。

梁：他有这个话，他的这个"良知"，他发明这个"良知"，是在"千灾百难"中才认识了这个"良知"。这个我们没有。

艾：那梁老师也是有过苦难的？

梁：差得多。

艾：那一次您到日本人的战线后，到山东去视察原来鲁西的情形，在山洞里边也差一点就没命了。

梁：对，对。

艾：我在书里描写得很详细。那个时候您也差一点点没命了。

梁：那还是不同，可以说身体没有受什么苦、很严重的苦、苦痛啊，没有受什么痛苦。那次在那个游击区，有时候没有食物，有时候一时找不到食物，有这个情况。

艾：有时候也很冷，有时候下雪或下雨，也没有办法把衣服弄干啦，像这种事吧……

梁：有这个事，不过这个都比较平常了。

艾：还有一点啊，1955、1956年批评您思想的运动的时候，有很多人啊，当然都包括是香港、台湾的，毛主席那次批评您的也是提到的说，很多人实在很尊奉您为一个大圣人，因为您还是坚持您的看法而……在一种威胁之下还是……那这个也算是一种苦难，就是心里的一种苦难吧。结果也不像别人……

梁：不过比起王阳明来啊，还差得远，还差得远。可以用佛家有时候用的名词"彻悟"（梁先生写出二字），彻就是彻底，彻悟是我们人的生命的一个大变化，不是个普通的事情，不是普通的"噢，我明白了"，不是这样。在彻悟上，阳明先生他有他的彻悟，我不够。阳明先生的门下有好几个重要的人，都是受到阳明先生的指教了。可由于每一个人的天资不相同，天资有高有低，有偏于这边的，有偏于那边的，所以阳明先生的门下著名的、了不起的有好几个人。有一个姓钱的（钱德洪——整理者），他也是阳明先生的门下，后来很出名的，阳明先生的年谱就是他来编订的。他以前没有跟着阳明先生求学，后来跟着阳明先生求学……

王阳明的彻悟

梁：在阳明先生的门下，有很多比他早跟着阳明先生的，也算同——中国叫"同门"，同门就是同学。同门里头嘛有很多比他早啊，这个跟着阳明先生的，都算是师兄吧。他就一面呢跟着阳明先生，听阳明先生的教诲，一面么他跟许多师兄、前辈请教，很诚心诚意地去求。但是总觉得不行，他自己说啊，没悟道。尽管自己很诚心诚意地请教，听老师讲，问同学，大家帮助。所谓没悟它就是摸不着头脑，没悟，进不去门，进不去门。后来呢，他就啊，跑到和尚庙里头去，跑到和尚庙里头去静坐。"习静"，关起门来，跟人不接触，在和尚庙里头"习静"。那么，悟于深的静，悟于深的静的时候啊，他就恍然，如同从那个黑暗中看见天日一样，这个就是说他彻悟了。他彻悟了就赶快跑来问老师，问阳明先生，把他的这个彻悟啊问阳明先生。阳明点头，他说对了，对了，对了，但是告诉他，告诉钱德洪，你不要告诉人，你不要帮助旁人，你指点旁人，不要说是这样子去"习静"，虽然你得利于"习静"，但是你这样子指点旁人，不一定好，你还是用我的话——用阳明先生的话了，你还是用这个话，"致良知"，不要告诉人去"习静"。你告诉人家，指点人去"致良知"啊，不出毛病，你告诉人去"习静"啊，去静坐啊，可能出毛病，可能不对。这个就是说啊，阳明先生的这种学问，必须能够有一个对人生、对生命，有一个彻悟才行，最后一定……不过不要勉强，不要勉强，你就是这样子好了，"致良知"。

"致良知"呢是随世用功，尽管这个钱他是到庙里头去避开人，自己去"习静"，这么样得到彻悟的。可阳明先生说，你帮助人，指点旁人的时候，不要用你这个路子告诉他，这个路子容易出毛病，你还是让他"致良知"，让他随世用功，就是不要躲开众人，躲开复杂的环境，跑到庙里去。那种用功的方法，不能够帮助普通人，对普通人你不要让他走这个路。要走什么路子呢？就是随世用功。所以我非常之佩服阳明先生，他这个完全对，为普通人设想，他这个完全对。这个样子也慢慢地能够深入，这个虽然不容易深入，可是也能够慢慢地深入，对普通人说法，就是随世用功，随世"致良知"，引用《中庸》上的老话，就是"极高明而道中庸"。

艾：是，"极高明而道中庸"，《东西文化及其哲学》里您是用过这个话。

梁：我想接着这个话啊，我讲一个王阳明先生的故事。

艾：好。

梁：这个故事里头啊，完全见出来王阳明的学问。这个学问不是知识，是见出来他的功夫。什么功夫呢？

艾：彻悟。

梁：他的彻悟啊，用一句老话，有这么一句老话，阳明先生是做到了这个了，明心见性。那很不寻常，明心见性很不寻常。我不是说，我是在一种好像天上下雾，在雾中远远看到，那就是离这个还远，离明心见性还远。可是阳明先生他是做到这个了，就是阳明先生他的这个人，他的这个生命已经远远高过我们。

还有一些事情，当时是明朝了，皇帝是很糟糕的皇帝，很糊涂的皇帝，皇帝又被左右的太监所包围。这个阳明先生已经擒了宸濠，宸濠要反对皇帝，在湘西擒了宸濠。皇帝就说把宸濠放了，我自己来擒。这个皇帝是个笑话了，糊涂了。就是因为在皇帝旁边帮助皇帝出主意的都是些个太监，都是些个奴隶了。那个"太监"你晓得不晓得，明朝、清朝的"太监"那个制度，你晓得不晓得？（艾：嗯，是。）割了生殖器。

那么这个皇帝还是相信太监,太监包围他,要做那个很可笑的事情,就是要擒了宸濠再放,他自己来擒。这个是胡闹,开玩笑。他自己要御驾亲征,带着很多太监、很多军队来了。当然来了嘛,皇帝来了嘛,当然很威严、很大啊。这个盖过了王阳明,王阳明带着军队,王阳明也算是很高的大臣,但是皇帝来了,盖住他了。这个时候有这么一件事情。就是在广场里头啊,随着皇帝来的有许多武将了,武将会射箭啊,那么,要比一比谁射得好。他们以为王阳明是一个书生、文人,恐怕射箭不行吧。他轻视王守仁,那么好,就竖靶子在那儿,比较射箭。居然比较射箭的时候,阳明一箭射去,正中那个中心点,好,周围观看的军民哪大声喝彩,再射第二遍,又是正中,啊,又喝彩,欢呼,第三箭还是正中。这三箭一射,周围看的军人都欢呼,把这个来的太监、看不起阳明的都镇住了,不敢动他。因为他得民心,大家有目,看他真有本事,不是普通的文人。这样一下,才把这个局面转回来了,要不然那个皇帝还要乱搞。

我说这个故事啊,阳明为什么能够三箭都射中啊,因为这个啊,他得力于这个地方,他得力于这个地方,他得力于这个地方。他是彻悟,他对生命,他达到了彻悟,他是圣人了,他是圣人了。完全不是普通的凡人,不是普通凡人,那是很了不起的人。所以他把三箭都射中啊,不是机遇,是远高于机遇的一个根本问题。他是悟道,他是明心见性。他远远超过普通人,不再是一个普通人,了不起的。阳明先生是进入圣人的地位了,不再是个普通人,不再是一个所谓凡人、凡夫。我呢,如果说我有什么长处,有什么比普通的其他读书人好像高一着的地方,如果说有,那就是因为我能够望见到一点,好像是看不太清楚,但是也可以望到一点。结束一句话,我的程度是如此,我的程度,不客气地说,比普通人高,因为普通人连这个也没有,另外一方面呢不够高,没有达到这个地步,没有达到这个地步。

艾:那谁达到这个地步,除王阳明以外呢,谁达到"明心见性"?

梁:讲这个中国古学问的有,就过去说,比如就清朝说,清朝的时候,讲学问有三派，一派呢就被称为汉学家，这一派的汉学家它的重点，它的学问是书本考订，考订古时候留传下来的文字或者制度，证明过去是怎么一回事，这个叫作考订考据学，考据学这是一派。还有一派呢叫词章之学，像桐城派，桐城派也讲学问，特别讲究读古书，但是实际上呢它是一种词章派，作古文，作韩、柳文，韩退之、柳宗元，这是一派，这一派也不行，这一派不行。

已经说了两派了，第三派，它是讲宋明学。讲宋明学的呢，就是要往这个路上走，它采取的方向是这个方向，不过在清朝二三百年里头，在这方面没有出什么人才。在过去，在清朝以前，元朝在这方面也没有出什么人才，元朝以前，宋朝在这方面出了人才，那就是陆象山。后来呢，喜欢说"陆王"，陆王是一个派吧，王就是王阳明。陆王派里头有两个特殊的人，比较算是成功的人，有两个造诣很深的人。在宋朝，名字叫杨简——杨慈湖；在明朝，叫罗汝芳，号近溪。……

说说康有为

梁：……这是两个深造有得的儒者，一个杨慈湖，一个罗近溪。就我说，我最佩服这两个人。其他的一般人，尽管他讲儒书、孔子，尊奉孔子，实际上是门外汉。

艾：到了民国时代也没有什么……

梁：到了清朝末年，特别是鸦片战争以后，起了很大变化。这个大变化就是，老大的帝国——中国——受欧洲列强欺压强迫，强迫中国，欺压中国，开放门户了，开通商口岸了，中国也就好像梦中觉醒一样，赶紧学西洋。学西洋的时候把中国的这种老的学问的路子，特别太偏乎内的这种学问就放松了；也不能不放松啊，也不行，这方面就不出人才了。

艾：您以前说很讨厌康有为……

梁：啊，对对对。

艾：那可不可以比较详细地说说原因在哪里呢？

梁：就是康有为他后来总是欺骗人，开头是很了不起嘛，倡导维新，他是维新运动的领袖，那很了不起，很了不起。在当时呢，可以算得先知先行，那我们当然佩服，恭敬他。不过后来他老骗人，他尽说假话啊，一方面尽说假话，一方面自高自大，简直可以说要不得。我们应当说一句话，人人都应当谦虚，自高自大，总把自己摆在众人之上，这个根本上就看出这个人不行啊。

艾：那在思想方面有没有……

梁：思想方面他有创新，他有著作，他有一本书叫作《新学伪经考》，还有一部什么书，两部书都是很出名。可是内行人、懂得的人，知道他这两部书是从旁人那儿偷来的。有一个四川人廖平，康有为的许多思想见解和特别是对古书的看法吧，他都是从这儿来的，从廖平来的，旁人都是这么说，他是窃取了廖平的东西发表。

艾：那他写的《大同书》您觉得怎么样？

梁：《大同书》嘛是一种，用不好的话说吧，是一种做梦的书，梦想未来的时代，有种种的很新奇的，跟现在的社会不同，那些个都是一种梦想、猜想，好像很新奇。当然，这样子去想一想说一说也很好，怎么好呢？破除了俗人的狭隘的守旧的思想，可是如果自己很夸大，把自己对未来的事情说出来，好像很了不起，在我看没有什么了不起。这样子说说也无妨，破除普通人的见闻不广，狭隘保守，解放，思想解放，这是好的一方面。不过，也不值得，好像是怎么样子贵重，不值得贵重，那个不算是什么学问，不算什么学问。我这书架上还有他那个《大同书》。

艾：大同这种理想啊，在《东西文化及其哲学》您也还反对，觉得大同是……

梁：不算是反对，不算是反对。因为中国的古书里头，特别是《礼记》里头《礼运》那篇，它都讲到了，"人不独亲其亲，不独子其子"、"天下为公"，那个是人类社会发展的前途，未来会走到那一步的。我的意思就是说，人呢不要老怀抱着一个希望未来，好像把一切希望都寄托在未来，反而把当前的事情啊，看轻了，忽略了，不能够好好地在当下用心。

艾：谭嗣同的《仁学》那本书啊，您……

梁：从前都看过，从前看过。

艾：好像您年轻的时候看还不错，您现在来看嘛，这本书怎么样？

梁：这本书还是了不起的书。他全书最重要的一句话，他叫作"冲破网罗"，这个当然了不起，最能够破除成见，能够高瞻远瞩，站在高处看。谭嗣同很伟大，我们应当承认他很伟大，不过他那个时候知识很杂，很杂乱，也没有大妨碍，总体上来说是了不起。

艾：清末民初的一些别的杰出的思想家或者比较主要的书啊，……一百年后的那一代人回顾20世纪会觉得比较有永久价值的书，依您看是什么书？

梁：比较有永久价值的书和当时很有用处它不一样，在当时很有用的书的作者就是魏源——魏默深，可是比较有思想，有长久的、永久的价值的，应该是黄梨洲①的《明夷待访录》，黄梨洲的《明夷待访录》是我们小的时候，就是十几岁的时候、清朝末年的时候，有革命思想的人最喜欢看的书。《明夷待访录》，他说的民主啊、平等啊、自由的思想在《明夷待访录》里有。好像用现在的话来说，他是反动的，他很高明，当时反对清朝要革命，有很大帮助，革命派把他的书翻印，传着大家看，这是我们十几岁的时候。

康有为他有他的价值，不过他的价值是在他比较早的时候，比较年轻的时候，他越到后来越是不行了，后来他有造假的事情，还有我所知道的……比如我知道两件事。一件事，是在陕西西安，城南有一个庙，好像叫卧龙寺，那个庙里头有古代版本的佛经，很有价值，他就把它据为己有。那个时候啊，交通不便，没有铁路，是骡马车。他就把卧龙寺那个好版本的藏经，数量很多，并且很重，装在骡马车上要弄走，已经出了西安的东门，已经走在大路上，西安本地人发觉了，追上去，不答应，把书弄回来，有这么一次事情。这事我为什么能知道呢？因为我十九岁、二十岁的时候到了西安，我喜欢到那个庙里头去，知道这件事情。这是一件事情。

---

① 黄梨洲（1610—1695），即黄宗羲。明清之际思想家、史学家。明末领导"复社"成员坚持反宦官的斗争，几遭残杀。明亡后隐居著述，屡拒清廷征召。黄宗羲学问极博，对天文、算术、乐律、经史百家以及释道之书，无不研究。史学上成就尤大。所著《明儒学案》，开清代浙东史学研究之先河。黄宗羲提出"天下之治乱不在一姓之兴亡，而在万民之忧乐"，主张改革土地、赋税制度，强调工商皆本。

再一件事情。有一个民国初年的国会议员，是一个资本家。在清朝末了有一个国家银行叫"大清银行"，后来清朝退位了，就称为中华民国了，就改为"中国银行"。"中国银行"的第一个主要人叫作总裁，还有一个副总裁，姓俞，叫俞寰澄。俞寰澄跟我相熟，俞寰澄把他遇见的事情告诉我。俞寰澄他是中国银行的副总裁，后来他离开中国银行了，但是他是一个私家银行的资本家。有人来向银行借钱、借款，或者借比较多一点的钱，就要抵押，才能保证银行借钱。拿什么来抵押呢？用一幅很贵重的有名的画，人人公认这个是价值很大，古代的画，古画就作抵押品在银行里头，银行就贷给他比如说是两千块钱。康有为就知道了这个有名的画在这个银行里头，他就去找到俞寰澄，他说，"听说这个画在你们这个行里头，你拿出来我们看一看，可以不可以"，那么当然他康有为是个大名人啦，这个俞先生就从行里头把那个画拿出来，挂在那儿看，这个康有为非常地赞扬，"啊呀，这个画多么好啊"，在那儿叹息，在那儿看。末了，他说："可不可以我拿回家去，我慢慢再多看看呢？"这个俞寰澄因为他是大名人嘛，一定要这样要求嘛，只好答应他，让他拿走了。他拿走的时候，他也不说在家里头仔细看看，多看两天、三天这样子就送回来了。过了两三天去要他不给，再过几天去要还不给，"我还要多看一看"。好多天啊！这个不行了，这个俞寰澄就想："怎么你想霸占这个东西啦？"那么就带了很多人强迫地到康有为的家里头把这个东西取回来了，这个余告诉我的。

再谈孔学与佛学

梁：我知道的这么两件事，一个在西安，一个在上海。他后来品行很不好。特别是他有一个弟子，一个门人、学生，叫陈焕章，办"孔教会"，在北京西单修房子，需要款，叫"劝募款"，定一个条例，如果捐五万块钱就怎么样，捐十万块钱怎么样，引诱人捐款，这个简直要不得，这个简直要不得，完全是一种名利的俗心，俗得，俗得不得了，俗得不得了。一点高尚的意思都没有。这是他的学生，康有为的学生陈焕章。

艾：您自己很反对"孔教"这个观念的？

梁：对，孔子不是宗教。

艾：在写《东西文化及其哲学》那本书的时候，您很反对当时的佛教。说现在搞佛教的人第一不是好人的，第二我们中国现在所需要的也不是佛教的。书里提到一点，第一条路和第二条路的问题还没有解决的时候，还谈不到什么佛教。不过您自己啊，还一直是佛教徒，您第一条路、第二条路的问题也还没有解决，这有没有矛盾啊？

梁：不但是我一个人，就我自己说，我倾向佛教，想学佛，可以，假如另外一个人，他作为一个人，他这个这样子，我也赞成，我并且也许还可以帮助他，可是就着广大的社会、就着当时的中国的需要说，不需要这个东西。

艾：哦！这种观点是个人和整个社会不一样。

梁：不一样。并且还可以再说一点。当时这种所见不免有点偏，偏什么呢？片面地看佛家是一种出世的宗教。其实呢，也可以不必这样看，就是，把佛教看成不必从出世宗教、否定人生那面去发扬它，而从另一面，就是慈悲。佛经里有这么四个字"慈悲喜舍"（梁给艾写出这四个字），"喜"有时候叫作随喜，"舍"么就是舍弃了，跟贪取是反面的，随喜就是人家有一点好的心愿或者好的行为，就帮助他。所以从这个"慈悲喜舍"这面来发扬佛教，不必拘定要出世，那么样也很好。我当时的意思就是看得呆板一点。就是说，如果中国那个时候正是内乱、内战，每一个人都要关起门来念佛，那个乱就更乱。不要消极，不要想出世，要发挥慈悲的意思，要出头，按现在的毛主席的话说，要斗争，要斗争才能够转移这个局面，不能够让那个军阀乱来，如果大家越是听天由命，越是关门，那更乱了，当时那个意思是那个意思。

艾：您用的一个字，是孔子的一个美德，就是"刚"。那"刚"跟斗争、斗强，您现在说是一样的意思？

梁：有相同的一面。

艾：那关于民国时代发扬佛教的太虚法师[1]、欧阳竟无、杨仁山[2]……对这三位可不可以作个评价？

梁：杨仁山是打开局面，就是给佛学、佛教打开局面。因为过去啊，看佛典、佛书、佛经，只有庙里头才有，可是他呢，杨仁山先生创立金陵刻经处，把佛经刻出来了流通，大家才能够看到，这个功德很大。要不然大家谁能够到庙里头去看经呢，看不到啊。金陵刻经处是很大的功德。

---

[1] 太虚法师（1889—1947），佛教学者，僧人。16岁出家，1912年在南京创设中国佛教协进会。主张革新佛教制度，被视为佛教新派代表人物。曾在武昌、厦门、重庆等地创办佛学院。1928年游历欧美诸国讲演佛学，抗战时期曾率国际佛教代表团前往缅甸、印度等地，争取国际佛教徒对中国抗战的同情。

[2] 杨仁山（1837—1911），即杨文会，清末佛教学者，居士。字仁山。少时博学能文，兼通老庄之学。二十七岁时得《大乘起信论》，遂属意佛学。1866年移居南京创办"金陵刻经处"，刊印佛经，并于刻经处设"祇洹精舍"。1910年任佛学研究会会长，定期讲经。

并且他也收一些个徒弟,他有个叫作什么"祇洹精舍"吧,想学佛的人可以到他那里去。

艾:您自己认识不认识他?

梁:不认识。因为我们年岁上太差,他是很早的老前辈,他又在南方,我在北方,我嘛岁数小,所以没有见过。可是我所熟悉的早一点的年纪比我大的人都见过他。

艾:那太虚?

梁:太虚是一个出家人,和尚。他们有人批评太虚,不满意太虚,说这是一个政治和尚。他活动力很强,很有活动力,他到一个地方想法子设立一个佛学院。他到福建,设立福建佛学院,到武汉的时候,武汉设佛学院,他活动力很强。到四川,有一座山叫缙云山,我办一个勉仁中学就在缙云山下。那么有时上缙云山,缙云山上头有一个庙,就是太虚主持的地方,他就在庙里头成立一个叫作"汉藏教理院","汉"是汉语的,"藏"是西藏的,汉语的、藏文的教理,教是佛教,汉藏教理院。就在我们办的那个中学的缙云山的上头。那么我也就常去汉藏教理院去玩吧,去看吧,认识汉藏教理院的和尚。那个地方是挂了个大相片,比这个还大。这个相片上两个人,一边是蒋介石,还穿着军装,旁边呢就是太虚。所以就是刚才说嘛,把他叫政治和尚,跟掌权的人他都交往。说他是政治和尚,这个意思嘛,当然有点讥笑他的意思。可按我们另一方面说,他接近政治有权势的人呢,对弘扬佛教也有帮助,而且他到了一个地方可以搞一个什么学院,讲佛学,他可以搞得起来。同时他喜欢读……很少这个样子。他也喜欢读科学书,写文章。

艾:他这个有一篇文章,也是提到您《东西文化及其哲学》里的一个意思,就是爱因斯坦的相对论和唯识论有相同的地方。

梁:对,他看一些书。

艾:那欧阳竟无怎么样?

梁:欧阳先生跟太虚又不一样。太虚嘛他是交游甚广,很活动,可是欧阳先生他只是守定金陵刻经处不动。他有一次去云南，他是为了云南捐他一笔款吧，去了云南昆明，带回了两个人。……我在南边都看到了，一个姓聂，一个姓许。他在云南那个时候，恐怕是唐继尧捐给他一笔款。他整个支那内学院的事情，不能不靠旁人的捐款。据我知道，每年捐四千块钱的，是叶恭绰，一定捐四千块钱。欧阳先生的大弟子姓吕的，吕先生现在还在北京，住在清华大学。在清华大学不是因为学术关系，是因为他自己儿子在清华大学做教授，他住在他儿子那里。他岁数比我小一点，大概也有八十四、八十五这个样子。他学问很好，知道的东西很多，能够看藏文的书，看梵文的书，看印度文的书，学问丰富。

艾：梁老师对五四运动、"五四"时代的评价是什么？

梁：刚才我们已经谈到了陈独秀、胡适，白话文运动。五四运动当然是很影响到后来的，它开出来一个新的潮流、新的思想、新的人生，不再拘守老中国对人生的那个看法，对孔子开始怀疑、批判。不是有"打倒孔家店"的口号吗？这是不可免的。因为孔子虽然不是宗教，可是历代的皇帝都把他好像当作宗教一样，所以有孔庙，所谓念书人都要拜孔子，本来不是宗教的孔子，都把他装扮成孔教。特别是后来，有一个名词叫"礼教"，"礼教"就是很重要守礼啦，很有尊卑长幼啦，有很多规矩啦。这种规矩嘛，很能够帮助统治阶级。统治阶级就很利用"礼教"，那么日子久了之后嘛，就是到五四运动的时候，当然就对日子太久了的、帮助统治阶级的礼教有反感、反对和破除，那么这样子就把孔子牵涉进去了。其实，问题、责任不在孔子。是为了广大的社会，广大的社会它需要一种"礼教"，统治阶级更为需要，借着这个它便于统治，日子久了，它就很僵化、僵硬，人们对僵化的东西都有反感，到了五四运动的时候，就是对僵化的这个"礼教"反感的时候，就归罪于孔子。

艾："五四"时代也有很多人是盲目地崇拜西洋的一切（梁：对，对。），要全盘西化。那您看现在最近一两年，也有一点，尤其是年轻一代的也有一点这个味道了。您对这种现象有没有意见呢？

梁：这个也是一个自然之势吧。事情发展到今天，自然如此。这个不足怪，也不必责备。实际上，可以说是动摇不了根本。

艾：动摇不了根本？

梁：实际上动摇不了根本。没有什么不好，没有什么可怕，没有关系。

中国还是以农村为根本的

艾：……有许多的看不惯的年轻人的作风、年轻人的风气。您比我岁数大一倍多。我现在讲得清楚一点，有什么作风、风气呢？比如最近十年、十五年，在美国，年轻人纪律性越来越没有了，无论小学中学，学生上课不像上课，像看孩子的一个机构，不是学校，他们不用功读书，非常随便，无论说的、穿的什么都很随便，很明显更新的一种风气出来了，甚至于吸毒的现象也有的，酗酒的问题也有了，男女关系也常常有的。对国家好像没有责任感，他们就是觉得国家欠他们，他们不欠国家什么，或者说，是社会欠他们一些什么东西，而他们对社会没有什么责任了。可以说自私起来的，我们里面对他们有一个说法，Me Generation，就是"为我的一辈"一个时代。那中国当然……哦，对了，还有一点，他们就是为了求得时髦什么都可以做，就是虚荣心很大。那在中国当然现在的情况还是跟美国是天壤之别，没有美国这种坏的现象。但是还是有一点很奇怪，我听说三四个月以前，也有一种求时髦的心态，就是年轻人喜欢戴黑的眼镜。那对一些香港和台湾地区的，以及新加坡、日本的流行歌，甚至于美国的欧洲的流行歌也很感兴趣。你说是为了时髦啊，到底他们喜欢不喜欢很难说，还是因为赶不上形势发展的感觉才……您对这种现象抽象地来讲也好，或者具体地来讲也好，有什么意见？

梁：我没有什么跟旁人不同的意见，大家都认为这个是不好，这个风气不好。也有的学校或者教员很能够矫正这个。北京有名的学校都很能矫正这个，基本上比1966年的时候好，1966年的时候学生闹得很凶。现在平稳了，没有太放纵乱来。放纵乱来的是一部分人，少数人，是在街上的一种流氓。学校里多半都还好，中等学校小学，反正比前几年好。

艾：台湾海峡的两边都是中国人，那么近八十年来，它们实行不同的制度而有不同的成就。就是不去战争，台湾一直到现在，大概几十年来，就是抗战以后，台湾还是属于中国，可以说台湾八十年以来，发展的方向和发展的实行制度与大陆的不同，而成就呢，尤其是最近几年也不同，您对这个现象有没有意见呢？

梁：说不上来。它应该是分两段的，一段就是中国割让台湾给日本，日本统治台湾，这是一段。后来日本人失败了，台湾归还给中国了，这又是一段。这前后两段当然不相同。

艾：是，不过有一些例子，就是相同的地方。就是说日本人占领台湾的时候，他们在经济成长方面也有很大的成就，比如铁路啊，或者组织农会啊，农业方面也发达了，政治方面也发达了。原来台湾也不是什么发达的地方，日本人占领以后条件也来了。当然抗战的时候，台湾有很大的损失，被轰炸的地方也不少。那蒋介石跑到台湾以后啊，初几年也不怎么样，不过最近十五年或者二十年，也发达起来了（梁：对对。），发展很快。那么因为我自己的朋友，也是很复杂的一个问题，就是台湾本省人很多人是讨厌外省人，所有的外省人，就是说觉得台湾就是他们的地方，不是什么中国大陆来的什么人的地方，所以常常在社会上都有种隔阂。不过近来不能否认的是他们发展非常好，人的生活方式、物质生活非常富。跟大陆来比，恐怕富得五六倍。每一家都有现代的电器，比如彩色电视机呀，收音机呀，很多家现在有自己的汽车，那么是越来越像日本。那么，我自己想，就是说当然中国要统一。台湾走的这条路，跟大陆情形不同，这两个社会的距离很远了，生活方式不同，社会风气不同，人的思想也不同，那您觉得这个问题怎么来才能……

梁：这个情况当然不好，对中国的统一不利，可是此刻北京采取的政策我觉得还好，它除了希望在名义上、形式上统一起来一个中国之外，它不要求其他的，在政治方面、经济方面，它不想干涉。这个态度应该是好的、对的，应当有利于统一，有利于跟大陆的统一。不过呢，现在好像机会还不成熟。一旦世界的局势有变化，很容易统一回来，很容易归还给中国，在等机会，现在不能勉强。北京也无意于勉强，也是在等机会。

艾：中国人民目前最迫切的任务是什么？

梁：当然是四个现代化啦。还是吸收进步的科学技术、工业，这样子，还是吸收进来为中国用，而中国还是一个以农村为根本的，这一点不能改，也不会改。吸收过来之后，可以进步，可以前进。

艾：您还是觉得以农为本是最好的？

梁：嗯。

艾：您刚才说的把最先进的科学技术吸收过来，当然对中国有益处。那么依您看，会使中国受害吗？

梁：这种吸收是为了补足自己的缺陷，好像不会走向一种什么很偏的，是为了补足中国不够的缺陷。现在好像急于想法子跟外国人合作啊，好像在大事上，近的日本，稍远一点的欧美，反正在这方面也都能帮助中国。……从经济方面入手，现在正在进行中。这种事情的进行当然要靠稳定的政局，而现在的政局呢，我们看上去很乐观。现在的当前的愿意退位，让出来，请赵紫阳当总理，见出来一种好气象。如果在政治舞台上有分裂斗争就不好了，现在……嘿嘿。

艾：到底怎么能够保障1966年的惨剧将来不会重演？到底用什么办法不许、不让这种再……

梁：办法是说不上一定的办法。不过看这个情况，将来说没有争权的事情，反而大家很团结合作，让比较年轻的出来，让比较有作为的来做，这种现象当然很好，或者这个就是一种保证吧，可以让我们乐观。

艾：最后一个小小的问题，我们这个谈文学的时候，您喜欢看什么书啊？

文学方面的书，小说之类的。您没有提到老舍，老舍的小说都是北京土话，我以为所有在北京长大的人一定比较……

梁：我看得很少（艾：哦，看得很少。），我对老舍写的东西看得很少。可是同他认识，也有往来（艾：也有往来。），认识也有往来。他的女人叫胡絜青，我们都认识。

艾：噢，那你们是怎么认识的？就是说他是文学界，您是……

梁：对。他是去过英国，后来也到过美国。（艾：是是是。）在国外的时候，我们没有碰见，可是我跟他的女人胡絜青先认识。后来他回国了才跟他认识，特别是在毛主席在北京的时候，那个时候才跟他有往来，到他家里去。

艾：您有没有跟他讨论过中国文学？

梁：没有。我就是为一件事情到他家去，为什么事情？就是我写彭诒孙的事情，我去问他。他说他年纪晚，他出来得晚，所以他对彭先生在北京的那一段维新运动没有赶上，所以他知道的不多。但是我拿这个问题问他的时候，他也愿意贡献意见。他说他自己知道不多，但是他想有两个人知道，两个人都是戏剧界的人，唱京剧的，一个人年纪老的，叫萧长华，是唱京剧的老前辈，岁数很大了，八十多了。我访老舍的时候，他本人才六十多。他告诉我，你要知道有关彭先生的事情，你可以去问一问萧长华，因为他年纪老，他是一个在北京的老前辈了。再一个呢，他说是比萧长华年纪差一点，没萧长华那么老，可是也对过去的事情有丰富的知识，丰富的经验，这个唱戏的叫郝寿臣，你可以去访这两个人，他说我同这两个人都相熟了，我可以打电话先介绍，告诉他们说是梁先生要去访问你，我给你介绍的。后来我就去访问这两个人，完全是因为老舍的介绍。

艾：那么彭诒孙先生跟京戏有很密切的关系呢还是……

梁：他是……我就接着说一下吧。接着说一下就是，我去访问萧长华啦，人家很老的人了。他就告诉我，他说他自己本人没有见过彭先生，没有听过彭先生的教训，但是呢，我的师兄，萧长华自己讲就是萧长华的师兄，姓徐的——徐宝芳，是一个北京京剧里头唱花旦的。他说有一次彭先生一个茶点会，茶点会请了唱京戏的决策人来一起谈谈话。彭先生对这些来的京剧界的人，特别是对刚才说的徐宝芳，徐宝芳是唱花旦的了，又叫小旦，他说我们唱戏呀，不要自轻自贱，我们演戏啊，也还应当有意义，应当有教育的意义，要让听戏的人，对听戏的有好处，他说你尽管是唱花旦也不要自轻自贱，我的师兄徐宝芳回来把这个话告诉我，我没有去，徐宝芳把这个话告诉我。这是我访问萧长华所得的。那么我不是又去访问郝寿臣，也是老舍介绍的。郝寿臣是唱京戏的花面，我问他，你所知道的彭先生的事情是些什么事情呢？他说有，他说当时啊，北京城里头有所谓八大胡同，八大胡同就是娼妓、妓女都在八大胡同。娼家有一个老板，老板常常是男人。有一个老板，就是一个男人，他养妓女，他把小的女孩子收来，过了几年，正好是可以……

（1980 年 8 月 21 日）

十二 天下事

中西方的分别

艾：……我真的觉得，按照逻辑来推论将来的情况很可能是会这样的。我这个想法的基础和这个是有关系。拿中国来说吧，就是鸦片战争以前，当然有很多别的缺点，不过起码道德标准是有的。以后您自己也说，就是这个民国时代啊，您自己在书里也写过啊，20年代的、30年代的知识分子——"士"——是无耻的，他们起码以前在传统的社会里不敢公开地、张胆明目地为了自己的自私的理由而争执，现在呢，表面上的标准已经没有了，所以说跟以前最大的不同，就是说道德的标准已经不是纯粹的、绝对的，而是相对的……不是全世界唯一的道德标准，以前我们觉得外国人、洋人，他们和我们的不同就是，我们是比较算是人，他们还没有"熟"，还没有成为真正的人，他们没有道德，我们是有道德，那就是说人是有道德的。在民国已经就开始了这么一个变化了，所以，"本心"应该怎么说才能说是人类社会的共同之处？

梁：我觉得，是非的标准不要向外找。《孟子》上头有个话，他叫作"行仁义"和"由仁义行"，这两样不同。所谓"行仁义"嘛就是一般的社会习俗上认为那样是仁义，是好，按照着那样子去做就是"行仁义"，孟子认为那不足取，不要"行仁义"，要"由仁义行"，就是还是回到自己身上来，返回到自己本心，越向外找越迷乱、越眼花缭乱，不要向外看，要自己问问自己。特别是，在《孟子》他也说，"平旦之气"，"夜气不足以存"。中国人的俗话常这么说，叫"清夜扪心"，你清夜、半夜里头醒来的时候，清静，"扪心"就是自己问问自己，这个时候清楚。

艾：问自己啊。问题是每一个人的自己回答的答复一样不一样，或者"本心"有没有共同的……

梁：这个就是说，清夜醒来的时候，比较不受外边的影响，"清夜扪心"，问问自己，这样对不对啊？这个时候啊，按中国话说叫"良心发现"。中国农民有这样的话，这两句话很了不起："不欠钱粮不怕官，不昧良心不怕天。"这个话我觉得很了不起。我不昧良心，我没有做一点坏事，"不昧良心不怕天"，前头一句话"不欠钱粮不怕官"，每一个人嘛都要交钱粮，钱粮我已经交了，我官都不怕。这样一个社会啊，只有中国老社会有啊，外国没有这个社会。所以"良心"这个东西啊，你越向外看、向外去找越没有。

艾：我同意。您著作无论是哪一本，都是注重这一点，无论您说"仁"，原来您说的是"人"，或者"良心"，或者"理性"都是一个东西，那您这本书也是同样的说有这么一个东西，说是灵活性或者怎么样，其实基本的意思是一样的，是不是？您刚才用的是"良心"这个词也好，或者用"仁"这个词也好，或者用"理性"这个词也好。您也刚说了，就是民间的那个说法了，只有中国社会有的，别的社会也没有的，那么假如"仁"、"理性"、"良心"是人类共同具有的一种东西，为什么历史上中国的社会是比较会有的？

梁：这是因为中国的社会是一个松散的社会。

艾：这个我明白。您的意思就是西方社会本来因为宗教的关系有团体的习惯了。

梁：西洋的社会啊，它有集团，人呢一般是生活于集团中，那么过去的中世纪的社会，是集团拘束了、压迫了个人多一些；那么近代的社会，到了资本主义的社会，转入近代社会，个人的觉醒反抗这个集团的过分的干涉压迫，有这样一个古今的变化，就是中古跟近代的变化。可是这个变化在中国的社会是没有的。中国的老社会它是缺乏集团的，它尽是家庭、家族，过去的皇帝、统治者他最好的道路是不干涉老百姓的事儿，所谓"端拱无为"、"无为而治"，你越是不干涉老百姓的事，越是随他去、随他自己去生活，越好。中国的过去的几千年，过日子就是这么样子过日子，消极地彼此相安，而没有一种积极的统治。它就是本着习俗，过着一种散漫的和平的生活，散漫嘛就容易和平，和平嘛也就容易散漫，换句话说，斗争嘛就容易造成团体，而有了集团就更容易斗争。所以中国的这个老社会啊，它都是过一种散漫和平的日子，一种消极相安的日子。所以中国人他也不晓得什么叫"国家"，他只晓得"天下太平"。什么叫"天下"啊，"天下"是没有边的，"国"嘛就是有个范围的，"国"与"国"有对抗性，对"天下"没有啊。中国人啊，他总是梦想"天下太平"，他就是要过一种消极相安的日子，希望朝廷啊、官府啊不要多干涉我，不要多管我们的事，这个情况在欧洲是没有的。

艾：可以说在欧洲的现代的社会没有这种情况，可是中古时代啊，国外的地方都是一个教会，天主教，所以虽然组织的习惯，组织都是教堂的组织，可是也不能说是组织对组织的战斗，现在到了17、18世纪才开始有民族的情形，才有了国家。

梁：在近代国家，……之前，贵族对农民统治，农民常常是随着土地的，这个跟中国的过去的农民不同。

艾：是，这两个社会是有不同的。一般的来说，我完全同意您刚说的历史方面的解释，我都同意。我问的问题就是，您的说法一直有个矛盾：假如某一个东西是人类的共同有的，这个东西怎么会是中国的特产呢？我知道，您刚才是从社会发展背景来解释，我一直觉得是个矛盾，我书里提到的、我所觉得的矛盾的地方是，您20年代、30年代提倡把中国固有的"理性"或者"仁"复兴起来，这样中国才能全国复兴，才能现代化，才能吸收西洋的科学技术。团体组织可以发展中国固有的东西。矛盾何在呢？假如原来中国没有现代化，科学技术不发达，没有团体组织，基本的原因是因为中国先发展"理性"，假如原来是现代化的障碍，为什么到了现在这个"理性"突然不是个障碍反而是个……

梁：它没有障碍，它过去也没有障碍。

艾：过去也没有障碍？

梁：它是社会发展走的路子不同。

艾：好，不过为什么路子不同呢？

梁：所谓路不同是指什么说呢？在远古（艾：是，在很远的古代。）人的生活都是离不开人群的，都是成群的。这个群的范围越古的时候越小。每一个群都有两面，一面是血缘的关系、血统的关系，还有一面是地域的关系。总而言之，开始远古的时候生活是集体的，一方面是家庭，一方面也是超乎家庭的集团。中国的社会发展、演进是侧重家庭这一面，外国是偏重在集团一面，最初的这些它又是集团，又是家族，这个偏到这面走了，那个偏到那面走了，那么各有所偏了。让这个各有所偏的帮助那个各走一偏的路子的，就是宗教问题。宗教帮助人走集团的一面，儒家的东西帮助人走家族、家庭、家庭伦理这一面，这样就分开了。在家庭、家族上它就讲一个"亲疏长幼"，注意"亲疏长幼"这个观念，并且把这个观念从家庭向社会上去推广。所以管君臣的君叫"君父"，为"君"的对于自己的百姓称为"赤子"，"赤"就是红颜色，就是小孩子。所以受了儒家的影响啊，它总是把这个家庭的这种亲爱之情推广到社会上去，君是"父"，老师也是"父"，同一个老师的，我们是"师兄弟"，好朋友也是等于兄弟一样，它特别是重情谊（艾，是啊，是。），情谊嘛，它就超过了利害关系。

艾：我还要说，为什么在最远的古代，原来的这个分别，归根结底的原因是什么？

梁：不知道。它就是一个偏成这面走了，一个是偏成那面走了，它原来最初是集团，集团包含着两面，一个偏这面走了，一个是偏那面走了，那么，为什么各有所偏呢？应当是（接下文）……

世间出世间

梁：帮助向这方面发展的，有些个条件，帮助向那方面发展的，有些个它的条件，彼此的条件不同。

艾：那好像跟《中国文化要义》里您的说法有点不同了的，《中国文化要义》您说，还是儒家的观点，就是说到宗教的问题，中国原来的这个宗教，中国原来的宗族社会，就是说商朝那个社会，到了周朝后面是给儒家算打破了，"士"醒了，按儒家的意思呢，来把纯粹的伦理代替宗教，那宗教可以说没有了。当然民间有一些比较迷信的宗教，不过，宗教没有了。依我所了解，这时候宗教的问题才各有偏……那您现在说还有一个更在前面、说不出来的原因，还不知道。

梁：就是说啊，各走一路，各有所偏。

艾：原因呢？您说条件，那条件是什么？

梁：我们现在说不上来，但是总还是有，可以研究，可以去探讨。因为我们距离知识还是很有限，知识上有限。

艾：您几本书里有没有讨论这个问题啊？就是中西社会的不同方向的发展的问题。

梁：恐怕有吧。

艾：对，有。您能不能说说这本书（指《人心与人生》）跟《中国文化要义》最基本的、最大区别？

梁：没有区别。

艾：没有区别？

梁：没有区别。

艾：可以说是继续发展《中国文化要义》的……

梁：对。在思想上、观点上没有区别。

艾："世间出世间"，是什么意思（从《中国文化要义》里找到这句话）？

梁：世间生活就是我们平常的生活，那么对于世间生活认为是迷妄，要出世，对人生持否定态度，这个叫出世。印度人很怪，古印度并不是单是佛教如此，它普遍地都是这样。普遍地它认为这个人生是个迷妄，对人生持否定态度，跟儒家肯定人生不相同。

艾：那么这里讲的道理呀，就是否定人生啊，人生是有疑问啊……

梁：我还要补足说一句话。那么世间是什么呢？世间是生灭，生生灭灭。出世间是出生灭，超出生灭来，这个印度人想的真是高了。它很奇怪，不单是佛教，佛教以外的统统都是这样，统统对人生是否定，说人生是迷妄，是错误，我们不要这个，它要什么呢？要不生不灭。这个想法很怪呀，它要求不生不灭，真怪。出世间就是不生不灭。

艾：那这个是什么意思，"未来社会人生的艺术化"，您是说蔡元培先生原来也是主张、提倡的……（梁：艺术代宗教。）那您这个说法，就是人生的艺术化跟蔡先生这个……

梁：蔡先生他是一个理想、一个主张。我是推想未来理想主张成为事实。

艾：那还是跟最早的书，就是《东西文化及其哲学》里，说是未来孔子的礼乐还是会起作用。

梁：哎。

艾：这可以说是原来意思的继续发展、阐明。那宗教失势的问题，因为理智化的关系，现代社会的宗教可说越来越没有了。

梁：失掉了势力。

艾：这是理智的关系，还是……

梁：理智很有影响了。

艾：科学就是理智。

梁：很受科学的影响。

艾：这有点很像蔡元培先生当年的主张，"美育代宗教"这个道理，这是原来蔡元培先生说的。

梁：他是理想。

艾：您认为是将来还是会实现，还是会变成事实的？

梁：我再补一句话，蔡先生他是主观的要求，而我是说将来的事实趋势，我说的是客观。

艾：是，您分析客观的事实和实际的情形。

梁：向那个方向发展。

艾：那这个很有意思，可惜我没有时间真正地看。您的那位朋友姓赵的，有一本抄本。他还是会在香港六个月，以后去美国。那就是也许将来有个机会看看吧。

梁：对。

艾：就是说还可以借给我看。

梁：对。

艾：好。

梁：你给我很多名片（艾：是是。），我可以拿一个名片给那个赵。

艾：他还不知道到底在美国什么地方住？

梁：不知道，恐怕还没有定吧。

艾：还没有定。他是去读书还是……

梁：他是去做研究。

艾：在大学还是在别的……

梁：没有说。他本来说七八月份会来，现在还没有看见他来。

艾：大概的我知道，……可是还有些问题。比如我去访问一些当年认识您的人，香港的有王绍商（音同）、胡应汉、唐君毅啊，台湾也有些人是在邹平、在山东工作过的，周绍贤是之一。他们都说您很少或者根本不笑，不开玩笑啊，不微笑啊，不哈哈大笑啊，根本不。每一次看见您，您都是这个样子板着脸，根本不笑。（梁：呵呵。）不过，我这次和您见面，我觉得您富有幽默感，也是常常笑啊。那有没有可能，人的一生有转变点啊。是您改变了，还是那些朋友不够认识您，认识您不够，看见您的场合还是有限的？您没有什么大改变吧？

梁：没有。

艾：从小就是这样子？

梁：也不是说从小。旁人看我好像是面孔有点严肃。

艾：还有句话说，那是因为"君子无戏言"。他们都非常尊敬您，他们觉得君子是这个样子了，面孔很严肃。甚至于我自己的爱人，她当然没有与您见过面，但是看您的一些相片，就觉得您一定是一个非常严肃的人。所以您，哦，对不起，我打岔了，请继续讲。您刚才讲，我问的是不是从小就这个样子，您说不是，是人看见我有点严肃。

梁：他这是一面。我是受印度的思想，还不能说受印度的思想吧，好像自己是一个被动的，也不是被动。我已经说过，年纪只有十几岁就想出家，就是对人生持一种否定态度。当初实在是对儒家不懂、不了解，刚好父亲没有叫我读孔子书。所以读孔子书有一点新鲜之感。因为它一开头就是说，那几句话就是什么不亦说乎、不亦乐乎，嘿嘿。那么全《论语》这个书，这个"乐"字是一见再见，见之不一处，还会看见"乐"，什么"仁者乐山"、"智者乐水"。这个"乐"字在他书里头倒是常见，全文没有一个"苦"字。孔子不是还说过那个话嘛，就是"智者不惑"，惑就是迷惑、糊涂，"勇者不惧，仁者不忧"，"小人长戚戚，君子……"有的背不上来，"小人长戚戚"，戚戚就是心思不愉快，君子就是表示很快乐。这个跟印度、佛家的相反。

艾：儒家也有一种传统，就是书里面常提到，您的父亲跟您，对社会有责任感，那么也可以说是非常正经严肃的事情了，所以虽然君子常常"乐"，不过责任感也是一件非常严重的事情了。

梁：对。

艾：我以为可能真的您在过了二十、三十岁的时候还是没有幽默感的，其实不然了，比如您和朋友们讲话的时候，我们这样的讲话，一直都是您现在这个样子，常常笑啊。

梁：随便的事。

艾：您自己觉得您是有幽默感吧？

梁：这个评定，有或者没有，恐怕还是由旁人来评评好。

艾：当然，可能我问的人，我问错了人。我问的许多人说，哎唷，梁先生一直都不开玩笑啊，一直都不笑啊，就是跟他的孩子在一起的时候会笑啊，不过跟别人他不，呵呵。

梁：我补充一句话（艾：好。），相传的有一句话，特别是宋明儒者，相传的有一句话，就是"寻孔颜乐处"。寻是寻找，颜是颜回。

艾：您也刚才提到一个问题，可能也是我书里搞不对。您说您想出家是辛亥革命以前您已经要出家了，也不一定是辛亥革命以后才要出家、出世？

梁：出世思想很早，的确是想出家为僧，当和尚。

艾：假如是这样，为什么辛亥革命以后才有精神危机？就是说想自杀，就是说，假如已经有了出世的思想，为什么积极地参加辛亥革命？

梁：这个不相冲突。为什么不相冲突？我常常说，我一生啊占据我自己头脑的有两大问题，一个是中国问题，是现实的中国国家的问题、社会问题。国家问题就是中国的衰弱危亡、社会的苦痛，这是常常地占据我的头脑的一个问题。可是另外一个问题远远超过、大过这个问题，就是对人生问题的怀疑烦闷，以至于对人生的否定。一直是这么两个问题，有时候这个问题占优势，有时候那个问题占优势。

艾：依我所了解您的思想，这两个问题您常常打成一片了，就是常常有关系的。比如，依我所了解您的《东西文化及其哲学》，人生的问题也是跟中国的文化、中国的复兴有关系的。您就在这本书里说，要发起什么运动，没有说清楚是什么运动，好像最后一句话是：让我试试看儒家的生活是怎么样的，以后再来讲是发起什么运动。结果您是在一个团体里跟一些学生讲学，这个讲学的团体是个人生的关系，也跟乡村建设用的方法有关系，也是一个方法。

梁：在《东西文化及其哲学》那个时候还没乡村运动。

艾：是，我知道。

梁：不过我说过一句话，我说我要把宋明人的讲学跟近代的社会运动打成一片，合而为一。有这个话。

艾：对。不过我在分析您的思想的时候，其实我把头绪弄得更早，早到您中学时代跟一些朋友，可以说是一个讲学团体，非正式的，就是彼此鼓励，彼此批评这种传统，这是中国的传统……这个头绪一直到《东西文化及其哲学》是当然有关系，讲学。到了乡村建设，也是有这个道理，您办的学校也常常用这个办法，所以是一贯的线路，这是我的分析的结论。所以人生的问题与中国的问题都常常是一个东西，或者起码有密切的关系。

对灵性的认识

艾：……

梁：我这部书嘛（指《人心与人生》。——整理者），抄本，就是旁人的抄写，是抄了三本，第一本，第二本，第三本，因为字数很多啊，一本不够，所以要连续三本才把我这个书抄完。这个抄本现在不在手，我说过，这个抄本现在在一个姓赵的那里，他拿去到吉林师范大学，他说过七八月会来，可是现在已经八月到尾了，他还没来。所以这个本子没有，这个抄本没有，可是我自己用墨笔写的原稿倒有，在屋子里的……如果想现在看一看原稿，倒是可以从箱子里取出来。

艾：哦，谢谢。这个当然也好，我看一下也很好。不过您是最清楚这本书的重点在哪里？

梁：我现在啊，年老头脑不那么好用。

艾：您太谦虚了。您看上去非常好，非常精神的。

梁：事实上是这样。我想把它拿来，你随便看一下。至少可以看一下目录，第一章，第二章。

艾：是是，目录，好，也许……

梁：猜想一下内容。

艾：好。用它问您一些问题……（梁：嗯。）好。

艾：您的观念就是说，计划这个能力就是人心的一部分（梁：一方面。），哦，一方面。以前您所写……

梁：我们要描述、要说明这个人心，先要说它的主动性，主动性又可以称作自觉，自己觉悟，自觉能动性。（艾：是，是。）主动性就完全等于自觉能动性。这是人类的特征，顶重要的特征。

艾：是不是跟意志有关系啊？

梁：当然意志包含在内了。主动性，灵活性，最后是计划性。为了说明计划性，要用这么多话来说明。

艾：按照《中国文化要义》的说法，您分的还是理智跟理性的基本分别了。那么现在您好像进一步又分了三部分，主动、灵活、计划。那头两个也许是属于理性，计划性是属于理智，有没有这个分别啊？那么也许计划是指的比较抽象的，为了未来而计算的……

梁：刚才，你用了一个理性、理智，你这两个怎么分？

艾：那还是您的《中国文化要义》里的分别。就是举一个具体的例子啊，

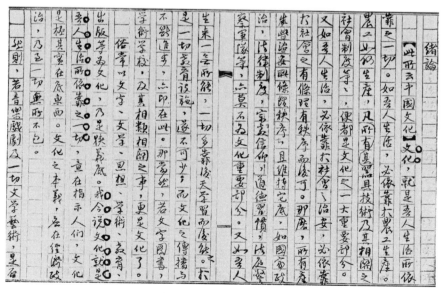

1948年，梁漱溟于北碚勉仁文学院写作《中国文化要义》时的手稿。

就是一个人在算一个数学的问题，那么算得正确不正确还算是理智啊，就是说计数方面是理智啊，不过道德方面，要不要算、正确不正确那是理性。

梁：对，差不多。

艾：所以我以为您又是按照当年写的这本书的关于基本观念而继续发展而问的这个问题。现在分了三个基本方面，主动、灵活、计划，而计划是最复杂的。我也知道您的这本书好像有不少的最近科学方面的研究资料。您在分析人心的这部分，也是在利用最近科学，那心理学也是一部分内容。那您觉得心理学哪一种派别是比较对？

梁：外国的心理学，比如有个喜欢谈本能的，叫麦克迪科。

艾：这是您当年写《东西文化及其哲学》的时候最流行的，以后就不流行了。

梁：他列举了好多样的本能。英国的罗素写过一本书，好像叫《创造……》（此处声音模糊，疑为罗素的《社会改造原理》。——整理者）是不是？（艾：噢，对！）那本书是讲，他把人类分成三样，一样叫作占有冲动，还有一样叫作创造冲动，但是还有一个第三，它叫灵性。我起初在《东西文化及其哲学》里头，引了他的话。我不同意他的三分法，我说是……（此处声音模糊）者，一个是理智，一个是本能。起初我是这样，后来在多元化趋势出版之后，我才明白，明白他的第三个叫灵性的这个，也是有所指，不是一句空话。我承认他的三分法，不是二分法。

　　再说明白一点，原来我是二分法，我对他这个灵性不大懂，觉得也不必要，觉得二分法就够了，一个理智，一个本能就够了。为什么？因为我把道德归到本能里头去。（艾：是。）后来我明白不是，不对。为什么不对呢？本能还是我们在生活中，为了生活，为了做生活我们的一种工具，是个备用的东西。（艾：嗯。）那么理智也是一个工具，备用的工具，那个主体高于这两个。所以呀，那么我才明白罗素的三分法有道理。比如他说吧，宗教单用理智来说，说不了，用本能也说不了，宗教道德高于这个东西，那个东西是灵性。后来承认罗素的这个话。

艾：您最后出版的那本书，就是《中国文化要义》中，您认为理性……罗素说的灵性算是理性，就是道德性的决定是理性，那么罗素的理性也是比较接近这个观点的？

梁：他叫作灵性。

艾：灵性，对。也许您在这本书里讨论的，也有别的思想家类似的观念啊，说法不同，意思是差不多。道德性作决定的能力就是这个意思。天主教的哲学家，考勒·沃尔曼（音同），姓沃尔曼（音同），Avail……（此处声音模糊）of Sense，差不多这个意思。甘地也有一个说法，跟您的理性做一个比较……不过您自己理智与理性的分别，英国诗人，也可以说是英国思想家，19 世纪的姓 Coleridge，Taylor Coleridge（此处声音模糊），他也有这么一个分别，Reason and Rationality 的分别，定义也是跟您的理性理智差不多。那您讨论灵性，罗素的灵性，或者您说的灵活性，有没有跟别的文化或者国家的思想家类似的观念来比较啊？或者您就是分析，不要提到别人的……

梁：我记得美国一个很早的心理学家，他有一部很大的著作讲心理学。很早的，那个人叫什么名字，……很大本，后来把它缩小成很小的本。

艾：我不知道，是哪一派的？行为派以前？

梁：很早的，行为派以前，很著名的一个心理学家……

艾：James，是不是 William James？（梁：是 William James。）他的书很多啊。

梁：他开头对宗教不够认识，后来他对宗教有认识了。他有认识的时候也就是他对灵性有认识，对罗素所说的灵性有认识。（艾：对。）罗素也是把道德跟宗教归于灵性，不是理智和本能所能够包含的，理智和本能包含不了这个东西。理智和本能都是工具，都是方法（艾：对。），有一个超过这个东西的（艾：对。），这是人类的特征。

艾：就是人之所以为人。（梁：对。）您在《中国文化要义》里说，人之所以为人是理性，而中国文化发展的理性发展得很早、发展得很大，而西方理性发展得比较少，可是理智发展很高。（梁：对。）您的意思就是您现在说的灵活性，罗素的灵性，是不是您以前用的理性代表的意思？还是跟原来的理性有不同的地方啊？就是人之所以为人的素质。

1948年,梁漱溟于北碚勉仁文学院写作《中国文化要义》时的工作照。

梁:今天脑筋不好用,有些个话呀,原来是自己的旧话,现在说不出来。心里有,可是口里说不出来。

艾:也许我记得,您的书我看了几次了,关于……

梁:我现在的许多话呀,心里有,可是口里说不清楚。所以想请你看看这个目录,推想吧,可以推想书讲了些什么,包含了些什么问题。

艾:那比如第七章的一节,意志与本能比较,哪一个比较重要?就是说假如有这么一个问题,您怎样来回答呢?意志重要,还是本能重要?

梁:不能说哪一个重要。

艾:谁更重要?

梁:作用不同,手的作用和腿的作用、跟脚的作用不同,就是这样。

艾:两个都重要,好。

梁:嗯。

艾:那理性与理智的关系是不是跟您原来的《中国文化要义》分析的大概一样吧?就是理智跟理性的关系是不是……

梁:就是《中国文化要义》这本书,现在看起来没有什么不对的地方,可以代表我的说法。

艾：……有好几章是关于身体与心理之间的关系，那您在《中国文化要义》没有讨论过。身体与心理之间的关系，可不可以扼要地讲一讲？

梁：心是超过身的。从身来说，你的身体跟我的身体不相通，我吃饭，你不饱。可是从心来说，心高于身，心超过了身。所以心跟心的关系，它可以说八个字，头一个就是"好恶相喻"（另四个字应是"痛痒相关"。——整理者），我喜欢什么，你喜欢什么，"好恶相喻"。这个"好恶"包含着是非心，我觉得这样的行为、这样的人是好人，你也承认是好人，好恶可以相喻，"相喻"就是彼此了解，"好恶相喻"。

艾："好恶相喻"，您的意思是有个绝对的、人的心理有的一种客观的标准了，可以这么说吧？就是说"心心相应"，就是无论什么社会、什么文化的人，他们对某一现象会有同样的反应了？就是说这个行为不好，那个行为好，是不是？

梁：人从一个很基本的定义说……

艾：最基本的是哪一种？

梁：就是有些个它是由于各个地方的风俗习惯不同，也有的是古今不同，有地方的不同，那个社会跟这个社会，属于从空间上说，相离很远，这是一种不同。还有一种古今时代不同，它的社会也不同。

艾：是。

梁：不同时代的社会，不同地方的社会，都有它的风俗习惯。一个人常常为他自己所生存的社会习惯所影响（艾：是。），因此就搞得我说的对，你说的不对了。（艾：是。）可是在某些个很基本的上头，还是相同的。很基本的，比方说吧，说假话，每一个社会都不喜欢，都讨厌，是吧？比如这样的。可以有许多事情，它还是由于社会风俗习惯不同，这个地方、这个社会认为好，那个地方就不认为好。（艾：是。）或者今天以为好，古人认为不好。

艾：我们讨论过这个问题，就是说到底有没有……

没有永久不变的真理

艾：说假话是不对的（梁：大家不喜欢。），就是绝对性的道德标准。让我想想……

梁：可以举一个例子。

艾：那还是继续讨论您举的例啊，说假话的道德标准是怎么到人的心里来的？就是说一生来就有的……

梁：说假话它就是有所为，有所贪求，为了那个才说假话。

艾：这个不会啊，说假话有的时候也不一定是有所为，就是说好意说假话也有的。

梁：好意也是有所为。

艾：好意也有所为，哦，对。难道真话不是……真理也是有所为的？

梁：我心里有什么，我就是什么，坦白说出来，这个是无所为。

艾：有所为……

梁：有所为都是曲折的，无所为是直接的。

艾：每一个社会的风俗习惯，您刚才说的，时间的分别、地方的分别都是有的。有所为的目的也会不同（梁：对。），那什么算是不道德的行为也不同了？

梁：那当然了，不同的，是古今的不同，地方空间的不同，各有各的道德。因为各有各的道德，实际上不是真道德，实际上是礼俗。

艾：实际上是礼俗啊？那么真道德的来源是什么？

梁：真道德啊（艾：绝对的真理。），是自觉自律。（梁先生写出"自觉自律"四字）法律的律。通常社会上多数人是随着人走，随着社会的风俗习惯走。生命力很强的人，他可以不随俗，他能够自觉自律，不随俗，所以不管旁人的诽笑、反对，本着自己的自觉自律来行动。革命家能够这样，普通人不革命，革命都是先知先觉。

艾：这个革命就是马克思的意志论革命，群众为了他们自己的利益而行动，为了他们物质上的利益而行动。

梁：可是革命不是常常有，先出头领导的革命领导人当然离开群众不行，可是他超出群众，领导群众。他是先知先觉，他的创造力大，一般人……

艾：还有一个更基本的问题啊，您说到底人的社会演变有什么目的啊？按照什么途径、什么原则发展的？您说革命者是先知先觉，他的标准、目的的了解是哪儿来的？

梁：它是看不同的时代、不同的地方、不同的环境，我们不能够笼统地说。

艾：我的意思就是说假如有一个永久不变的真理……

梁：没有，永久不变的真理没有，客观存在的永久不变的真理没有。

艾：您刚才说的人跟人的身体当然有区别、不同，您吃饭，我不饱，心灵您说还是……

梁：好恶相喻。

艾：为什么相喻？

梁：相喻就是我懂得你，你懂得我，这叫相喻。

艾：不过为什么？有什么原因相喻存在？就是说人性有共同的地方，大家每一个人都有的……

梁：就是孟子所说的人心有"同然"。

艾：不过人是演变而发展出来的，现在的人与一万年前的不同，现在的人又跟未来一万年后的人不同，可是共同的地方在哪里？共同地方的来源在哪里啊？

梁：共同的都是活的东西，都是生命，有生命就有所谓好恶。离身体越近的好恶很容易不同。如你喜欢抽烟,我不喜欢抽烟,就是离身体太近,离身体太近的好恶那很难相同。个人……

艾:那哪一种好恶比较相同?

梁:超过身体的。

艾:心理的?

梁:超过身体的,超过身体的。像是刚才说的说假话。说假话是一个例子。

艾:可能有一种社会是说假话不一定是坏事。

梁:那个是习俗不同。我承认有那样的社会,但是那个是归在习俗上,习俗跟本心不同。习俗容易让不同时代、不同地方的人彼此不一样,习俗是这样的。

艾:那比如在西方,不少的人觉得根本没有本心。就是人是什么?就是由社会创造出来的,人性是社会的创造品。尤其是妇女解放运动,她们觉得男女根本没有分别,事实上是有分别的,那是因为社会是由男的控制的,而结果女的从小就养成这个样子,男的养成另外一个样子,不过本心没有分别,有这么一个说法。

梁:就是一个是先天的,一个是后天的。

艾:他们的意思就是说先天的分别是没有的,除了长得胖、长得矮的、长得瘦这些分别以外,当然生殖器也不同,生殖系统不同,他们说这以外没有什么大的分别了。就是说没有本性,我也不同意,您也不同意。不过道理就是说,没有本心……现代社会迟早……就是没有标准了,理智化过程好像把所有的标准的基础啊,打破了、坏了。您说的道理跟您以前的基本的道理是一样的,不过现在西方的社会的情况,尤其是将来的情况,道德的标准、好坏的标准越来越没有了。自从18世纪启蒙运动开始到现在,我们这个标准越来越少了,越来越相对化了,道德标准一相对化就等于没有了。

梁:这个都是末梢,不是根本。还是孟子那个话,孟子说,人心有"同然",圣人是先得我心的"同然"。

艾:是是,道理我是了解的。不过就是现代化的社会,无论什么地方的现代化社会，什么人恐怕都有看法，就是举一个比较具体的例子，人性啊，男女方面的性事啊，本来十年前、十五年前我们觉得同性恋是变态的，变态性的。现在不同了，现在心理学家协会三年前宣布，我们现在说同性恋不是变态的，是正常的，也不是病，是不同，跟多数的不同。根据一个人类的性质，就是所谓的……跟天主教，他们是……这个传统，就是说大自然里边含着标准，大自然也包括人，就是说"自然法律"这个观念可以说是越来越没有了，可以说是更加没有了，什么都是被相对化了。那问题就在这里了，我的观点就是比较悲观的，您的还是乐观的。（梁：嗯，还是乐观的。）您觉得人类社会这个进步，我觉得没有纯粹的绝对的进步，某一方面的前进一步实际上是某一方面的倒一步、向后一步，没有纯粹的改善。运用理智解决物质方面的问题，西欧18世纪以来，科技方面一跃千里，不过这方面发展得很快，同时社会道德越来越不同了（梁：对。），甚至于，有人推测，我也觉得是很可怕的了……说到男女关系，男的女的问题啊，平等是不是现代化的一种标准啊？人都要平等，18世纪法国大革命一直到现在，无论什么社会，起码在名义上都要平等，那男女还不平等吗？最大的不平等，就是女的要生孩子，男的不能生孩子。再一个方面，科技究竟发展到什么地步呢？人的胚胎啊，生啊，不是人做的，是机器做的，是国家办的工厂之类的机构做的，那怎么说呢？没有家庭，男女关系也变成一种玩法，男女关系的道德也没有了标准，没有道德的基础了，那就是一个例子了。我以前提到的……的一本书，就是《美丽新世界》啊，就是描写这么一个情况。连那些跟本能有关系的需要啊，到那种社会也是想用不自然的人造的办法来满足啊。比如好像人有对一定精神的寄托，才能过下去。到了刚才说的那种情况，当然没有宗教，当然没有哲学，也当然没有比较抽象的思想。但是他们用一个代替品，代替宗教，就是《美丽新世界》里描写的，社会的带头人啊，就几个，可以说他们是为了社会的秩序，就是共同的道德标准没有了，所以他们用别的办法。行为注意得到，就是从小培养一种心理，人先天的一部分也是有它的控制的，生产人的工厂，对程序、方法也是控制的。

……有一种典礼叫作……有点奇怪的名字，就是说在形式上有点像宗教里的一种典礼啊，如果从您的《东西文化及其哲学》就觉得主张利用孔子的礼乐。（梁：嗯。）他们……还是在描写未来的一种情况，就是来一种形式，……东西是没有意义的，不过人还是可以把它当作一种宗教，或者起码是起宗教的作用的一种工具，比如别的自然的一种需要……

无论如何，人总是要死，这是无可避免的。您也说社会上第一条路、第二条路都已经走好了，到了一个地步，物质生活也很好，精神生活也很好，还是有死亡和变动这两个问题。那个时候佛、佛教就会复兴起来。我说得对吗？

梁：嗯，大致的意思是说佛教的根本，佛教怎么来的，就是因为他觉悟到人生是一种迷误，是一种糊涂（艾：是，是一种糊涂，一种迷误。），那么，糊涂在哪里呢？在哪个问题上糊涂呢？就是执著于我。

艾：是。我注意到糊涂的时候啊，先把第一条路，就是物质方面的问题解决，第二条路就是人生的心理，就是心内的问题解决，是不是这样啊？

梁：不是心内，是人与人的关系。

艾：是，是人与人的关系。不过心理还是有作用啊。

梁：第二个问题就是人与人怎么样子彼此相安共处。

艾：是，就是说社会是太平、是互助的。

梁：这个问题是退居第二的问题，稍微退下去，这个问题出来了。

艾：是，这个问题是这样的。我的意思就是这些都满足以后啊，人的关系都好了，物质问题也解决了，还是有人的死亡跟一切持续不断的变动这样的事实。那么人类面临这样的事实，还是会求到佛学方面。不过，假设社会的演变到那个地步、那个方向、那个样，还有别的办法解决这两个问题，第一是药（梁：吃药。），迷幻药，就是说一种毒品，可以这么说吧。我记得那本小说啊，说就是人稍微感觉到缺乏一点什么的那个时候，就吃药，好像有点喝醉的样子，也不会再想到。你过了你的关以后，你就不会再想到这个问题了。那个问题又起来的时候，就送这种药、迷幻药。还有一个人要死的时候，所有的人都怕死，从小训练他们，用行为主义的办法、行动主义的办法（梁：行为主义。），让他们不怕死。人自己要死的时候，可以用各种各样的办法，都是跟这个技术的发展而有所不同，药是一个，也用别的，反正……

人类的和平相处

梁：你不懂中文，我现在教给你中文，不懂数学，我现在教给你数学，教给你物理、化学，好像先生就在那儿，学校就是在那儿卖那个知识，对学生整个的人生没有领着他去走路，怎么样在人生上走，缺乏这个。我过去强调的就是以青年为友，帮助他在人生路上怎么样走。所以他的青年的心里有什么问题，有什么难处，包括他自己在家庭里头的难处，不计什么吧，或者他对于什么疑问，思想上有什么疑问解决不了，在这些个地方来帮助他。以青年为友嘛，帮助他。帮助他干什么？帮助他走上一个正确的人生道路。那么帮助他走路，实际上是一个无所不包，假定他心里有什么问题、有什么苦闷，都希望能够跟他交朋友，让他把他的问题都说出来，看我们能够帮助他多少。

艾：现在的情况怎么样啊？还需不需要那种比较包罗一切的教育啊？现在的学校是不是更强调卖给学生这些知识罢了？

梁：现在学校的情况我们也不大清楚。

艾：三十多年前您写过一句话，好像是人类相处的，和平地生存，不然就根本不会生存，就会灭亡，那么现在这两条路了，除非各国各民族相处比较好，不然……

梁：它就是由于现代的新的武器，杀伤力太大，毁灭性太大。由于毁灭性太大，就逼得我们不敢发动战争，不能随便打仗，打仗就要毁灭，所以么，怎么样一个和平相处，是一个现代应当讲求的道理，是这个意思。

艾：近三十年来，全人类活在原子战争的笼罩下。有人预测假如原子战争发生，全球的人类都会被灭绝了。那依先生看呢，人类到底能不能生存下去，会不会遭到毁灭？

梁：毁灭是不容易了，就是原子武器杀伤力很大，杀伤万人几十万人百万人乃至千万人，它还是不能灭绝，不能绝。灭绝的话是谈不到，不会有，这是一面。再一面，就是这样一个毁灭性太强大的一个武器、一个力量，恐怕也不会轻易去用它。我的意思就是借用我的一种估量、估计，我的估量、我的估计好像也说过一些，就是美苏如果碰，它内部会出问题。美苏之间有战争，战争不会拖延很久，恐怕打起来之后，苏联要发动它自己本身的问题，它自己本身崩溃，美国也要出问题，我的一个看法吧。

艾：内部的问题到底是什么样的问题？

梁：各有各的问题。苏联现在的政权它不是压抑得很厉害？它对于许多的少数民族压抑得很厉害。所以它崩溃的时候，阶级问题、民族问题都会出来了。

艾：也有人说，原子战争一发生了，弹一爆发，里面辐射性的……

梁：对，影响很大，影响得远。

艾：是啊。甚至于全球的每一处地面都会有一些放射性的污染，有人说基因也受了影响，对全球的人类会有很大的非常不可逆的影响。

梁：对。

艾：一百年来，中国最苦难的时代、苦难的时代是什么时候？

梁：苦难的时候还是在以前。

艾：哦，在一百年前。

梁：不是，不是一百年前，是在一百年的前半。（艾：是是。）就是帝国主义侵略中国，也引起了中国的内战。没有皇帝了，皇帝倒了，皇帝倒了好像也可以说出了好多皇帝。所以内战是最苦痛的，自相残杀。

艾：您刚提到就是皇帝没有了，这件事情我也有一点意见呀，就是中国四千多年来一直都有皇帝，也都是跟西方或者中东的古代皇帝不同，他是政教合一的皇帝呀，就是说在古代的中东，比如说埃及呀，或者别的最古老的，这个神职……

文化的危机还没有过，还没有一个新的经常的最基本的价值判断成立，好像变了，跟时代变了。那政治上面已经算是没有民国那个时候那么乱的，不过最基本的，就是说，假定文化是等于基本价值判断，是什么是好、什么是坏，那恐怕中国还是在一个危机之中。再过十年或者二十年，标准也会变吧，那就跟西方的国家一样了。当然了，我们这两百多年来，可以说是搞文化的危机了。最近是比较严重了，我们到了，比如可以说是越来越没有道德了。那这种危机呀，无论是说中国的或者说西方嘛，还是存在的，我基本说的这基本的问题，就是Crisis。我不知道这次有没有讲清楚，不过大概的意思您也许已经有点……您对这个有没有高见啊？

梁：我是觉得时代走到这个时候、走到现在这个时代在所难免，可能慢慢好一点。对于，不要说是整个世界了，单就着中国说，就比从前好。现在不是有两个口号，一个叫民主，一个叫法制，现在很提倡这个。就法制来说，是有法制，不像从前那么乱，不像从前那样没有标准，不像从前那样个人说了算。

艾：我明白您的意思，那主要的是因为这个政局稳定了。不过，政局是一层了，恐怕政局以下有更深的一层了……

梁：比如说，民主就是必须能够表现在不是口号上，在事实上。现在就比前些年在事实上有表现，在工厂里头车间主任可以公推、民选。从前都是党兼啊，党的委员兼车间主任了。现在不是了，现在工人可以自己选举，选举车间主任，这是说工厂里头。那么农民方面，公社现在也是这个情况，已经往这个方向上走了。这个民主就不是完全空话了，不完全是个口号了。同时现在也是讲求法制，反对或者是不许可个人说了算，那个过去了，现在就是讲求集体，集体领导，比过去毛主席那个时候好多了。过去毛主席那个时候，他的权威太高太大，也造成很多的损失祸乱，特别是"文化大革命"那个十年，很乱，很乱。他曾经说过那样的话，革命不是做文章，革命不是绣花。呵呵，好像是，乱也很好嘛，让它乱，他就有这个意思。

艾：是，是有这个意思。不过"文化大革命"算不算革命啊？就是说有没有革命的对象呀？

梁：它叫"破四旧"嘛。

艾：那"四旧"算是……

梁：对象嘛，呵呵。

艾：不过您20年代、30年代都表示过，中国现代的问题就是一个新的社会还没有成立，旧的社会已经破坏了。那60年代"文化大革命"的时候又不是这样，还是在过渡时期吧，那个时候？所以还没有对象，"四旧"可以说已经打破了，那要再打破的话……

梁："破四旧"是毛主席的话。

艾：是是，我知道。我看您自己的……

梁：我自己的意思，我就是说自从这个清朝一倒，全国陷于一种军阀内战，那个时候没有什么是非可讲，完全是一个变乱的时期，一个临时状态（艾：嗯。），这种状态不可免，因为对老的君臣那一套都否认了，所以不可免，不可免出于这样一种混乱的局面。局面是不可免的，谁也没有承认这样的局面是好的，是对的，是应当的，没有人承认。实际就是军阀他自己也否认，也说军阀为祸，是一种祸害。

艾：对，他常常互相骂，一个说你是军阀，一个说你是军阀。说是谁，谁就是不承认。

梁：这个时期是不可免，但是有机会要过去，它不会停留在这个样子，它会过去，那么现在就是已经过去了。军阀割据，各霸一方，这个情况现在已经过去了，现在全国是统一的、稳定的。

艾：不过，现在中国人民有没有共同的道德标准啊？就是大家伙确凿深信的一种是非标准、一种价值判断的标准啊？

梁：恐怕还没有。

艾：就是我讲的，西方也没有。那中国的情形……

…………

梁：……我不够一个学问家，为什么？因为讲中国的老学问啊，得从中国的文字学入手，才能够有中国老学问的根底。可是中国的文字学我完全没有用功。所以对于作为古书根底的文字学，我没有用过心。那么，对于中国古书也没有读过，小时候没有读中国的经书，所以讲到学问的话，我的中国学问很差、很缺少。那么再一方面呢，就是近代的科学，外国学问，我的外文又不行，也不能够，所以科学也就不行了。科学主要的还是自然科学，那么在自然科学上我在中学的时候学过一点，学得很粗浅。所以外国学问也不行。这两面说下来，就是说我完全不够一个学问家。

那么我所见长的一面，就是好用思想，所以如果说我是一个思想家，我倒不推辞，不谦让。思想家跟学问家不同，学问家他知道的东西多，他吸收的东西多，那么在吸收、多知道、多看，里边当然也有创造，没有创造不能去吸收。可是在一个思想家来说，他不同于学问家的，就是虽然他也要多知道些东西，不知道古今中外的一些个知识，他也没法成为思想家，但是呢，他的创造多于吸收，跟学问家不同。那么，所以我承认我自己是思想家，不是学问家。那么我的这个思想呢，也受到启发，启发我的是佛教，是佛学。我想说的话，就是这么一段，思想家不是学问家，在思想上给我很好的启发的是佛学。

（1980年8月22日）

十三 现代化的危机

教育的力量

艾：……另外一个定义是比较抽象的，就是理智化的程度，就是一个社会里一切的组织或各种事物、过程，都是以效率为价值判断的准绳。那么现代化的过程中，道德已经越来越不起作用，越来越不是一个准则，因为唯一的准则就是效率。那也是现代化的一种定义。还有一种，是跟经济成长有关系，就是和国民生产总和有关的，不过，这个是比较难讨论的，因为这是经济学方面的。我以前跟您讨论过的，我自己觉得，我的观点、立场比您的悲观一点，我自己认为现代化就是一个逐渐失去人性的一种过程。

梁：现代化是什么？

艾：现代化是一种使人类失去他们本性的过程。

梁：噢哟！

艾：（笑）我们昨天前天谈到一些道理，第一，道德因为都是相对化的，所有无论什么社会的道德啊，都与别的社会不同，没有绝对的道德了。那没有绝对的道德么，那是等于没有道德了，因为是相对化了。所以这三百年来在西洋啊，这个道德的准则，越来越没有的，唯一的准则、唯一的就是效率。或者以个人的生活来说呢，身体所发出来的要求，那是我们人类，无论什么社会共有的要求，别的道德方面的，不是共同有的标准，那就越来越没有了。当然中国的社会历史背景不同，中国政教常常是合一的，佛教包括……看最近欧美、日本的社会也可以证明这个道理。他们讲现代化的目的还要继续付出代价，这个代价就是人的本性的一部分。没有一个利不带一个弊，所有现代化的物质生活的方便、高效率，控制、征服自然的能力，也带来一些弊，笼统地说是道德上的损失。具体的来说吧，拿家庭来说，西洋的家庭组织啊，好像观念越来越淡啊，越来越……假如说亲情关系是道德关系的一种，那这种关系就越来越淡了。而唯一的关系就是社会的基本单位是个人，个人跟国家，个人跟政府，那这种过程呢，不限于在欧美，连在日本也看得出来。日本的固有文化的许多部分也是已经被淘汰了，甚至于快要……比如，日本传统的戏叫作"能"，有还是有，还存在，不过那是因为国家要保护它，是博物馆里面的一个东西，不是活的。所以虽然许多东西表面上还存在，不过已经是放在博物馆里面看的。那中国发展的路程好像不同，因为它历史上独特的地方，是历史这么悠久，文化一直四千多年，那是只有中国有这种情况啊。我悲观的就是，中国跟着别的国家走，久而久之，总有一个时候要付出现代化的代价。不知道您对我这些话有什么反应？

梁：如你所知道的，我是比较乐观。我觉得变化不会很大。如果说是变化，或者说是破坏，早已开始破坏了，早已变化了，从清朝末年已经变化了。在毛主席建国以后的北京，都更加变化。举一个例说，从前都是老中国，喜欢大家庭，保持大家庭，如果祖父在，儿孙都不能分家各自过。如果各自过，那是很遭到大家诽笑的，这样子好像很缺乏礼仪吧。可是现在统统分了，现在都变成小家庭了，没有大家庭了，都是各自过日子，都是分家。从前呢，分家包含分财产，现在新的中国财产的重要性降得很低很低了，谁也没有很大的家财，可是谁也都能够有工资，特别是妇女从前自愿在家庭里头，现在女同志也能够参加社会，能够出来做工，自己有收入，这个变化就很大。

艾：那么这个过程推论到未来，那就不会有家庭了，甚至于昨天讲的这孩子也不是父母生的，是用一种技术在工厂样子的一个地方生的。到那个地步，那当然现在还不可能了，按照逻辑来推论啊，即使个人……换一个说法，现在在欧美，我想苏联、东欧我也还不大清楚，就是现代化以后的社会，人唯一的尊敬的规则，就是法律的规则，现在是讲法律的社会，讲个人权利，那人就是专门为了个人的自私的利益而行动，讲到结果整个一个社会分裂了，没有人跟人之间的一种伦理。我自己的看法，我这本书里也是这么写，您乡村建设的计划，连毛主席原来抗战的时候、延安的那个时代所用的计划吧，以后还有，就是说也有保存道德的那部分，也有现代化。就是说两者同时，就是"利"要，而"弊"要避免掉，坏的要避免，别的地方的现代化的恶果要避免的，利益还是好处呢，还是要。就是说，我自己觉得这个矛盾啊，不能两者兼得。您的看法，您当年的计划，毛主席自己的，也可以说是两者兼得了，要避免欧美现代化的恶果，而要欧美现代化的好处，现在呢，您觉得还可能吧，还可以两者兼得，就是避免坏处而得到好处啊？

梁：我想，相对地说是可能的。中国假定能够说有民族性、民族精神，中国人还是中国人，尽管说，他已经变化很大，或者是破坏很大，但是还是有他中国人的精神、中国人的气味。

艾：假如说，只有一个标准——效率，所有的社会的一切都是为效率而组织的，那么无论什么社会，美国的社会，每一个国家的社会，会越来越一样。因为这个是客观的标准啊，精神是主观的东西，气概是主观的。一百年前的东京，跟一百年前的纽约很不同，现在的东京和现在的纽约很相同，那您觉得中国人还是能保存原来有的精神，那是乐观的。

梁：刚才我说过的话，如果说是有许多中国的礼俗、风俗已经破坏，那是早已经破坏了，拿民国初年跟清末比，已经都变化了，现在更变化了，更破坏了。可是尽管破坏，中国人还是中国人，他还有一种中国人的气味吧，中国人的风俗习惯。

艾：这个风俗习惯、气味啊，怎么能保存呢？

梁：这样子说，讲不能保存是早已不保存了，并不是今天。可是讲到保存的时候，一直到今天也还是在保存中。

艾：直到今天不错啊，不过明天呢？一百年后呢？这很难说。您和毛主席有一个共同之处，对大城市，西洋化的大城市，比如说上海都有反感吧。可不可以这么说啊？

梁：也不能笼统地那样说。上海的许多风俗习惯，不好的风俗习惯，而不能说整个上海的风俗习惯都是不好的，话不能这么说。

艾：我的意思就是上海的特点是当年，就是30年代，是最西洋化的地方了，可不可以这么说啊？

梁：它这是商业化吧。

艾：西洋化、商业化，其实这两个词很接近了。

梁：对。

艾：因为现代化的一部分也是商业化这个过程，就是人跟人之间的唯一的关系就是经济关系，不是伦理的关系，换句话说法律的关系越强，而伦理、感情的关系越淡。所以30年代的上海可以说是最西洋化的、最商业化的中国的地方，对不对呀，这个样子？（梁：可以这样说。）那我知道啊，虽然当年您和毛主席没有很明确地说上海不好，不过起码我们西洋人都公认毛主席有这种反感。我们研究您的思想，也有这种观念。就是说这方面您跟他对西洋化和商业化有共同的地方，你们俩都是很乐观的，可以说是都觉得可以有西洋化、商业化的好处，而同时避免带来的坏处，坏处就是阶级化，就是无产阶级和资产阶级的分别是很明显的。中国的传统社会，就是乡下社会，阶级是有的，不过不是这么很明显的，比较模糊的，很难……尤其是这个亲戚关系啊，到底一家人是包括多少人，包括什么人，这一点是模糊的。不过在大城市是不同的，这一点是明确的。

梁：我要补一句话。（艾：好。）因为中国太大，就我所了解的，全国各地方的风俗习惯很不相同。就说一个问题吧，什么问题呢？就是我预备说的一个问题，就是地主跟农民这样一个问题，在全国来说，很不相同。有的地方，地主跟农民是两个阶级，好像是地主是贵族、贵人，农民是一种苦力。可有的地方完全不同，因为我熟悉的有两个地方，一个地方就是我所工作的山东邹平县，再一个就是我也熟悉的定县，就是晏阳初在那儿做的。有一位美国留学的朋友，叫李景汉（艾：是是。），他在定县做社会调

1979年底,梁漱溟移居木樨地复兴门外大街22号楼,图为梁漱溟在新居楼下晨练。

查的工作。在邹平这方面呢,如果我们提出来佃户、佃农这个名词,邹平人他都不大懂,不习惯。为什么?因为邹平县里的农民几乎每一个人都有少量的土地,他替旁人、土地多的人耕种,土地多的人就是地主了,地主给他分多少地,请他耕种,关系很平等,不是两个阶级,所以他们没有用佃户这个名词,在邹平这个地方没有。而在定县这个地方,佃户把地主的土地耕种了,耕种之后嘛,他跟地主分,把收获的几成分,有对半分的,也有六四分的。那么总而言之,到收成的时候给地主交去了,交去的时候,地主要请客,地主要请替他种地的农民坐下来吃酒,地主还要给他敬酒。这个简直在旁的地方都不知道,哪里有这个事情呢?所以中国实在是太大了,它一个地方一个地方的风俗习惯很不同,我知道的一个邹平,一个定县是如此。可有的地方就不同,我也是听说的,没有亲自看到,比如说有个地方也是在山东,叫诸城,诸城这个地方向来出大官。中国后来一个有名的书法家,叫刘石庵,他就是诸城那个刘家,世代是大官。他那里的佃户对地主那简直就是主奴的关系了。所以我总体来说，中国地方太大，各地方风俗习惯不大相同，不可一概而论。

艾：对对。那您不认为现代化会使人的善良性逐渐地消失了，就是使人与人的关系冷酷无情起来了，也不觉得人的欲望横流，道德破产了，就是现代化也不一定会带来这一过程？

梁：刚才我已经说过了，如果是带来，已经不是今天的事情了（艾：是啊。），带来很久了。可是尽管受到一定破坏，但是还是有没有破坏的地方。就是这些点将来有变动，也不一定就叫作破坏。

艾：那人类的生活的机械化，就是说当然方便的地方以外，农业机械化，技术机械化，我说的是人好像变成半个机械或者活得畸形的样子，这个算不算现代化的一个危险？

梁：危机。

艾：哦，您还承认？

梁：当然我承认。

艾：那么最好的避免办法是什么？避免这个恶果的办法是什么？

梁：或者是国家从教育方面来注意。而所谓教育不一定是学校教育，当然学校也包含在我说的教育里头。比如在小学校里头，对小学生，要他们怎么样子有礼貌啦，怎么样子帮助人啦，怎么样子互相爱护啦……

艾：您觉得教育的力量还是很大的？

梁：那当然。特别在小学里头，教育是很有用。

艾：那假如有一个人，从小就觉得我的生活、我的一切就是为了我自己，不是为了团体，无论什么团体，就是以我个人的利益，你怎么说服他为了团体而……

梁：办法不在说服……

艾：那用什么办法？

梁：办法不是在说服，办法还是在养成。

回顾此生的感想

梁：……是一个笨办法，讲道理是在意识方面让他……说话是力量小，一定要在说话之外，办法在说话之外，在空口讲之外。

艾：那养成一种风俗呢，我记得您当年乡村建设工作的时候啊，也是用这个说法，养成一种新的风俗、新的风气。当年用的办法也是用讲学的这种样子，宋明的讲学本来是在教育里用的。我再说一遍，当年您在北大的时候已经对讲学，就是中国传统的讲学很感兴趣了，觉得这个可能是可以当作一种社会运动的单位，或者……

梁：我说把宋明儒者讲学的风气跟近代的社会运动合二为一，曾经提过这个意思。

艾：那在乡下呢，您主张用乡约的办法来……

梁：我提到乡约的话，是"吕氏乡约"[①]。

艾：就是乡约的讲学可以说有关系的，有类似的地方。

梁：嗯。

---

① 吕氏乡约，吕大忠、吕大防、吕大钧、吕大临世称"蓝田吕氏四贤"。1076年四兄弟订立《蓝田吕氏乡约》，为古代民间基层社会的自治组织条例，成为地方乡厅提倡的道德准则。其启发来自于《周礼》和《礼记》。朱熹（1130—1200）和王阳明（1472—1529）深受其吸引，曾订立过各自的乡约。

艾：那么毛主席尤其是抗战的时候所用的办法，就是战胜以后其实也用这个办法，就是学习团体、学习小组，有一点这个味道，就是彼此鼓励，彼此批评，彼此一起学习，方向还是向上的方向。那么现在的情况来说呢，您觉得这种办法还是有用啊，就是为了避免我刚才讲的现代化会带来的弊病，乡约一类的、学习小组一类的、讲学一类的这种办法会不会起这个作用，避免现代化所带来的不好的方面啊？

梁：我们应当提到毛主席提倡的学习小组跟我刚才谈的完全是两回事。毛主席提倡的，一直到现在我们还在进行的，叫作思想改造。毛主席有毛主席的用意，思想改造运动跟刚才我们说的在乡村里头所下的功夫、在小学对小学生下的功夫，那完全是两回事。

艾：为什么说是两回事啊？

梁：因为他这个是作思想改造。我们在政协，政协委员有学习小组，他是说要把非无产阶级思想去掉，跟刚才我们说的需要在社会上、要在小学生里培养一种新的风气，一种新的礼俗，那完全是两回事。他这个是思想改造。

1987年11月，梁漱溟在北京"梁漱溟思想国际学术讨论会"上致辞，其左为张岱年，其右为任继愈。这是梁漱溟最后一次在公众场合露面。

艾：我知道怎么说了。从我们西洋人的立场来看这两个现象啊，我们觉得还是很相同啊。我们站的地方，我们的立场是在这里啊，它们这两个现象都比较相同，而且跟中国传统有关系，就是儒家一直相信教育的力量很大，还可以好像创造一种新的人，我们英文就是 Environment，每天围着你的人，都是有这么一种精神，你无形中也会好像受他们的感染（梁：影响。），连道德方面也会受影响。这是儒家很基本的一种看法、原则。所以我们西方人看，还是有许多类似的地方，我这本书也是这么说的。那当然从您的立场来看，完全不是那么回事，这个我也可以了解。

  说到这本书啊，我想就是基本上看一下，请教有没有什么别的错的地方、事实方面、事实错误。第一个问题，这本书最后的一段，可以说是描写您已经七十多岁了、八十多岁了，您当年的朋友们，当年的对手，当年的什么人都已经去世了，那个时候，胡适、周恩来、李济深、李宗仁、毛主席都去世了。那您，我这么写，虽然现在不是社会的一个大红人、什么人都知道的家喻户晓的一个人，不过算是一个好的、英文说的 Old Age，就是说有孙子、身体也很好，还保存着原来的自尊心、自豪感，这还不错吧？那就是说，可能梁先生单独地在积水潭那边，就是您父亲的那个地方散散步，可能他会向他父亲的那个石碑座——那个石碑已经没了——看看，也可能看积水潭——现在在积水潭有小孩子在游泳，但起码……1973 年我来的时候，没有机会看见您，积水潭我是去看了——在我那本书中最后一句话就是，"在这种情形之下，梁先生会在想什么？"就是说最后一句话是一个问题，就是问读者看了这本书之后，看了梁先生的生平，您觉得他现在在想什么？那现在有这个机会可以借着请教啊。

梁：我没有听明白你这个问题。

艾：哦，是的。我就是说最后一句话是 What would be his thoughts，就是说您年纪很大了，当您的朋友都去世了，可是您还有以前的自尊心，有孙子，您假如是在积水潭那边散散步，会想到什么？会想出什么来？

梁：有什么感想？

十三 现代化的危机

艾：就是说也不是限于哪个方面，您一辈子的，您回顾您一生的感想吧。

梁：不过我现在要说的，听说那个地方完全改造了，完全改造了，面目全非。（艾：噢。）听说，我没有去看，人家告诉我。

艾：1973年我去的时候，原来那边，他们在挖一个很深很深的不知道是什么东西，很深的，是不是铁路什么的……

梁：现在完全改了。

艾：完全改了。就是说，这几年来，您还住在德胜门那边吧？搬到这里以前是住在那边吧？

梁：我已经搬了……哎唷，换了几个地方了。

艾：噢，换了几个地方。

梁：现在的那边，积水潭那边，我自己没去看，但是我第二个儿子他去看了，他回来告诉我，全改了，面目全非，找不着了，他是这样说的。

艾：噢。那假定您是这么做的，在那里散散步，回想过去的一切，您会有什么感想啊？

梁：也没有什么。我要说的一句话，你了解我，我是一个佛教徒，佛教徒他把什么事情都看得很轻，没有什么重大的问题，什么都没有什么。再说到我自己，我总是把我的心情放得平平淡淡，越平淡越好。我的生活也就是如此。比如我喝白水，不大喝茶。我觉得茶，它有点兴奋性，我觉得不要喝茶好，给我白开水的好。我吃饮食，我要吃清淡的，一切肉类，人家认为好吃的东西我都不要吃，并且我吃得还很少，不注意滋味、口味。生活里无论哪一个方面，都是平平淡淡最好。所以你问我有什么感想，我没有什么。

艾：好。

梁：再补一句话，因为这样子非常平淡，也许跟自己的寿命有关系。

艾：梁先生从十几岁是这个样子，还是……

梁：当然不是。

艾：那什么时候到了那个地步，到了超脱一切的程度？

梁：到了晚年吧，到了晚年才能够这样子平淡，虽然有些其他习惯是早有的，比如素食，不吃任何的动物有七十年了。

艾：对，这是很久的习惯了。

梁：在心情方面能够平静、平淡，这是越到后来越能够这样。

艾：我这本书把您当作中国现代、中国近代，起码是20世纪的，最标准的、最有代表性的儒家，那您刚才告诉我您一直还是佛教徒。当然我知道《东西文化及其哲学》里写道，我虽然现在可以说是不主张佛教，而主张儒家，我自己现在也算是儒家了，不过您说还有这样"执"，手字旁那个"执"。

梁：我执、法执。

艾：对，就是说除非把这两执，……我忘了您用的什么字。

梁：它叫破，破二执。

艾：不破二执，还是得不到真理。我知道您还是佛教徒。不过您生平都是很标准的儒家那种传统，就是因为这样，我就这么用。其实这书名也并不是这个意思，英文好像好听，比较引人注意，我才用了。

梁：我觉得这个书名还好。什么叫好呢？就是比较还合适。说我是儒家比说我是佛教徒还合适，因为让大家了解起见比较合适。

艾：您刚说的，到了晚年才到了非常高的超脱一切的那种状态、那种领域啊，那是不是到了晚年您对佛教的感情也增加了一些？

梁：一直一样。

艾：完全一样，一点改变没有啊？

梁：没有。我自认为是佛教徒，不过就社会上多数人、一般人来说，不如像你说的是一个儒家之徒好。我愿意接受你这个。

艾：也有一个可能是很深的、很大的一个错误。当然，没有机会和您见面，也没有机会当面了解您的心理到了什么程度，从您的书面的东西和您在香港、在台湾的朋友或者是认识过您的人的资料中，我觉得心理的解释是这样的，辛亥革命以后，您就发生了两次自杀，精神危机，我就把这个时期当作您的终生的转捩点。

梁：转捩。

艾：就是说经过了那个时期以后，您的方向，您的一切可以说是已经定下来。

梁：渐渐地稳定了。

艾：现在的眼光来看，您觉得当年的那个时期是怎么样的？

梁：很不同了，现在跟当年。那个时候才十几岁、二十岁。

艾：就是那个年龄，不要说中国人，每个社会的人，他们最基本的，我们英文说 Identity，翻译成中文就是"他们自认是谁"，他们自认他们是什么样人，是到了那个年龄才有的，所以我把您那个时期精神的危机叫作 Identity Crisis。有一个美国的心理学家，年纪很大了，跟您差不多，本来在哈佛大学教书，用心理分析学的办法来研究历史人物，写了一部关于甘地的书，一部关于德国中古时代 Luther 的书。

梁：卢梭？

艾：卢梭（应指马丁·路德。——整理者）。反正我是用了他的办法的一部分来研究您自己的。就是说他觉得人的一生最主要的一部分就是 Identity Crisis，常常是十几岁，快二十岁。

梁：就是那个时候。

艾：我看书面的资料，没看别的，是很重要，不过是书面资料，不是活的东西，您觉得我这个分析方法怎么样？

梁：没有什么不同的意见。我补充一句话，那个时候，就是在十几、二十岁想自杀的时候，好像自己厌弃自己，并且还有一种知识不够。什么知识不够？以为是自杀了就完了。后来明白自杀并不能完，并不是死了就没有了，不是这样的。所以自杀是一种无效的，是错误的、糊涂的。后来才明白，当时不明白这个意思。当时只是有一种自己厌弃自己的味道、意思。

艾：其实我看了您关于这个时候的一切的著作，就是一切所写的，其实有好多不同的，您刚才说的自己厌弃自己是一种了，一种呢，就是说自己的理想、自己的标准太高，您自己也还是好像爬不上，就是说虽然觉得别人不好，不是合乎您的标准了，可是您自己也发现不如，自己也跟自己打架（梁：对。），那还有别的。反正我有两个问题，假如您不想回答就不回答了。我觉得是非常不好问的……

梁：可以。

艾：第一，您说的那两次自杀，您到底是怎么样地自杀，是投河自杀，还是打枪啊……

梁：就是想投河。

艾：投河。有一次在南京，您书面是这么说的，那第二次也是在南京还是在别的地方啊？

梁：第一次是在北京吧。

艾：第一次是在北京，好。那第二个问题，就是比较不好问的，我觉得您关于那个时期的说明，有很多，不同的，也不是自相矛盾的，都很合理的。现在看我觉得很合理的。不过，您一直没有提到您父亲，就是说辛亥革命，已经与父亲有冲突了，用西方人心理分析的方法，在中国的社会啊，这种好像跟父亲有冲突的是非常严重的事情。

梁：这个我要说明一下，冲突不大。我书里都讲到了，那个时候因为自己参加革命，参加革命是要推翻清朝，父亲是在清朝做官。父亲知道了，并没有好像发怒啊这个样子责备我（艾：是。），没有那样子；他就是说，在我们这样的家庭里头，不好这样做，可是他也没有怎么样干涉我。

艾：是。不过，就是说辛亥革命成功以后啊，不，辛亥革命还没有成功，他已经对什么代议会这种机构怀疑是不行的……

梁：他不是怀疑这个机构不行，他是原来一直寄很大的希望于国会。但是，国会开会，特别是众议院，有参议院、众议院，参议院正副议长很快选出来了，众议院开会一个月之久，议长不能产生。就是一个议员就是捣乱，一个月之久产生不出来议长。他失望，他以为国会好像是全国优秀的人物相聚一堂的，但是他看国会自己总捣乱、打架、彼此相骂啊，他就很失望。
…………

（1980年8月24日）

初版后记

23年前,美国学者艾恺教授访问先父梁漱溟,连续长谈十余次,存有录音磁带,如今全部转为文字成书问世。可说这是原本不曾料想到的事,而今竟成为现实;也可以说这是来之不易吧。

使此事得以实现者,首推今已九十八岁高龄的田慕周老先生。正是田老提出,并经手从远在美国的艾恺教授处索取到这批录音磁带的,那是先父身故后两三年的事,随后又是田老亲自邀约八位年轻朋友（他们名字是:孙明磊、高琳、周伟、周毅、陈波、苏怡、孙艺、田雷）,并自己也参与其中义务地将录音转为文字。因此,才得以将这一珍贵的访谈的详细摘录,约四万字收入《梁漱溟全集》最后一卷（卷八）内。这是这一访谈内容首次与读者相见;时间为1993年。

又过去了十多年,现在又由"一耽学堂"的逄飞、徐君、蔡陆、张来周、张佳等同志,再次据录音逐字逐句,不作任何删节、修饰或润色,全部转换为文字（录音质量欠佳或因存放过久而模糊不清者除外）,共得十余万字。由于强调了要"逐字逐句",因此口语中常出现的单词或语句重复,甚至整段的内容完全相同,仅是词语上大同小异而重复出现者,均照录不误。这样就为读者提供了近于原汁原味的东西,使读者有若现场亲自聆听的感受。现在此书即据此为内容。

当此书出版事初具眉目之后,又与艾恺教授联系,请他为此书作序。他很爽快地应允，随后不久即将序言寄来，并附一相片。艾恺教授的汉语真可以说是棒极了；无论是文笔或口语，水平均甚高。由于同一汉字常有四声变化，外国人难掌控，说话时多给人奇声怪调之感，而艾恺教授不在此列。他的文字功夫由所写这篇序言也可见。这是他直接以汉语写成的，不仅顺畅，而且具有一些文言文色彩。这对一位外国人来说是十分不易的。

1980年他首次与先父相见时，我有幸见过他。先父故去后，他差不多隔三五年都有机会来北京，来后也多与我们家属联系相见，聊聊家常，我也曾请他来家中做客。家里面积较小，又无什么陈设可言，称之为"寒舍"，再恰当不过。如果备有饮食，也甚简单，而艾恺教授是位平易近人、十分随和的人，对此全不介意。现在他为此书写出序言，使此书增色不少。但他对此书所作贡献远不止此。访谈有问与答两方，缺一不可；而且他是一位对被访者作过专门研究的学者，并著有被访者的传记专著，其提出的诸多问题，就深度与角度而言，都非泛泛，这也使谈话内容多事关重要。因此可说，这次访谈富有内容，取得了成功，其中自有艾恺教授的功劳。还可以说，他与田老二人同为对此书成书有很大贡献之人；当然他们尽力的方面是有所不同的。

访谈内容涉及方方面面，读者读后便能知晓，无须赘述。但在此愿指出先父在言谈中所显示出的那种心态与神情，值得一说。

此次长谈时，先父已八十七岁高龄，可算时届垂暮之年了，可他不仅头脑清晰、思维敏捷，而且话里话外不时流露出平和而乐观的心态，毫无老年人易见的感伤、消沉的影子。例如谈到中国文化的传承，儒家思想如今尚保存在人们的心目中有多少时，他承认旧习俗多遭破坏，可他说"但不能说一扫而光啊！""中国人还是中国人，他还有一种中国人的气味吧！"因此他对中国文化在中国的"前途并不悲观"。至于说到世界的未来、说到人类的前途，他说："我是比较乐观的。"那为什么如此乐观呢？这自然与他自有其坚信不移的理念有关，而这一理念又正是他经过深思熟虑后自己所提出的。他认为人类面临有三大问题：人对物的问题；人对人的问题；人对自身的问题。三者先后各成为人生的主要问题，而一旦求得其基本解决之后，人类生活的主要问题便势必由前一个转为下一个了。也正是基于这一认识,自20世纪20年代中叶即提出"世界的未来是中国文化的复兴"的主张,至今不移不摇,那么,他为什么自认为"我好像是个乐天派"就不难理解了。

  不仅如此,他对自身种种经历遭遇,如"文革"受冲击、批林批孔运动中遭围攻等,当艾恺教授问起他时,他承认当时"心里有点不愉快",可"几天我就过去了",且发出笑声,可说是谈笑自若。而当谈起先父也曾遭遇过苦难有类似于王阳明先生所经历的"千灾百难"时,如1939年出入敌占区时,他说那"差得多"。可问起他什么时候最快乐时,他却说都"差不多";如说有什么差别,就是"有时忙,有时比较清闲"罢了。甚至在谈及生死时,他承认,人都是"不愿意死的,其实不需要怕,不需要希望长生,任其自然"就好了。至于一生的成败得失,如乡村建设运动的失败,奔走国共和谈中的挫折、失误等,在先父的心里反有尽责尽力一念,成败似是在所不计的。末了应指出,此访谈内容对研究了解先父梁漱溟有一定价值,而对这一资料的保存最为关心、最为重视的,莫过于田慕周老先生;现在终于得以成书,流传于世,保存下来,这是可以告慰于田老的。最后,祝田老健康长寿!

梁培宽

2005年11月20日于北京

后记补遗

2006年本书首次问世时，曾写了"后记"，现在又写"后记补遗"，附于其后，自是有感于前者有所疏漏，应做些弥补。

且从此书成书经过入手来说。

由谈话录音开始，至末后成书，大约经历了两个阶段：初加工与精加工。

初加工由一耽学堂组织了逢飞、徐君、蔡陆、张来周、张佳五位义工负责将录音转换为文字，其中过半工作由徐君承担。末后据录音对全文、对断句标点等，又作一次全面校核，由逢飞（学堂总干事）完成。这是下一步进行精加工的基础性工程。

精加工包括：将全文划分为章节（段落），并拟出大小标题；同时选取与谈话内容相应的论述（取自《梁漱溟全集》中的"思索领悟辑录"）配置在书眉，又将谈话中要点标出于书口，等等。这些工作由黄明雨同志完成。还应指出，选用具有悬念意味的《这个世界会好吗？》为书题，而不用"某人晚年口述实录"这类直白平淡的文字，使此书增色不少。显然，要进行精加工的工作，必须反复阅读全文，使全部内容熟烂于心，否则难以完成。黄明雨同志为此书付出之多可想而知。

本书2006年由上海东方出版中心首次印行。2011年又由天津教育出版社再版。如今2015年又由三联书店接力，出第三版。前两版均各加印多次以满足读者的需要,由此亦可见此书受到社会的关注与推重。现在三联书店的同志又以精益求精的态度作出努力,再次勘误订正、增补若干注释与人物简介等,质量又有提高。可以预期,第三版以新的面貌与人们相见,将获得读者的好评。

  最后,应说到令人尊敬的田慕周老人,正是这位年高德劭的老人,多方奔走努力(笔者自愧不曾如此关心此事,仅做了有限的努力),终于自美国艾恺教授处索得这 30 盒谈话录音带,有了此后成书所不可或缺的基石;若无此基石,《这个世界会好吗?》又从何而来?田老是长寿之人,2009 年逝世,享年 101 岁。当他 98 岁时(2006 年),曾躬逢此书首次问世。此后第二版(2011 年)和将由三联出的第三版(2015 年),田老均无缘见到了。可田老为成书提供录音带所献出的那份心血,仍显现着关键作用。田老追随老师梁漱溟先生一生,二人谊兼师友,老而弥笃。此书正可作为尊师重道与师友之谊的一种纪念。

梁培宽 写于北大宿舍
2015 年 5 月 10 日 时年九十

  田慕周先生(1908—2009),名镐,河南开封人。1932 年毕业于燕京大学法律系。次年至山东邹平乡村建设研究院短期学习后,即留院工作。先后任编辑、训练部与乡师教师。1935 年任邹平实验县民政科长。日军入侵后,随部分乡建同人往四川省南充民教馆任导师班主任。1940 年后曾任职于四川省府及行政院。梁漱溟晚年著述之誊清缮写工作及出版,多赖田先生协助。《梁漱溟书信集》中收有梁老寄田先生信 52 件之多,从中可见二人谊兼师友之情。